国家出版基金项目

新闻出版改革发展项目库项目

江苏省"十二五"重点图书出版规划项目

《扬州史话》编委会

扬州史话

主编 袁秋年 卢桂平

扬州发展史话

朱福烓 著

广陵书社

图书在版编目（CIP）数据

扬州发展史话 / 朱福烓著. -- 扬州 ：广陵书社，
2013.12
（扬州史话 / 袁秋年，卢桂平主编）
ISBN 978-7-5554-0050-9

Ⅰ. ①扬… Ⅱ. ①朱… Ⅲ. ①城市史－扬州市 Ⅳ.
①K295.33

中国版本图书馆CIP数据核字(2013)第297032号

书　　名	扬州发展史话
著　　者	朱福烓
责任编辑	王志娟
出版发行	广陵书社
	扬州市维扬路 349 号　　　　邮编　　225009
	http：//www.yzglpub.com　　E-mail：yzglss@163.com
印　　刷	江苏凤凰扬州鑫华印刷有限公司
开　　本	730 毫米 ×1030 毫米　1/16
印　　张	18
字　　数	250 千字
版　　次	2014 年 3 月第 1 版第 1 次印刷
标准书号	ISBN 978-7-5554-0050-9
定　　价	50.00 元

城市的情感和记忆

——《扬州史话》丛书总序

城市是有情感和记忆的。

特别是扬州这座历史文化名城，只要一提及"扬州"二字，无论是朝夕相守的市民，还是远离家乡的游子，或是来来往往的商旅，几乎都会流露出由衷的感叹和无尽的思念，即如朱自清先生在《我是扬州人》中所说："我家跟扬州的关系，大概够得上古人说的'生于斯，死于斯，歌哭于斯'了。"朱先生的寥寥几笔，看似平淡，满腔的情感却在字里行间奔涌，撄人心田。可见，扬州这座城市之所以素享盛名，不仅仅在于她的历史有多么悠久，地域有多么富饶，也不仅仅在于她从前有过怎样的辉煌，现在有着怎样的荣耀，更在于人们对她有着一往情深的眷念，以及由这种眷念牵连出的耿心记忆。

情感和记忆，是这座城市另一种意义上的财富，同时也是这座城市另一种意义上的标识。

2014 年，扬州将迎来建城 2500 周年的盛大庆典。其实，更严格地说，2500 年是有文字记载的建城史，扬州人类活动的文明史远远不止于此。早在距今 5500~7000 年前，高邮龙虬庄新石器时期的先民就开始了制作陶器和选育稻种。仪征胥浦的甘草山、陈集的神墩和邗江七里甸的葫芦山也都发现 3000~4000 前的商周文化遗址。我们之所以把 2014 年定为扬州建城 2500 年，是因为《左传》中有明确的记载：周敬王三十四年（前 486）："吴城邗，沟通江淮。"这七个字明确地说明了吴国在邗地建造城池，也就是我们今人时常提及的古邗城，于是，公元前的 486 年，对扬州人来说，就成为一个永久的记忆。这句话还说明了另一件永远值得记忆的历史事件，就是这一年，京杭大运河最早的一段河道——邗沟在扬州开凿了。邗沟的开凿，不仅改变了扬州社会发展的走向,也改变了古代中国的交通格局,这一点,也是人们的永久记忆。正是由于有了邗沟,有了后来的大运河,才使得扬州进入了社会发展的快速通道,成为中国古代交通的枢纽,成为世界文明发展史上一座十分重要的城市。

扬州这座城市,承载着太多的情感与记忆。于是,一批地方文史学者一直以扬州史料的搜集、整理、研究为己任,数十年坚持不懈。他们一直在探求扬州这座历史文化名城从远古走到了今天,在中国文化史上留下了哪些令人难忘的脚印? 在中国发展史上有哪些为人称颂的作为? 在当代社会生活中又有哪些发人深省的影响? 我们今人应该怎样认识扬州文化在中国文化版图上的定位? 怎样认识扬州文化的特色和本质? 以及扬州文化对扬州城、扬州人的影响又该怎样评说? 等等,这些都是极富学术含量的科研课题,也是民众极感兴趣的文史话题。日积月累,他们的工作取得了令人瞩目的成果,大量的文稿发表在各类报刊杂志上。这些成果如同颗颗珍珠,十分珍贵,却又零散,亟需编串成光彩夺目的项链。适逢 2500 年的建城庆典即将来临,把这些成果编撰成丛书,让世人更全面、更系统地了解扬州的历史与文化,无疑是建城庆典的最好献礼。

由此,《扬州史话》丛书便应运而生了。这套丛书的跨度长达 2500 年,内容涵盖了沿革、学术、艺术、科技、宗教、交通、盐业、戏曲、园林、饮食等诸多方面,应该说,扬州文史的主要方面都有涉及,是一部相对完整地讲述扬州2500 年的历史文化丛书。这套丛书 2009 年开始组稿,逾三年而粗成,各位作者都付出了辛勤的劳动。编撰过程中,为了做到资料翔实,论述精当,图文并茂,每一位作者都查阅了大量的文献资料,吸纳了前人和今人众多的研究成果,因而,每一本书的著述虽说是作者个人为之,却是融汇了历代民众的集体记忆和群体情感,也可以说是扬州的集体记忆和群体情感完成了这部丛书的写作。作者的功劳,是将这种集体记忆和群体情感用文字的形式固定下来,将易于消逝的记忆和情感,化作永恒的记述。

《扬州史话》丛书是市委市政府向扬州建城 2500 周年的献礼之作,扬州的几任领导对丛书的编纂出版都十分重视,时任扬州市委副书记的洪锦华同志亲自主持策划并具体指导了编纂工作。这套丛书,也可以看作是扬州的索引和注释,阅读它,就如同阅读扬州这座城市。扬州城的大街小巷、湖光山色,扬州人的衣食住行、喜怒哀乐,历史上的人文遗迹、市井掌故,当代人的奋斗历程、丰功伟绩,都可以在这套丛书里找到脉络和评说。丛书将历史的碎片整理成时空衍变的轨迹,将人文的印迹组合成城市发展的画卷,在沧桑演化中,存储正在消亡或即将消亡的历史踪影,于今昔变迁时,集聚已经形成和正在形成的文化符号。

岁月可以流逝,历史不会走远。城市的记忆和情感都融汇到这套丛书里,它使得扬州人更加热爱扬州,外地人更加了解扬州,从而存史资政,熔古铸今,凝心聚力,共创未来。未来的扬州,一定是江泽民同志题词所期望的——"古代文化与现代文明交相辉映的名城"。

是为序。

袁秋年

2012年12月

目 录

引言　这扬州不是那扬州

　　《尚书·禹贡》有"淮海惟扬州"的扬州，六朝时有"腰缠十万贯，骑鹤上扬州"的扬州，隋炀帝有"我梦扬州好"的扬州。不同的扬州，各有所指。我们今天的扬州起源于何时，是应该弄清的问题。

扬州是历史文化名城。"扬州"是一个古老的名字。它们是一回事,又不是一回事。了解扬州,先要弄清这两者的关系。

最早出现"扬州"这一名称的是《尚书·禹贡》,这是中国最早的一部地理著作。究竟作于何时,尚有争论,顾颉刚主张作于战国时期"较秦始皇统一的时代约早六十年"。这一说法,把《禹贡》的成书拉得太近了。近来有学者认为在孔子时期,或竟是孔子所作,这也不能作准,现在且不去管它。《禹贡》说禹在治水的同时,顺着他的足迹所到之处,根据土地的肥瘠,出产的不同,作了种种标志,分天下为九州。其次序为冀州、兖州、青州、徐州、扬州、荆州、豫州、梁州、雍州。"扬州"为九州之一,说是"淮海惟扬州"。应该说这是根据有限的地理知识,而推想出来的。同样提到"九州"的,还有《尔雅·释地》,多出了幽州、营州,而无青州、梁州;《周礼·职方》多出了幽州、并州,而无徐

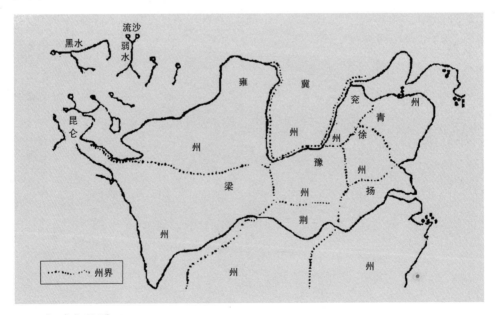

九州方位图

州、梁州。不论九州名称如何不同，扬州一直都是九州之一。不过《禹贡》中的"淮海惟扬州"，《释地》中的"江南曰扬州"，《职方》中的"东南曰扬州"，是一个十分广大的区域，把现在的江苏、安徽、江西、浙江、福建乃至广东的一部分都包容在内了。据唐代杜佑《通典》中所说，在这个古扬州的范围里，包括了唐代所设置的三十九个郡，一百九十六个县。作为后来具体的扬州，毫无疑问地包含在这个无比广大的扬州之内，但两者不能算是一回事。

人们在提到扬州的时候，往往会想到"腰缠十万贯，骑鹤上扬州"的句子。这话出于梁代殷芸的《小说》。这部篇幅不大的书早就散佚了，由于它"具有史的规模，为后世一般野史笔记的滥觞"，所以后人对它很重视，鲁迅、余嘉锡等都曾加以辑录，而以周楞伽的辑本较为完善。周辑本的这段记述如下：

> 有客相从，各言所志：或愿为扬州刺史，或愿多赀财，或愿骑鹤上升。
> 其一人曰："腰缠十万贯，骑鹤上扬州。"欲兼三者。

"扬州刺史"，容下面再谈；"多赀财"，就是要多有财富；"骑鹤上升"，就是要成仙；"欲兼三者"，就是诸多好处都要。"因其所记系扬州事"，所以把此则系于《吴蜀人》卷，是吴蜀人的故事。这是为什么呢？还是要从汉以后扬州建置的沿革谈起。

汉武帝时，在全国设十三刺史部，分别为扬州、交趾、并州、青州、兖州、荆州、幽州、徐州、朔方、益州、凉州、豫州和冀州。刺史部原先的职责是对所辖范围之内的郡、县官吏进行监察，而不是一级行政机构，也无一定的治所。扬州刺史部的辖区相当于今天的安徽淮水和江苏长江以南，江西、浙江、福建三省，以及湖北、河南部分地区。今天的扬州不在其内，而是属于另外一个刺史部——徐州刺史部。西汉末至东汉，刺史部的性质渐渐有了改变，由监察机构变为郡之上的一级军政机构，刺史也改称"州牧"（后又改称刺史），也有了固定的治所，东汉时扬州治所在历阳（今安徽和县），后又相继迁至寿春（今安徽寿县）和合肥（今安徽合肥市西北）。东汉末年的军阀割据中，无能的袁术，在河北长垣西南的匡亭被曹操打得惨败后，就是逃到寿春，赶走他自己任命的扬州刺史陈瑞，而自封为"徐州伯"的。

三国时期，魏、吴各置扬州。魏的治所仍在寿春，辖地为淮南、庐江二郡，大约相当于今天安徽的南部；吴的治所在建业（今江苏南京），辖有丹阳、会稽、建安、庐陵等十四郡，大致相当于今天江苏、安徽的南部，浙江、江西、福建的大部以及湖北的部分地区。

吴的扬州刺史的治所与都城建业同在一地，经济、文化都很兴盛，辖区也很广大，所以扬州刺史是十分重要而显赫的职务。殷芸《小说》中的"愿为扬州刺史"，正是就这种情况而言的。现在把这则故事系于《吴蜀人》卷，也是从这个背景考虑的。所谓"骑鹤上扬州"上的就是这个扬州，具体说就是建业。后来有人把"骑鹤上扬州"套到今天的扬州头上来，其实并非本来的意思，南京人更有权利这样说。

西晋灭吴后，两处扬州合并，治所仍在建邺（建业之改名，后又改建康），辖地略当于今天的浙江及江苏、安徽南部一带。东晋南渡，建业又成为都城，《太平寰宇记》卷一百二十三说："扬州，元帝渡江历江左，扬州常理建邺。"又

《太平寰宇记》书影

恢复了都城与扬州治所同在一地的情况。整个南北朝时期,这个局面都没有改变。东晋和南北朝,今天的扬州属南兖州。

可见,上面所述的扬州都不是今天的扬州,也都没有管辖过今天的扬州。发生在那个时代的扬州的人和事,与今天的扬州并无关系。误解却是常有的,往往出自地方志乘乃至专家的著作。最显著的例子是东晋时梵僧佛驮跋陀罗在扬州译《华严经》的事,言之凿凿,还产生了许多不见经传的传说,但这全是误传。

佛驮跋陀罗为北天竺迦毗罗卫国(今尼泊尔境内)人,十七岁出家,博通经典,精于禅定和戒律。晋义熙四年(408)到长安拜见鸠摩罗什,因学风不合,于义熙七年(411)去庐山,与高僧慧远切磋甚洽,后往荆州,受到了当时在该地的刘裕(即后来的南朝刘宋武帝)的尊敬。义熙九年(413)春,随刘裕到了长江下游的"扬都"。这个"扬都"是哪里,不必烦琐征引,只举赵朴初主持编写的《中国佛教》中,著名佛教学者吕澂执笔的"佛驮跋陀罗"条说:他(指佛驮跋陀罗)随刘裕去扬都(今南京),住道场寺(在南京中华门外,一称"斗场寺",寺为司空谢石所建,后人又称"谢司空寺")。他仪表朴实有涵养,深受当地僧众钦佩。

由此可知,佛驮跋陀罗译经之地的扬府,是东晋的都城和扬州刺史部所在的南京(当时称建康),不是我们所说的今天的扬州(当时称广陵)。这就是说,佛驮跋陀罗没有到过我们这个扬州,更谈不上在这里译经和谢安舍宅建寺的事。后来传说谢安在扬州舍宅为寺,其遗址即今扬州的天宁寺云云,其实并没有这回事。

庾信的《哀江南赋》中有:"淮海维扬,三千余里"的句子,梁代诗人何逊有《扬州法曹梅花盛开》的名诗,这里的"扬州",究属何指?有人以为指今扬州。其实同样是误解。"淮海维扬",指的是《禹贡》中"淮、海维扬州"的维扬,所以才有"三千余里";何诗约作于梁天监六年(507),供职于扬州刺史萧伟幕中时,这个"扬州法曹"是在建康,与今天我们理解的扬州无涉。其他如六朝乐府民歌中的"江陵去扬州""闻欢下扬州""还侬扬州去"

等等,指的也都是建康(今南京)。

至于我们今天的扬州之所以成为公认的扬州,有一个长期的历史沿革过程,这个扬州春秋时称邗,战国时称广陵,西汉为吴国、江都国、广陵国,东汉至两晋为广陵郡,刘宋改南兖州,北齐改东广州,北周改吴州。隋文帝开皇九年(589)改吴州为扬州,置扬州总管府,今扬州始有"扬州"之名。隋炀帝大业初年复改扬州为江都郡。唐高祖武德三年(620)又改为兖州,七年(624)又改为邗州,九年(626)才改为扬州,置大都督府,一般而言,今扬州自此享有扬州的专名。但唐玄宗天宝元年(742),一度又改扬州为广陵郡。诗人高适在唐肃宗至德元年(756)任的官职是"广陵(大都督府)长史,淮南节度兼采访使",正是因为在扬州改为广陵郡的期间。直到肃宗乾元三年(760),方又改回为扬州,扬州之名才算定型。

第一章　先秦溯源

最早的扬州，是淮夷人在这里建立的"邗国"。春秋时，吴王夫差筑"邗城"，是有史可据的最早的扬州城。开"邗沟"，是沟通江、淮的第一条南北向人工运河。二千五百年的扬州史，从这里开始。

1. 邗国

在谈到扬州历史发展的时候,首先要谈到它的源头"三邗"——邗国、邗城和邗沟。这之前,先简单谈一谈远古的扬州。

具体地说,扬州及其辖境位于江苏省中部的江淮下游平原,地势平坦,土地肥沃,水源丰富,地貌以冲积平原为主,地势由西北向东南呈扇形倾斜。地理坐标为北纬 31° 56′—33° 25′,东经 119° 05′—120° 35′ 之间。扬州城区位于北纬 34° 24′,东经 119° 25′。气候温和,无霜期长,属北亚热带湿润气候区。但由于地处江淮下游,时有江淮并涨的洪涝威胁,辖区内地形的复杂,也易涝易旱。

扬州西北有蜀冈。蜀冈为长江北岸的阶地,土地平旷,北有溪河汇注的雷塘提供水源,适宜城市聚落的兴起。冈下为江水泛滥的河漫滩,地势低湿,不堪居住。至隋朝统一的一千多年间,长江泥沙不断往北岸堆积,边滩淤涨。主流南移,江岸达今三汊河、扬子桥、施桥一线,蜀冈下退出四十里宽的冲积平原。东晋南朝以来,陆续有少量的人在这里垦田和居住。隋炀帝重开邗沟,绕蜀冈下而南,然官衙仍置于蜀冈之上。唐初,扬州大都府衙等亦集中于蜀冈,皆未移下平地。隋代运河开通,而云集的工匠商贾,只能在近蜀冈下沿运河两岸的平地卜居择处。直到公元 8 世纪以后,即中晚唐时期,蜀冈下才成为人烟稠密的地方。这和扬州的交通、经济发展有关,但重要的一点还是蜀冈下冲积平原的最后形成和稳定。

考古学的发现说明,扬州地区早就有了人类活动的踪迹。青莲岗文化、大汶口文化、庙底沟文化都与扬州有或远或近的关系。1993 年在扬州高邮发现的龙虬庄遗址,因发现于高邮一沟乡龙虬庄而得名,属青莲岗文化类型,而又有自身的显著特点。遗址总面积四万多平方米,文化层堆积厚二米,分属新石器早期和晚期。文化遗物主要为陶器、骨角器、石器和少数玉器,其中尤以骨角器最为丰富多样,且磨制精良,有的还有钻孔、镂空及各种刻画装饰。陶器以夹蚌末灰陶为主,也有泥质红陶、灰陶和黑陶、彩陶,与同时期的淮北刘林、大墩子遗址以红陶为主的情形差别很大。葬俗以单人葬为主,也有双人葬和多人合葬的。在一片磨光泥质黑陶盆的口沿残片上,有一组类似文字的刻画符号。遗址中还发现较多的接近于现代粳稻的人工栽培稻炭化颗粒,这在江淮地区属首次发现。龙虬庄遗址的发现把扬州地区

刻文陶片

的先民文化上推至约六千年前。有关研究证实,继公元前四千多年的后岗一期文化之后,便是大汶口文化的刘林期(按,刘林在今江苏邳县),它的年代约与庙底沟文化前期相当。刘林期的先民们接受并融合了庙底沟文化的先进因素,促进了自己的生产力和社会关系的发展,并对江淮地区及长江下游、辽东半岛等地区的文明发展产生了积极的影响。但是有学者指出,北方和南方各地区,有许多其他的新石器文化系统,它们之间以及它们与仰韶、龙山文化等之间的关系,都非常复杂。龙虬庄应属于这种情况,是有待深入研究的问题。上述地区正是后来淮夷族和东夷族系的活动地区。这些都说明,至少在新石器时期,扬州就活跃着远古人类。在扬州胥浦甘草山、陈集神墩和邗江七里甸葫芦山发现的商周文化遗址,又为两三千年前扬州人类的活动提供了新的线索。

上面提到的淮夷,在商周时期已是一个较强大的古老民族。

淮夷,或称南淮夷,是周以后流行的名称,所以它不见于商代的卜辞,而常见于周代的金文和《尚书·禹贡》等典籍。《禹贡》说:"海、岱及淮惟徐州……

淮夷玭珠暨鱼。"玭是蚌的别称,玭珠即是今天说的珍珠。这里不但指出了淮水流域有淮夷族,而且说明了其水产品丰富,从一个侧面反映了当时淮夷还处于渔猎经济的社会状况。最初淮夷生活于淮水以北的古徐州及邳县一带,故又称徐夷。古徐国是淮夷最强的一支。淮夷支系较多,有"九夷"之名。"九"是多的意思,不能拘泥为实数。

历史上,淮夷与商、周发生过多次战争。《左传》上说:"纣克东夷而殒其身",殷纣王的亡国丧身,也与征伐淮夷付出了沉重的代价有关。周成王时,周公旦平"乱"征淮夷,打了一场旷日持久的战争,才维持了局面。

随着西周初年不断向东方用兵,基本上统一了黄河中下游流域。一部分淮夷人感受到压迫而继续向江淮流域南迁。这期间一批淮夷来到了淮南江北海西头的扬州。扬州西北的蜀冈,为长江北岸的阶地,土地平旷,北有溪河汇注的雷塘提供水源,适宜于城市聚落的兴起,他们便在这里建起一个部落国家——干国。

"干",《说文》作"丫",甲骨、金文作"干",像桠杈的木棒形,徐灏《段注笺》:"疑干即古竿字。"刘节先生在《说攻吴与禺邘》一文中说:"干其本字,像捕鱼之器,皆海疆业鱼之民。"古籍载:"淮夷玭珠暨鱼",以生产蚌珠及鱼著名,干国即捕鱼民族之国,大体近是。"干"加"邑"作"邗",是后来的事,乃是大小有一座城的意思。自淮夷在蜀冈建立邗国,到唐以前,虽屡易其名或有变迁,一直是扬州城的所在之地。这座邗城,比后来的"吴城邗"要早得多,可惜已无从探寻了。

当时淮夷诸国中,以徐国(今江苏泗洪一带)为最强,徐偃王当政,"地方五百余里","陆地而朝者三十有六国",三十有六国不一定是实数,说明当时有许多淮夷组成的部落小国,"干"应是其中之一。据《韩非子》《淮南子》《后汉书》所载,徐偃王晚年力行仁义,不修武备,结果楚人来攻,一战败亡,霸业也随之消失。各书记载不一,年代也颇有出入,但基本史实是可信的。《淮南子》说是在楚庄王时(前613—前590),较为合理。徐和所谓三十六国都在楚的控制之下,"干"当在其中。

此后淮夷一直没有停止过反抗。厉王、宣王之世，都不断发生战争。"厉王无道，淮夷入寇"，"伐南淮夷"一类的文字，常见于史籍和铭器中。

邗后来为吴所并，其时间当在吴寿梦（？—前561）时。寿梦为吴第十九世，到这时吴才真正立国称王。吴原来受制于楚，寿梦时强大起来，寿梦二年（前584）即先后攻入郯国和周来，后又从楚国投晋，又由晋派往吴国的巫臣那里学到了晋国的车战等射御战阵之术，遂反而攻楚。淮水至汉水沿岸原为蛮夷小国杂居之地，也是吴楚争夺之地。吴一岁之内连续出击，声东击西，使楚应战不暇，吴乘隙统一了扬子江下游流域各国，蚕食楚之东境，于是"蛮夷之属楚者，吴尽收之"，作为淮夷的邗国，也就被吴收了。

其后干一直为吴所有。《史记·楚世家》有一段记载：当初吴国的边邑卑梁和楚国的边邑钟离，因两小孩争夺桑叶，导致两家发生殴斗，钟离人杀了卑梁人一家。卑梁的大夫发怒，调动邑兵攻打钟离。楚王得知，一怒而派兵攻占卑梁。吴王大怒，命公子光（即后来的吴王阖闾）举兵攻楚，占领了楚的钟离、居巢两地。楚国大恐，忙加固了郢城。此事发生于吴王僚九年（前518）。按：卑梁在今安徽天长市西北，至少在此之前已为吴的边邑县，若不占有邗地，江南的吴何能伸展至此为边境，这是一个有力的证明。史书上说邗"春秋时为吴邑"，即指此。邗为吴并后称"禺邗"，"禺"即"吴"，"禺邗"即"吴邗"，甚至以"干"作为吴的代称，干就是吴，《庄子·刻意篇》："夫有干越之剑者"，注即云："干，吴也。"春秋之后所称的"干越"即是"吴越"。

公元前512年，吴王阖闾灭掉楚属的徐国，邗遂为控江扼淮的重镇。

淮夷在与商、周的长期对抗中，有战争也有交流，对先进的商、周文化有所吸取，故淮夷文化与古华夏文化有一致性和交融性。邗自周初立国至春秋战国，先后与吴、越、楚融合，最后并于秦，散为民户，与华夏融为一体，再不见淮夷之名。正如前面所说，淮夷是华夏民族的重要组成部分。

2. 邗城

《左传》鲁哀公九年（周敬王三十四年,吴王夫差十年,公元前 486 年）载: "秋,吴城邗,沟通江、淮。"这是有关邗城建造的最早的文字记述。

中国历史上的春秋末期,各民族社会经济和文化有了很大的发展,原来被尊为"共主"的周天子再也不能对各诸侯国发号施令了,各诸侯国之间相互兼并,大国则争夺霸权。当齐、秦二国雄踞东西,楚、晋争霸已近尾声时,长江下游的吴国勃兴而起。与吴相邻并峙的是越国。吴国主要据有今江苏省南部、江北一部分和浙江省北部,建都于姑苏（今江苏苏州）。越国据有今浙江省大部分,建都于会稽（今浙江绍兴东南）。两国是近邻,经常作战,兵戈不止。吴王阖闾时,任用军事家孙武为将,加强军备。周敬王十四年（前 506）,阖闾出兵大举攻楚,占领楚国的都城郢（今湖北江陵）,楚昭王仓皇逃走。不料吴国内部为争夺战果发生内讧,越国乘机攻吴,造成吴国的后顾之忧。不久楚国又借来了秦兵。在腹背受敌的情况下,吴被迫撤军。

夫差像

吴王阖闾为报越国偷袭之仇,转而起兵攻越,但被越军打败,受伤病死。子夫差即位,立志报仇。周敬王二十六年（前 494）,夫差攻越大胜,俘虏了越王勾践。越国求和,吴许越为属国。

夫差胜越后,认为已无后顾之忧,一心要北上伐齐、鲁,进军中原,和晋国争霸。就在此时,居于控江扼淮地位的邗地,受到极大的重视,在这里筑城以作为北上的指挥重镇。城筑于邗地,故名邗城。邗或干早已成为吴的代称,邗城实即吴城。

　　一般的解释是,吴筑邗城,是为了储备军需,作为北上的后勤要地,但历史学家童书业在《春秋末吴越国都辨疑》中指出:吴城邗,实是把吴都迁于邗,在这里重建都城。这是有事实可证的。吴对邗的地理条件的重视,由来已久,称"禺(吴)邗",以干代吴,都可见出其中心的地位。从当时形势上讲,吴人北上,淮南为惟一的力争之地,必须以此为中枢。吴差自称"禺邗王""邗王",他就是这里的王,这里就是他的都。所以童书业在《春秋史料集》于"吴城邗,沟通江淮"句下注云:"吴迁都? 北略,交通",不是没有道理的。有一些旁证可作说明。夫差会晋公于黄地,越王勾践乘机袭吴,"乃命范蠡、舌庸率师沿海,溯淮水绝吴路","越王勾践乃率中军溯江以袭吴"。要"沿海、溯淮",要

"溯江",说明吴都在江北,如仍在姑苏,就不必如此舍近求远了。历史学家黄永年在《春秋末吴都江北越都江南考补》一文中补充说:《史记·越世家》曰:"勾践已平吴,乃以兵北渡淮,与徐鲁诸侯会于徐州。"夫苟吴都江南,则平吴之后,如欲北上,必先渡"江"而后"淮"。今史文仅作"渡淮",可见当时吴都必在江北,故欲至徐州,一渡淮即可矣。如此,则"吴

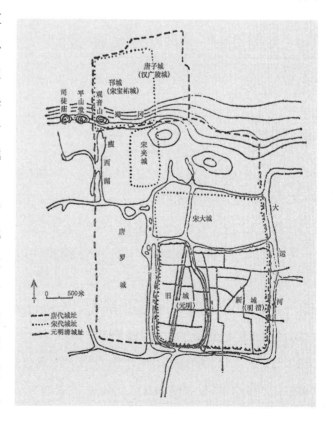

扬州历代城市变迁图

城邗"非仅建城之始,实乃迁都之始。值得注意的是,西汉初高祖封兄子刘濞为吴王,迁吴国都城于广陵,就因这里曾是春秋时的吴都,具有都城基础的缘故。对此,史学家吕思勉论证说:"刘濞之建都,必不能于荒凉僻陋之地。广陵若前无所因,必不能于汉初救死扶伤不给之际,建成都邑,亦足见'城邗'之即为建立新邑耳。"意思是说"城邗"即吴在这里建成新都邑,汉初吴王刘濞都广陵,即沿用吴都之邗城,而非另建新都,肯定了"吴城邗"为吴迁都于邗。

据《吴越春秋》载,吴国筑城是有较高水平的。阖闾时造筑大城,周回四十七里,陵门八以象天,北门八以法地,又筑小城周十里,陵门三,不开东面者,欲以绝越也。以此观之,夫差筑邗城当有更大的提高。

邗城,这座最古的扬州城,"北抱雷陂,西据蜀冈",城的南沿在蜀冈南麓断崖上,断崖下即是长江。城为方形,板筑城垣,周长约十华里。城南有两道垣,外城垣和内城垣之间有濠,外城之外也有濠环绕。传说城没有南门,北面为水门,只有东西两面有城门。这种形制,与江南的越城、淹城遗址相似。

"吴城邗"也好,筑城为迁都也好,这对扬州来说,都是有史实记载的建城的开始。说明了它的古老与辉煌。

3. 邗沟

"吴城邗,沟通江、淮。"即是说吴在筑"城邗"的同时,开凿了一条连接长江和淮河的渠道。因这条渠道起于邗城之下,故名邗沟。

春秋时期是各国争霸的时期。吴国欲北上与晋争霸,首先要解决进军路线问题,吴国地处长江下游,河川纵横,交通全靠水路,"不能一日而废舟楫之用",就是说交通运输一天都离不开船。吴国过去连年攻楚,吸取了楚国发展航运的技术经验,先后在国内开凿了沟通太湖和长江的"堰渎"和太湖通向东海的"胥浦"。吴国的造船技术也有很大提高,已能建造各式大中型舰船,舟师成了吴军的主力。当时长江、淮河之间没有相通的水道,要北进伐齐与晋争

古邗沟

霸,只有由长江绕海路进入淮河,不仅航程长,且海上风狂浪急,给进军带来很大困难。因此,开凿一条沟通江淮的河道十分必要。吴国根据以往开河的经验,决定从邗地开始,因地制宜地把几个湖泊连接起来,开凿一条贯通江淮的水道。

邗城西南濒临长江,邗沟(又称邗江、韩江、邗溟沟、中渎水等)即由此绕城南流向东北,利用阻隔于江淮之间的天然水道和湖泊由人工开挖而成的。因系沟通,并非新凿,故名为"沟"。据《水经注》记载,邗沟自今高邮西南及扬州市江都区邵伯湖一带的广武湖(《清一统志》:"在高邮西南三十里。"),今江都北渌洋一带的陆阳湖,再入约今高邮市西北高邮湖一带的樊良湖(《清一统志》:"在高邮州西北五十里。"),折入宝应东南的博芝湖(《清一统志》:"在宝应县东南九十里,北会射阳湖。"),再北折西北出夹邪湖(《水经注》熊会贞注疏云:"疑为夹邱之误,当在今宝应之北,山阳之间。")。但夹邱是地名,而非水名,《水经注》所记的是水路。有专家以为:邗沟系利用当时的一些主要湖泊连缀而成,为了利用今大运河以东的博芝、射阳二湖,又折向西北。似为沟通湖间的水道名。邪,通"斜",夹邪即夹斜,也即夹湖间斜插的沟渠,以达于山阳(今淮安市楚州区)。由于是利用江淮之间的天然湖泊连缀而成,故流程曲折,全程三百八十里,比直线距离长出许多。但从此长江、淮河两大水系贯通起来了,这是中国历史上第一条南北向的人工运河。

新开凿的邗沟,河道不宽不深,大型兵船仍难以通行,所以吴国伐齐的舟师并没有全从邗沟通过,有时还得走海路。不论怎样,自此以后,从吴都出发,一路可入海北上,一路可从长江入淮河,并由此可通过吴国于公元前 482 年开凿的黄沟进入泗、沂、济三水,南北的水上交通出现了新局面。

公元前 485 年,吴将徐承率水师自海上攻齐。次年,大败齐军于艾陵(今山东泰安)。公元前 482 年,夫差率军到黄池(今河南封丘西南)大会诸侯,与晋争做盟主。这时,一面卑身事吴,一面暗地里大搞"十年生聚,十年教训"的越王勾践趁机攻入吴都,并自海道入淮,截断夫差的归路。夫差急忙回师向越求和,自此吴成了越的属国。公元前 473 年,越灭吴,勾践北上会诸侯于徐州(今山东滕县),一时号称霸主。此时已进入了中国历史上的战国时代。

钱穆先生在《水利与水害(论南方江域)》中指出,在古代长江并没有发挥什么作用,大江难渡,溯江困难,中下游尤甚。南方经济远远落后于北方。沟通邗沟实为改变这种状况的先导。在近代以前扬州的发展与繁荣,离不开运河的巨大作用。邗沟的开凿,实开其端,其历史意义不可估量。东汉时广陵太守陈登开樊良湖北口入津湖、白马湖,不再东绕博芝、射阳二湖而直抵末口(即淮安),史称"中渎水",此为苏北大运河的前身。隋开皇七年(589),文帝为准备征伐江南的陈朝,开山阳渎,北起山阳,东南经射阳湖与邗沟相接,再次沟通了山阳、江都(今扬州)之间自淮入江的运道,这条山阳渎大体是吴邗沟的故道,主要是减少了曲折。大业元年(605),隋炀帝于开凿通济渠的同时,征发淮南民工十万余人重新开凿邗沟,在原西道的基础上拓宽,自山阳直入扬子江,全长三百多里,即今里运河的前驱之道。从此,处于水运枢纽地位的扬州,日益显示出不可替代的优越形势。

第二章　秦汉风云

　　秦代,这里有名留《史记》的第一次农民起义的参加者。汉代,这里是封国活动的大舞台。刘细君远嫁乌孙。张纲沟至今流淌。众多的历史事件,与广陵的涛声并传久远。

1. 留名《史记》的广陵人

公元前 473 年,越灭吴,邗城一度属越。

公元前 333 年,楚国大破越国,杀越王无疆,尽取吴故地,此地属楚。据《史记》所载,周慎靓王二年(前 319),"楚怀王槐城广陵",即在邗城的基础上再次筑城。五年(前 316),置广陵邑,扬州自此有"广陵"之称,即广被丘陵的意思。

公元前 221 年,秦最后消灭六国,统一中国,分全国为三十六郡。其中九江郡包括今江苏、安徽两省长江以北、淮河以南一带,及江西省全部。扬州属九江郡。

"六王毕,四海一",秦始皇建立大一统的专制帝国,废分封制为郡县制,实施书同文、车同轨、统一度量衡,是历史转折的大事件,其功甚伟。然秦的暴虐,亦是无可讳言的。其结果正如翦伯赞在《秦汉史》中所形容的:像纸炮一声,轰然而灭。享国二世,便消亡了。

秦二世元年,即公元前 209 年,爆发了陈胜、吴广领导的中国历史上第一次农民大起义。

陈胜,字涉,阳城(今河南登封东南)人,是一个出卖苦力的雇农;吴广,字叔,阳夏(今河南太康)人,也是贫苦农民。秦二世元年七月,征发乡里平民九百人调往渔阳(今河北密云西南)屯守,陈胜、吴广作为戍卒的屯长,也在这支队伍中。当这支征发的队伍途中停驻大泽乡(今安徽宿县东南)时,碰上倾盆大雨,道路不通,耽误了到达目的地的日期。按照当时的秦法,误期就要杀头。陈胜和吴广商议说:"如今逃亡是死,起来大干一场也大不了是死,不是为国事而死更好么!"陈胜又说:"天下受秦的苦难已经很久了。我听说继帝位的应是公子扶苏,因他每次劝谏,反被派到外地去领兵。他没有罪,二世却把他杀害了。老百姓都知道他贤能,还不知道他已经死了。楚国的将军项燕,多次立功，爱护士兵，楚国人都爱戴他。有的人以为他死了，有的人以为他躲起来了。现在要是我们假冒他们的名义，倡导天下起义，一定会有很多人响应的。"于是就决定借用扶苏、项燕的名义举行了起义。吴广号召大家说："大家一起遇上大雨，都误了日期，按法就该杀头。即使不被杀，因久戍在外而死的也占十之六七。大丈夫不死则已，死就要死在图大事上，王侯将相难道是天生的么！"听了他们的话，大家一致拥护，砍下了押解这支队伍的将尉的首级作祭祀，露出右臂为标记，举行起义。陈胜自立为将军，吴广为都尉，率领大家攻下大泽乡。又收取大泽乡的众义兵攻打下蕲（今江苏宿迁南）。起义军所到之处，贫苦农民"斩木为兵，揭竿为旗"，踊跃参加。当这支起义队伍打到陈（今河南淮阳）时，已有车六七百乘，骑兵千余，步兵数万人。据陈后，陈胜自立为王，国号"张楚"，有张大楚国的意思。

陈胜、吴广起兵大泽乡时，江北各地包括广陵地区都有人起来响应。有个广陵人叫召平，立即投身起义军的行列。陈胜派人四出略地，他奉命回乡攻取广陵。事情还没头绪，就听到陈胜与秦将章邯交战失利，而秦军又即将到来的消息。在紧急关头，他当机立断，渡江来到吴（今江苏苏州），找到项梁、项羽叔侄。项梁是起义军作为号召的楚将项燕的儿子，因为杀了人，和侄儿项羽避仇于吴。陈胜等起兵大泽乡时，他们就杀了驻地吴县的会稽郡守殷通，起事反秦，项梁自己做了会稽守，项羽为裨将（副将）。这时他们手下已有精兵八千。

召平来到吴，假托陈胜的命令，授项梁为楚王上柱国，相当于丞相，并告诉他们：江东已经平定，你们应立即引兵西进攻秦！于是项梁、项羽率领八千精兵由吴西进，迎击秦兵，并在战斗中不断壮大。公元前208年初，先是吴广久战荥阳不下，被部下田臧所杀。接着陈胜由陈败退，被叛徒庄贾杀害，项羽及刘邦等组织的起义军继续进行顽强的反秦斗争。虽然由于项羽在政治上的一系列失误，战事连连失利，但公元前208年项羽对秦的巨鹿一战，基本上摧毁了秦军主力，使得刘邦的军队得以顺利推进。最后项羽因兵败而自刎乌江（今安徽和县境内），胜利果实为刘邦所得。司马迁在《史记·陈涉世家》中说：

"陈胜虽已死,其所置遣侯王将相竟亡秦,由涉首事也。"这就是说,陈胜虽然兵败身死,但他所遣置的那些侯王将相终于把秦消灭了,陈胜的首创之功是不可磨灭的。值得一提的是,项梁、项羽是广陵人召平假托陈胜的命令所授的侯王将相之一。召平的事迹虽然留传下来的甚少,但他在关键时刻能够采取果断措施,发动项梁、项羽西进抗秦,其功劳也不可磨灭。这个有名有姓的参加第一次农民起义的广陵人,因司马迁《史记·项羽本纪》的记载而流传久远,一直受到乡土人民的称颂。

钱穆在《国史大纲》中说:"秦室本是上古遗留下来的最后一个贵族政府,依然在其不脱贵族阶级的气味下失败,依然失败在平民阶级的手里。"陈胜、吴广以及召平都是平民。汉高祖也是平民出身,这确是中国史上平民政权的初创。

公元前206年,项羽引兵四十万入关,自立为西楚霸王(即诸王的盟主),有地九郡。九郡说法不一,据清姚鼐说:"大抵西界故韩;东至海;北界上则距河,下则距泰山;南界上则距淮,下则包逾江东。"广陵也包括在内。都于彭城(今江苏徐州)。然而《史记》有"项羽自立为西楚霸王,都江都"的记载。这是历史上扬州称"江都"的由来。事实上项羽并没有在这里建都,很可能最初有这个打算,后来却决定在彭城建都了。

2. 广陵涛声

公元前202年,项羽兵败垓下,自刎乌江,同一年,诸侯们联名上书刘邦,拥戴其即皇帝位,经过一番逊让,刘邦即帝位于定陶附近的汜水之南。初定都洛阳,后听从娄敬、张良的建议,迁都长安,以便控制天下,是为汉高祖五年。(前206,项羽封刘邦为汉王,是为汉王元年,连续计算为五年)经过多年战争,民生极为凋敝,"汉兴,接秦之敝,诸侯并起,民失作业而大饥馑。凡米石五千,人相食,死者过半。"皇帝找不出四匹颜色相同的驾车的马,将相只能以牛车代步。在这样的情况下，刘邦下诏，大意为：前聚保山泽之民，令各还乡，复故爵田宅；爵及七大夫以上（七大夫是军爵之一）皆令食邑；以下皆免本身徭役及户赋。就是说，结束战争状态，解散部伍回乡生产，落实过去官员的待遇，老百姓免除劳役和户赋，目的是通过这些休养生息的措施，使社会经济得以恢复。此即著名的高祖五年诏。

上面提到的"诸侯并起"，乃刘邦即位之初，封了一些异姓诸侯王，即韩王信、赵王张耳、楚王韩信、梁王彭越、淮南王英布、长沙王吴芮、燕王臧荼等。封这些异姓的人为王，不是刘邦的本愿，实是出于无奈。这些异姓王在协助刘邦攻击项羽的过程中，早已据地为王，成为一方诸侯，一旦剥夺他们的既得利益，他们很可能群起而反抗刘邦，刘邦能否做得成皇帝就很成问题，所以不得不采取权宜之计。这些王国的权势很大，所辖地方，"多者百余城，少者乃三四十县"，加起来抵得上汉江山的一半。他们是国中之国，除享用封国内的赋役，可以任命封国的官吏，一切行政不受中央管制。刘邦对异姓王很不放心，异姓王对刘邦怀有戒心，彼此离心离德。当刘邦坐稳了江山以后，开始一一收拾他们。前202年，燕王臧荼反，高祖亲征，平定了燕国。下一年冬，他伪装游云梦，韩信来迎，被他逮住，送往长安。前200年秋，韩王信据太原起兵反，高祖亲征，信逃入匈奴，高祖追到平城（山西大同），被匈奴所困，七天不能脱，用陈平计方得脱身。冬末还到赵国，赵相贯高要刺死他，事发后赵王张敖被废。前197年，代相国陈豨反，冬天高祖亲征，平定了代地。下一年杀掉韩信，将梁王彭越废为庶人，后又杀掉。秋天淮南王英布反，高祖亲征，英布为长沙王吴芮所杀。前195年，燕王卢绾逃往匈奴。最后除封地少、势力单，且又无异志的长沙王吴芮保留下来，其他全被解决了。

刘邦在消灭异姓王的同时，并没有把这些王国收归中央改为郡县，而是和大臣们杀白马为盟："非刘氏不得王"，"非刘氏而王，天下共击之。"于是把他的子侄封为同姓王，取代了原有的异姓王。这个"白马之盟"，大约在高祖十二年（前195）四月前，因为四月份刘邦便去世了。这之前，也已封过同姓王。这些同姓王的权力和异姓一样，占地甚广，"夸州兼郡，连城数十，宫室百官，同制京师"。当时的中央政府,也只保有陕西全部、四川全部、甘肃东南部、河南西部、山西西部共十五个郡,还包括众侯和公主的食邑。作为中央的藩障,最初也起过一些作用,如高祖死后,吕后一党没有能擅权,保住了汉室,就是一例。但随着势力的强大,羽翼的丰满,就不是朝廷所能控制的了。

从这时开始,扬州(当时称广陵)便成了诸侯王国的都城。

上面提到高祖十一年(前196),异姓王淮南王英布谋反,击杀了同姓王刘邦的从兄荆王刘贾。刘邦率军亲征,刘邦哥哥刘仲的儿子沛侯刘濞参加了这次征讨。次年击破英布于蕲西(今湖北蕲春东北),英布为长沙王吴芮所诱杀。在回师的路上,刘邦路过家乡沛,置酒宴请家乡父老,酒酣耳热之际,刘邦唱起了"大风起兮云飞扬,威加海内兮归故乡,安得猛士兮守四方!"这首《大风歌》,也许看到异姓王的背叛和被消灭,感到没有人可作屏障了。荆地很重要,刘贾无后,诸子又年少,只有刘濞年稍长,便封刘濞为吴王,更荆国为吴国,领三郡五十三城,迁都于广陵(原荆国都在盱眙东,即东阳郡)。

刘邦对刘濞并不放心,曾拍拍他的肩背说:"几十年后东南地区可能作乱,难道会是你吗?天下刘姓是一家,你千万不要造反!"刘濞顿首回答说:"不敢。"

把吴国的都城迁于广陵,不是随便的举动。从春秋末期吴都邗城,后来楚又增筑广陵城以迄于汉,由于没有遭到战争的破坏,一直保持完好,而汉初又无力新建都城,迁都广陵是必然的选择。正如史学家吕思勉先生说:"汉初以前,长江下游之都会,实惟吴(苏州)与广陵(扬州)。"这是邗城的故地。广陵给了刘濞好地方,也给了他好条件。

刘邦封同姓王,是想用同姓亲缘关系来拱卫中央,其实事与愿违,各诸侯王深深地融入了当地社会,成为当地社会的政治代表,以不断发展的实力,与中央抗衡。刘濞是典型的一个。

吴与朝廷关系的恶化,是由一件事情引起的。一次年轻的吴太子(名贤字德明)入朝,与少年太子刘启(后来的汉景帝)玩一种六博的游戏。因游戏发生争执(争道不恭),太子以博局(类似棋盘)相击,误杀了吴太子,自此吴与朝廷结怨。吴太子的棺柩运回吴国,刘濞愤愤地说:天下刘姓是一宗,"死长安即葬长安,何必来葬为!"于是将棺柩又送回长安埋葬。由于怨恨很深,从此不再遵守朝廷规定的藩属每年要春朝或秋请的礼制。借口年老多病,不去长安朝见天子,只派使者为秋请。朝廷也猜到刘濞不朝的原因,曾经审问过吴国的使者,这使刘濞恐惧,于是逐渐滋生了反叛之心。但文帝还是宽容的,顺水推舟地赐以老年人凭伏的几和支撑的杖,准许他年老不必上朝。又因他年长资格老,赐以刘氏祭酒之号,意思是尊他为刘氏的族长。

刘濞一直是发展国内的经济和积累财富的。吴国有其先天的条件,《汉书·吴王濞传》说:"吴有豫章(韦昭注曰:此有豫字,误也。但当言章郡,今故章也。陈直先生按:在文帝时豫章郡属于衡山地区。《地理志》丹阳郡注:故章郡,有铜官。汉镜铭云:"汉有嘉铜出丹阳",足证韦说是也。)郡铜山,即招致天下亡命者盗铸钱,东煮海水为盐,以故无赋,国用饶足。"这个"盗"字容易引起误解,以为是私造假币。其实汉代在铸钱、制盐、冶铁三大手工业未曾收归国有之前,特别是汉初中央政府无力铸钱之时,是容许私人铸钱的。刘濞利用的是国内资源,另一个铸钱大户邓通,是文帝赐给他四川铜山,让其就山铸钱。当时的说法是"吴、邓钱,布天下",就是他们铸的钱全国通行。据汉史专家陈直先生说:"吴王濞、邓通二家所铸,大小轻重,亦必与汉廷所铸相适应。以时代而论,吴王当兼铸榆荚、八铢、五分、四铢四种。"与中央所铸一样,不可分辨。

关于煮盐,在汉武帝未实行盐的专卖以前,盐的产销约有三类:一是包商制;二是王国自办制;三是汉廷自办制。刘濞属于第二类,是合法的,也是当时盐业生产所必需的。盐在本国境内和不产盐的地区销售,覆盖面很广。为了便利盐运,吴国还开凿了一条邗沟支道,从茱萸湾(今扬州湾头)向东通向海陵仓(今泰州市),名茱萸沟。

铸钱和煮盐,资源和供销,都取之不尽,用之不竭。吴国的财富是惊人的,因而能在封国之类实行一些"德政",如"百姓无赋。卒践更,辄与平贾。岁时存问茂材,赏赐闾里"等等。甚至公然招纳其他封国的亡命之人,其他王国来追问,也决不引渡,还赐给这些人以财物、爵禄、田宅,这就有了充足的劳动力和兵源。随着财力的充盈和人口的增加,对都城广陵复加以扩建,城周十四里半,气魄更为宏大。汉广陵城的内城是重复于邗城遗址之上的。内城之东为汉代扩筑之城,亦即外城,或可称为"东郭城"。城为版筑土墙,门阙处用砖瓦砌成,后世有人在缺口(城门所在)地下,发现过残破的绳纹汉砖和方状纹的汉瓦当。如是者三十年,国力强盛。他曾说:"国虽狭,地方三千里,人虽少,精兵可具五十万。"这并非夸张之词。

另一方面也应该看到,当时江淮的农业生产,还远不及黄河流域中原地区。钱穆先生曾指出,《史记》"所陈吴之饶足,仅在铜盐他物,不及桑麻稼穑。又言长安岁漕关东粟,不闻言江南。汉代长江流域,除却上游巴蜀,在农业上,实不见有重要的地位"。这是实际情况。汉以后很长一段时间,都是如此。吴在铜盐上下工夫,实在是因地制宜的明智之举。

刘濞的这些做法,自有他本人的意图,但客观上造成了广陵的富裕与繁华,也为广陵的发展奠定了基础,这是不争的事实。南朝宋的鲍照在《芜城赋》中所形容的"当昔全盛之时"的那些情况,即是指刘濞时期,真是繁盛之极。扬州人认为他对扬州的开发是有功的,后来建立的在地方史上很有名气的吴大王庙,供奉着两位吴王,一位是春秋的吴王夫差,一位即是汉吴王刘濞,老百姓是实话实说了。

汉景帝即位不久,御史大夫晁错从维护中央政权出发,提出了尖锐的削藩主张,特别指出刘濞的危害性最大,早晚会发生动乱,不如早早剥夺其封地,即使发生反叛,害亦较轻,迟动手则祸害更大。这就激起了积怨未消的刘濞和中央的尖锐矛盾,引发了一场酝酿已久的地方和中央的武力斗争。

还在朝廷议论削藩时,刘濞就准备举事了。为了壮大力量,他先后直接或间接地与胶西、胶东、淄川、济南、楚、赵诸王通了声气。这些王有的刚被削夺,有的正要被削夺,都"振恐,多怨晁错",很快便结成同盟。待到朝廷削减吴会稽、豫章两郡的文书一到,刘濞马上杀掉朝廷的官吏,起兵于广陵。他号召说:

邢沟大王庙

"寡人六十二,身自将。少子年十四,亦为士卒先。诸年上与寡人同,下与少子等者皆发。"一共得了二十多万人。又致书各诸侯说:"敝国虽贫,寡人节衣食之用,积金钱,修兵革,聚谷食,夜以继日,三十余年矣。凡皆为此……能斩捕大将者,赐金(黄铜)五千斤,封万户;列将,三千金,封五千户;裨将,二千斤,封二千户;二千石(食禄二千石的官员),千金,封千户;五百斤,封五百户:皆为列侯。……寡人金钱在天下者往往而有,非必取于吴,诸王日夜用之弗能尽。有当赐者,告寡人,寡人且往遗之。"口气之大,可以看出他的富有。在吴的带领下,其他六国也都同时举兵,一起向中央进发。其时在景帝三年(前154),这就是历史上有名的吴楚七国之乱。

他们起兵的口号是"清君侧",即要杀掉挑拨中央与地方关系的晁错。景帝为了宁人息事,错误地杀掉晁错,并派袁盎告诉刘濞,说晁错已死,要他拜受令他退兵的诏书。刘濞说:"我已为东帝,尚何谁拜?"并把袁盎抓起来,准备杀掉,这就说明他们的动机并非"清君侧"了。

为了平息七国的叛乱,中央政府派遣太尉周亚夫等率大军迎击。周亚夫采取防御策略,以重兵坚守昌邑(今山东金乡县西)以南,用轻兵断吴饷道,使吴腹背受困,这样,"七国之乱"三个月就平定了。刘濞为东越人所杀,楚王刘戊军败自杀,其他或自杀,或被杀,这次战争就此结束。

平定七国之乱后,景帝乘势立下三条规定:一把王国接近边境的郡县,收归中央;二降低王国官员品级,王国丞相与太守平等,并削减王国官吏;三国内政治、军事由丞相管理,国王不得过问。这就使王国处于郡的包围之中,处于中央所任命的丞相管理之下。王国的权力被大大削弱了。

吴楚七国之乱时,景帝答应了他十五岁的儿子、汝南王刘非的请求,赐他将军印,参与对吴的进击。破吴后,景帝更吴国为江都国,迁刘非为江都王,并以军功赐天子旗。

刘非"素骄、好勇",也是一个不安本分的人,汉武帝即位,特地派了一位大儒家来做刘非的江都相,此人即董仲舒。

董仲舒(约前179—前104),广川(今河北景县)人。少时治《春秋》,曾"三年不窥园",以"公羊学"闻名,景帝时立为博士。武帝力图改变统治思想,放弃黄老之学而实行"罢黜百家,独尊儒术",实质是为了加强中央集权。元光元年(前134)武帝下诏举贤良对策,董仲舒上对策三篇,即后世所谓"天人三策",对"罢黜百家"作了理论上的阐发,提出《春秋》大一统的观点。可以说,董仲舒的"天人三策"为中国封建社会确立以儒家学术为核心的统治思想,奠定了理论基础。

重修董子祠碑

董仲舒的论点和建议为武帝所采纳,并逐步加以实施。正基于此,才被选派为江都相。董仲舒确也不负所望。有一次刘非问董仲舒:"春秋时期,越王勾践与大夫泄庸、文种、范蠡谋划攻伐吴国,终于把吴国灭掉了。孔子称古代殷有箕子、微子、王子比干三个贤臣,我认为这三个人也称得上是越国的贤臣。从前齐桓公有疑难就求教于管仲,我有疑难就请教于你了。"

刘非问了一下勾践伐吴的事,却引出了董仲舒的一番议论,其中心即是:"正其谊(义)不谋其利,明其道不计其功",简称"正谊明道"。

"正谊明道",可以说是董仲舒提出的儒家道德理想,是对人的最高要求。"正其谊,明其道"也好,"不谋其利,不计其功"也好,从正反两方面强调一个准则:不要谋求一己的私利,不要贪求一时的近功。推而广之,又可引申为"义正于人间,其利莫大焉;道明于天下,其功莫大焉"。也即是合乎正义的利,乃最长远的利,公众的利;合乎明道的功,乃最广大的功,天下之功。这就把正谊不谋利、明道不计功和大谊大利、大道大功统一起来,从局部到整体,都有一定的积极意义。

刘非终于没有出大问题,与董仲舒的义利教育有关。

董仲舒任江都相的时间并不长,但他提出的"正谊明道"的主张在扬州却影响深远,成为扬州文化的重要组成部分而垂示千古。扬州对他也特为尊重,至今有"董子祠",过去有"贤良街",现在仍有"大儒坊""正谊巷"等街巷名,都与董仲舒有关。清代江都县衙前的牌坊上有"邑肇荆王""绩传董相"的榜额,虽然并不贴切,却也是以董仲舒自励的。

武帝元朔二年(前 127),刘非死,谥"易王"。据《史记正义论例·谥法解》,"好更改旧曰易",也就是变故改常的意思,并非佳谥。这时正是武帝采纳主父偃的建议,颁布"推恩令",诸侯王除以嫡长子继承王位外,可以推恩将自己的封地分给其他子弟,由皇帝制定封号。这样就从王国里不断分出许多由郡统辖的小侯国。这些侯国的列侯只能收租税,不得过问政事,王国的封地和权力愈来愈小。江都国也不例外,刘非的诸子推恩被封为侯,由刘非的太子刘建继承王位。

刘建是个无恶不作的人,他做太子时,就曾霸占别人送给他父亲的美女。父死未葬,就和他父亲的爱姬十余人通奸。继承王位后更是肆无忌惮,他游章台宫,命令四个女子乘小船,却故意把船蹬翻,让四个女子落水。有一次游北郊雷陂(又称雷塘),遇上大风,他硬要两个人乘小船冲入波中,船被大风掀翻,两人落水,攀着船沿挣扎,他却大笑取乐,命令把两个人都淹死。宫中女子犯了过错的,就把她们的衣服扒光,任意蹂躏。他自知罪多,怕受到惩罚,便大搞迷信活动,指使女巫用"魇胜"之术咒诅武帝,又私造兵器,私刻皇帝玉玺和百官印信,并和别的诸侯王密约,准备造反。平时他佩着父亲的将军印,载着天子旗出游,耀武扬威。这样胡闹了几年,事情终于败露,最后畏罪自杀,同党一个个被诛。武帝元狩二年(前121)国被除,改为广陵郡。

武帝元狩六年(前117)复置广陵国,封皇子刘胥为广陵王,都广陵。此时诸王的封地更小,广陵国领广陵、江都、高邮、平安(今宝应县西兼安徽天长县之半)四县。这是因为武帝时淮南、衡山二王作乱,被平定后,武帝又增加了对王国的控制法。一是左官律,凡是在王国做官的称为左官,有轻视的意思;二是附益法,内容不详;三是王国人民不能居住京师,更不能当京师的卫士。最重要的是进一步实行推恩法,准许诸侯王申请分配土地给子弟,以分裂大王国。高祖时同姓王九国,武帝时分为二十余国,土地越来越小,最大的国也只有十余县而已。

刘胥同样是个极荒唐的人物。他是武帝的儿子,一心想继承皇位,因他"好倡乐逸游","动作无法度",没有立他为太子。后元二年(前87)武帝死,由刘弗陵即位,是为昭帝。他见昭帝年少无子,如果昭帝死掉,他就有做皇帝的希望,便找来女巫装神弄鬼,假托已死的武帝附身,扬言"吾必令胥为太子",又到巫山去祝祷昭帝早死。元平元年(前74)仅二十一岁的昭帝死,刘胥认为是诅咒的功效。大臣霍光等立昌邑王刘贺为帝,他又令巫诅咒,不久刘贺被废,他又认为是诅咒的功效,多赐女巫财物。但都没有轮到他做皇帝。后来霍光等迎立武帝的孙子刘询继位,是为宣帝,他不服,说:"儿子不立怎么立孙子?"又复令女巫诅咒如前,还和别的王私通书信谋反。后来诅咒的事被发觉,朝廷派人来追查,他药死女巫及宫人二十余人以灭口,自己也自缢而亡。

他死后谥为"厉王",据《史记正义论例·谥法解》:"杀戮无辜曰厉",此外还有"暴慢无亲""扶邪违正"等意思,是个斥责性的谥号。清嘉庆十一年(1806),大学者阮元在扬州甘泉山惠照寺阶下发现四方石块,色甚古,隐约有文字,用纸拓下后,与时任扬州知府的书法家伊秉绶和学者江藩考证研究,断定为西汉广陵厉王刘胥冢上的石刻,其年代约在汉宣帝五凤年间(前57—前54)。其中"中殿第廿八"五字的一块,现藏南京博物院。这一遗物,大致显示了墓葬的方位。在高邮的神居山,曾发现一处"黄肠题凑"墓葬。所谓"黄肠题凑",《汉书·霍光传》颜师古注引苏林曰:"以柏木黄心致累棺外,故曰黄肠。木头皆内向,故曰题凑。"说明它是以黄柏木心向内堆垒而成。这应该是座王墓,但不能确定为何王。现在此墓已完整迁至扬州相别山汉陵苑,以供研究和观览。从完好无损的棺椁看,木料坚实,结构紧凑,制作工整,再参照附近出土的木作工具,可以想见当时木工的精湛技艺。

刘胥死后,广陵国一度被除。东汉光武帝中元二年(57)复置广陵国,封第九子刘荆为广陵王。次年光武帝死,刘庄继位,是为明帝。刘荆唆使东海王刘疆夺取王位,刘疆未听,报告了明帝,明帝念刘荆为同母弟,未予追究,"食租如故"。但刘荆并未停止他的不轨行为,后阴谋败露,畏罪自杀,时为公元67年。死后葬于扬州西北三十里的甘泉山,即今甘泉二号汉墓遗址。此后广陵国旋复旋废,不再成为诸侯王长期占有之地了。

1981年2月24日,原邗江县甘泉公社老山大队一农民在田间劳作时,拾得一枚龟纽"广陵王玺"金印,重123克,经专家鉴定,确是光武帝颁与刘荆

天山汉墓(汉广陵王刘胥墓)"黄肠题凑"

的。现存南京博物院。

汉代有两位与扬州有关的文学家,即邹阳和枚乘。邹阳(生卒年不详),齐(今山东东部)人,做过刘濞的门客。他看到刘濞急于反抗朝廷,便写了《上吴王书》进行劝谏。这封书写得言辞恳切,曲尽衷情,有战国纵横家的气派。刘濞未能采纳他的意见,他便到梁孝王那里做门客了。

枚乘(?—前140),字叔,淮阴人。初为刘濞的郎中。时刘濞正欲谋反,他曾写了《谏吴王书》加以劝阻。吴王不听,遂也到梁孝王处。吴楚七国之乱时,他又写了《重谏吴王书》,力劝吴王罢兵,此时吴王已经行动,更不能听从他的劝谏了。枚乘最著名的作品是《七发》。关于《七发》有说是讽喻吴王的,有说是讽喻梁孝王的,如李善《文选注》即说:"恐孝王反,故作《七发》以谏之。"有说戒膏粱子弟的,刘勰《文心雕龙》即说:"所以戒膏粱之子也。"还有说是宣扬道家思想的。从全文来看,并无劝谏的意思,更不像是针对吴王的,他敢于一再上书直接进谏,也就不必写这种转弯抹角的文章婉转进言。吴王在广陵几十年,广陵涛就在眼前,观涛当不止一次,更不须枚乘在他面前加意渲染。切实而论,当以戒膏粱子弟最为合理,是对糜烂生活所造成的精神空虚的一种针砭。

《七发》与扬州关系最大的,是"将以八月之望……并往观涛乎广陵之曲江"的汹涌澎湃、惊心动魄的描写,广陵涛因此而名传千古,成为扬州历史风云的代称。

3. 江都公主刘细君

在汉代乐府诗中,有一首《乌孙公主歌》:

> 吾家嫁我兮天一方,远托异国兮乌孙王。
> 穹庐为室兮旃为墙,以肉为食兮酪为浆。
> 居常土思兮心内伤,愿为黄鹄兮归故乡。

这首歌的作者是江都王刘建的女儿刘细君,因远嫁乌孙"和亲",人称"乌孙公主",又因是江都王的女儿,又称江都公主。这首歌可以说是有关民族之间婚姻和亲题材的开端之作,声情哀戚悲怆,所以又称为"悲愁歌"。仅仅是一首歌,就足以流传不朽,文学史和诗选上,都是要提到和选到的。

若论辈份,第一代江都王刘非与汉武帝是异母弟兄,刘非的儿子刘建是武帝的侄子,刘建的女儿刘细君则是武帝的侄孙女。我们不知道刘细君的确切年龄,大致推算的话,如果武帝元狩二年(前 121)刘建自杀,细君在十岁以下,到元封六年(前 105)远嫁乌孙时,细君当在二十四五岁,不会太大,也不会太小。

汉代是中国多民族国家的形成和发展时期。各民族之间的联系有了加强,同时战争也很激烈。西域是少数民族聚居的地方。在天山以北,巴尔喀什湖以南,原来住着塞人,汉文帝时,由敦煌、祁连间西迁来的月氏人挤走了塞人,建立起大月氏国。二三十年后,游牧在敦煌、祁连原与月氏相邻的乌孙人,在匈奴的指使下远征月氏,把月氏迫迁到妫水(阿姆河)以北,乌孙便在月氏境内建立乌孙国。乌孙国人口众多,除乌孙人外,还有留下来的月氏人和塞人。他们以游牧为生,社会组织与生活习惯与匈奴相似。王号昆莫,下设种种官吏。乌孙臣属于匈奴,后来逐渐强大,匈奴对它的控制也逐渐减弱。

当时对汉边境威胁最大的是匈奴。武帝时,为了对付匈奴的侵扰,于建元三年(前 138)派张骞出使西域,欲联合月氏人来击匈奴。张骞虽然没有说服月氏人进击匈奴,且往来途中被匈奴扣留多年,于公元前 126 年才回到汉朝。但在出使的十多年中,了解了西域的许多情况,加强了汉朝与西域的沟通。

这时,武帝反击匈奴侵扰的战争连连获胜。为进一步追击匈奴,张骞提出结盟乌孙以共同打击匈奴的建议。元狩四年(前 119 年),武帝又派张骞出使乌孙。

不料,乌孙因远离汉朝,所知不多,又服属匈奴既久,故婉拒汉使之劝。张骞随即分遣副使至大宛、康居、月氏、大夏诸国联系。乌孙国出于对汉朝赠赐金、帛及大批牛羊的回敬,护送张骞的使者携厚礼到长安答谢。据《汉书》:"其使见汉人众富厚,归其国,其后乃益重汉。"这对乌孙了解汉朝起了一定的作用。

十多年后,即武帝元封中,乌孙因与汉通往,激怒了匈奴,欲加以打击,乌孙便以良马千匹为聘,要求尚(娶)汉公主以结姻亲。武帝考虑到这样的结亲可以分"匈奴西方之援国",有利国家的安定,答应了这个要求,但令乌孙要先纳聘礼,乌孙献上了西域骏马千匹。于是武帝挑选了颇有文才的原江都王刘建的女儿刘细君,远嫁乌孙昆莫。皇帝的女儿称公主,诸侯王的女儿称翁主,刘细君本为翁主(后来又成为罪家之女),现在以皇室公主的身份和亲,故有了公主之称。随她而去的有属员数百人,带去了大批礼物。刘细君到乌孙后,自治宫室而居。(所谓宫室非汉地形制,乃游牧民族的穹庐为室毡为墙的帐篷之类)此时昆莫已老,语言又不通,"岁时,再与昆莫会"(一年会次把次面),"置酒饮食"而已。"公主悲愁,自为作歌"云云,即上面所提的《乌孙公主歌》。武帝见了这首歌,很体谅她的心情,每隔一年都派使者带了赐品去看望她,给以抚慰。

后来昆莫自知年老,要把细君嫁给他的孙子军须靡。当时少数民族有父兄死子弟可以娶其后母及嫂为妻的风俗,这样做并不为奇,在汉地却是有背伦理的。细君不肯,报告了武帝,武帝回答说:"从其国俗,欲与乌孙共灭胡。"遂为军须靡之妻。两人年龄相当,倒有了正常的夫妻生活,还生了一女,名少夫。老昆莫死,军须靡继续为昆莫。

后来细君死,汉朝又以楚王戊的孙女解忧为公主,嫁予了这位新昆莫。

这种将"公主"远嫁外族和亲的"千古奇闻的外交妙计'(张荫麟《中国史纲》语),一般也只能维持三四年的平安,而且每年还要花上大量的财物"赐"予为亲之国,所以贾谊把此列为"可为流涕"的事件之一。但作为一个弱女子,牺牲自己以为国家,在她们已是尽了最大的责任了,值得后人同情与称颂。

4. 张纲与张婴

西汉自昭、宣帝以后,统治阶级日益腐化,土地兼并日趋剧烈,各地劳动人民为了反对残酷的剥削和奴役,纷纷起来斗争,农民起义此起彼伏。王莽代汉后,企图以复古的"改制"来解决严重的社会危机,这种把历史拉向后退的主张,不仅不能给人民带来好处,相反更加重了劳动人民的灾难。在统治阶级内部,也因"改制"触犯了部分地主豪族的既得利益而引起不满。刘秀借着绿林、赤眉起义的风暴,摧毁了王莽政权。

东汉政权建立初期,由于慑于绿林、赤眉大起义的威力,采取了一些缓和社会阶级矛盾的措施,社会生产力的水平有所提高。随着封建统治者的一天比一天腐败,豪强地主势力不断膨胀,对农民的剥削不断加重,社会阶级矛盾迅速尖锐化,农民斗争连绵不断。而广陵所在的扬、徐之地,江、淮之间,更是农民起义活跃的战场。如东汉顺帝刘保建康元年(144)秋八月,九江人范容、周生率起义军攻打城邑,屯据历阳,转战江、淮之间,声势很大,"为江、淮巨患"(《资治通鉴》卷五十二《汉记四十四·顺帝建康元年》)。同年十一月,九江人徐凤称无上将军,马勉称皇帝,率起义军攻烧城邑,筑营于涂山,建年号,置百官。十二月,九江人黄虎率起义军攻打合肥。在这期间还有扬州六郡的章河起义军先后攻打了四十九个县城。这些农民起义军所到之处,攻陷城邑,杀死刺史、太守等官吏,给东汉统治者以极大的威胁。在众多的农民起义中,与广陵关系最直接的,要算被史书上称为"广陵贼"的张婴起义。

比起上面提到的几支起义队伍来,张婴率领的起义队伍是在这个地区活动得最长的。顺帝汉安元年(142)以张纲为广陵太守,其时张婴他们因"不堪侵枉",率众万余人,杀掉那些吮吸血汗的刺史、郡守,在扬、徐间已转战了十余年之久。十余年来,朝廷多次派人镇压,都无法对付他们,可见他们的力量相当强大,也受到广大群众的支持。

正因为对付张婴这支起义军是一件艰危的事情,谁都怕沾边,因而也就成为统治阶级内部进行报复和陷害的一种计谋。当时大将军梁冀(？—159)专权,他的妹妹是顺帝的皇后,他仗着皇亲国戚的关系,骄奢横暴,飞扬跋扈,不但民间充满了对他的咒骂声,连朝廷的一些官吏也表示不满,张纲是其中最激烈的一个。张纲(108—143),字文纪,东汉犍为郡武阳(今四川彭山东)人,顺帝时任御史大夫,以反对宦官专权而著名。汉安元年,朝廷选派杜乔、周举、郭遵、冯羡、栾巴、张纲、周栩、刘班八人为特使,分别到各州郡去巡视官员的情况,好的表彰,坏的处理。八个人中张纲的年纪最小,官职最低。受命以后,其他都出发了,唯独张纲把他所乘车子的车轮陷在洛阳都亭自挖的横沟里,所谓"埋轮",使其动弹不得,以示决不出巡。他说:"豺狼当路,安问狐狸!"意思是说,朝廷由梁冀这样豺狼式的人物当道,又怎么好追究下面的那些狐狸呢? 于是马上上书顺帝,弹劾梁冀和他的弟弟河南尹梁不疑不忠于帝室的十五条罪状。张纲的奏书,在京城引起很大的震动。但其时梁冀的妹妹正得宠,顺帝根本没有理会这件事。从此梁冀对张纲十分痛恨,便别有用心地派张纲去做广陵太守,以此达到他的目的。

张纲到广陵后,接受以往那些郡守专恃武力把事情越办越僵的教训,采用了安抚的方法,亲自带人到张婴的营垒中去慰问,以一种不偏不倚的态度,既责备过去的郡守多肆贪暴,逼得人们怀愤相聚,又对张婴晓以利害,诱以爵禄。最后甚至"约之以天地,誓之以日月",担保他们不会受到任何惩罚。张纲的社会声誉,他的出乎寻常的姿态,使起义军受到感动,一度放下武器归顺了朝廷。张纲也总算没有让梁冀的意图得逞。

张纲在扬州也搞过一些水利设施,他发动民工在郡治之东的东陵村开渠,引大石湖水灌溉了大片农田。他的做法符合当地农民的利益,人们称这条水渠为"张公渠",即今天扬州江都的张纲沟。

两年以后,即汉冲帝刘炳永熹元年(145),在严酷的压榨下,张婴又聚集几千人起义,占据了广陵。

为了镇压日益激烈的农民斗争和反抗,这一年,东汉政权拜滕抚为九江都尉,后又进中郎将,专门进剿徐、扬间的农民起义。十一月,滕抚进击张婴,因力量悬殊,张婴失败,千余人壮烈牺牲,这支起义队伍被镇压下去了。

张婴起义前后持续了十多年,和同时期其他农民起义一样,上继绿林、赤眉,下为黄巾的兴起开辟了道路。汉灵帝刘宏中平元年(184),广陵地区的许多农民用黄巾缠头来响应张角的号召,无疑是有着张婴的影响的。

第三章　六朝流韵

　　魏吴对峙,曹丕在这里感叹"固天所以限南北也!"骁勇的北府兵奔向淝水之战,谢安在这里留下"召伯"之名。北人南迁,经济、文化得以交融。一篇《芜城赋》于吊古中寓伤今。

1. 天限南北一江分

从东汉灵帝中平元年（184）到献帝建安中叶的二十多年间，黄巾军以及在黄巾军影响下的各地起义军，向东汉统治者展开了一场波澜壮阔的反抗斗争，虽然由于力量悬殊，加之缺乏作战经验，起义最后失败了，但加快了腐朽的东汉政权的崩溃。

在镇压黄巾起义的过程中，各地豪强纷纷扩大自己的势力，逐渐形成了割据的局面。经过激烈的兼并战争，终于确定了魏、蜀、吴三国鼎立的局面。

当时蜀国据有西南，吴国据有江东，魏国据有北方。中原魏、吴之间的战争，主要发生在淮河以南、长江以北地区。广陵介于南北之间，吴国水军北上攻魏，必须经由邗沟；魏国南下攻吴，东路必须经由广陵，此地遂成为江淮军事重镇。这样的地理位置和军事地位，决定了这一地区人民的生活和经济状况。当局势相对稳定，战事较少时，人民的生活就比较安定，经济也有相当的发展；一旦发生战乱，生产停顿，经济就会遭到严重的破坏。

黄巾大起义中，起义军的主力主要在北方，这里受到的冲击较少，因而一些知识分子纷纷流寓广陵。有个叫许劭的汝南人，喜欢评论人物，而且每月更换品题，当时人称为"汝南月旦评"。曹操初露头角的时候，曾去问许他是什么样的人。许劭瞧不起曹操，不予回答。曹操硬是要他评论，许劭说："子，治世之能臣，乱世之奸雄。"曹操听了大喜而去。后来这句话成为人们评论曹操的口头禅。这个许劭，就曾在广陵住过一些时候。

建安二年（197），曹操任命有才干的陈登为广陵太守。时广陵郡治在淮阴。陈登，字元龙，徐州下邳（今江苏邳县）人，二十五岁时举孝廉，任东阳令，表现出一定的政治才能。建安初年陶谦为徐州牧，推荐他做管理农业的典农校尉。他因地制宜，开发水利，使粮食丰足。后从吕布时，和父亲陈珪合谋，离间吕布与袁术的关系，使吕布倾向于曹操，并由他父亲向吕布建议，派陈登到许昌去见曹操,陈登在曹操面前列举吕布的短处:"有勇而无谋,轻于去就,宜早图之。"劝曹操尽速攻灭吕布。曹操素知陈登的才干,又听了这话,颇为赏识,便派他做广陵太守,又命他回广陵暗里聚合部众,以作消灭吕布的内应。曹操出兵下邳进攻吕布,陈登率广陵郡的兵士为前驱。击破吕布后,他因功加伏波将军。

陈登在广陵,还阻挡了东吴孙策的北进。建安五年(200),孙策派水军进攻陈登于匡奇城(在射阳附近),陈登的兵力不及孙策军的十分之一,部下很惊恐,要求全军撤出,给来攻者一座空城。陈登没有答应这个要求,他令将士寂然无声,闭城自守,给人以势弱不能战的感觉,自己则登城察看对方的动静,以等待时机。当发现有机可乘时,陈登令将士枕戈待旦,天不亮就引步兵出南门直奔敌军,而以骑兵抄敌人的后路。敌军仓促间不及应战,又来不及登船,结果遭到惨败。不久孙策又派大军来攻,陈登以寡不敌众,一面派广陵人功曹陈矫向曹操求援,一面秘密地在城十里外设置军营,取柴草两束一聚,每隔十步纵横成行,夜间点燃起来,令城上的士兵高呼称庆。敌人以为增援的大军到了,惊慌溃散,陈登乘机率军追击,又取得了胜利。陈登这两次以智取胜,避免了军事攻占所造成的损失,受到了广大群众的称颂。

为了推行曹操的屯田制,便利农田灌溉,陈登在广陵时还采取了一系列兴修水利的措施。在他的主持下,广陵之江都西(今仪征境内)修筑了一个周广九十八里的蓄水塘,可灌田千余顷,百姓敬而爱之,称敬爱陂,亦称陈公塘。这在当地算是较大的水利工程。更重要的是他征调军民进行邗沟(当时称中渎水)改道。当时邗沟通淮,不仅曲折迂远,而且水道淤塞,不便航行,乃改凿西道。其走向为自广陵至樊良湖不变,但自樊良湖往北,不再绕道博芝、射阳二湖,径直往北开渠,沟通津湖(今界首湖)、马濑湖,复由射阳末段入末口(今淮安北五里),其路线相当于今里运河一线。清人刘文淇《扬州水道记》卷一引《水经·淮水注》,将《水经》误书的"陈敏穿沟",径改为"陈登穿沟",即指此事。这条改道后的中渎水,在三国和此后的两晋时期,在政治、经济、军事上,都发挥了很大作用。陈登是开发广陵的有功人物,在广陵甚有威名,"甚

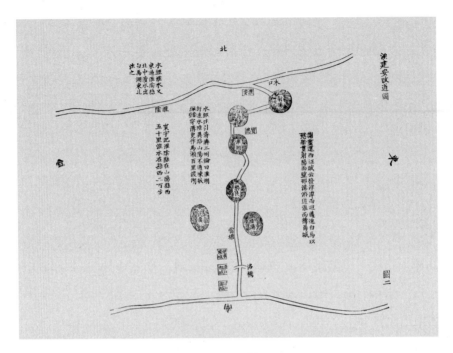

汉建安改道图(选自《扬州水道记》)

得江淮间欢心",这是确实的。后来曹操迁陈登为东城太守。

陈登改道中渎水,主要目的是为灭吴,也一再劝曹操攻吴,但未为曹操重视。待孙权在江东建立了吴国,并经由赤壁大战的胜利奠定了吴的疆域基础后,曹操每临大江而兴叹,后悔没有采纳陈登的计划,以至灭吴越来越困难了。吴国利用长江天堑这个天然屏障,经常维持数十万的兵力加以防守。魏军军力虽强,但没有足够的水军,难以横渡长江。这是魏、吴长期相峙的原因之一。

建安十八年(213)正月,曹操以号步骑四十万进攻濡须口。濡须口在今安徽巢县南,是孙权为了攻打曹魏的重镇合肥而建立的据点。曹操攻破孙权在濡须口一带的江西(即江北)营,俘获其都督公孙阳,准备直下江东。孙权率军七万抵御,吴将甘宁率百余人夜袭曹营,使魏军大惊。这样相持了个把月。曹操看到孙吴舟船、器仗、军伍整肃,感叹地说:"生子当如孙仲谋,刘景儿子若豚犬耳!"在双方对峙中,孙权写信给曹操说:"春水方生,公宜速去。"

又在另一纸上写道："足下不死,孤不得安。"曹操于是撤军回头了。

曹操回到谯(今安徽亳县),怕淮南沿江的郡县为孙权所得,想仿照过去官渡之战迁徙民众的办法,把这些地方的人民内迁。他征求扬州别驾蒋济的意见,蒋济不赞成,说:当初在官渡与袁绍对军时,由于敌强我弱,不把人民迁去,我们就要失去人力。自破袁绍以来,你的声威震天下,为民心所向。人情之常是留恋故土而不乐于迁徙,如硬要这样做会引起人们的惊慌不安。曹操没有听从蒋济的意见,决定内迁。这样一来,"民转相惊,自庐江、九江、蕲春、广陵户十余万皆东渡江,江西遂虚,合肥以南惟有皖城"。曹操很后悔,后来对蒋济说:本来想使他们避免吴国的侵扰,想不到却把他们赶到那边去了。原来就沦为江淮战场的广陵,自此更成为人烟稀少的空旷之地。

黄初五年(224)曹丕亲自督师远征。《三国志·魏书·文帝纪》:"秋七月,行东巡,幸许昌宫。八月,为水军,亲御龙舟,循蔡、颍,浮淮,幸寿春。……九月,遂至广陵。"这个广陵,是指徐州所属的广陵泗口,邻近魏广陵郡城淮阴,而非滨江的广陵故城。在这里处理了内部动乱事件,遂由泗口赴广陵故城。所谓故城,即西汉吴王刘濞所筑,此时已废毁的广陵城。也即鲍照后来在《芜城赋》中所说"当昔全盛之时"的那座广陵城。吴国对此已有准备,用安东将军徐盛的建议,在竖立的木柱外面遮上芦苇,于一夜之间造起了连绵数百里的"疑城假楼",又大浮战舰于江上,远远望去,气象森严。其时正逢江水大涨,曹丕临江观望,无奈地说:"魏虽有武骑千群,无所用之,未可图也。"他的龙舟又几乎为风暴所覆,只好罢兵而回。

黄初六年(225),曹丕又东下,"三月……帝为舟师东征。五月……幸谯。……六月,利成郡蔡方等以郡反,杀太守徐质。遣屯骑校尉任福、步兵校尉段昭与青州刺史讨平之。……八月,帝遂以舟师自谯循涡入淮,从陆道幸徐。……冬十月,行幸广陵故城,临江观兵,戎卒十余万,旌旗数百里"。是为平定内乱后,再到广陵故城。清人焦循《邗记》卷二论及"陆道幸徐"事说:"徐地(今江苏泗洪境)在泗州、临淮之间,盖由泗州陆行至广陵。"这广陵,指郡城淮阴,然后由此循中渎水至广陵故城。这次阵势很大,颇有渡江灭吴之志。

但吴国设置重兵,防守严实,加上正是大寒季节,有冰冻,舟船不得入江。曹丕虽有灭吴之志,但看到大江横阻,不禁无限感慨地说:"嗟呼!固天所以限南北也。"作了一首《至广陵马上作》:

> 观兵临江水,水流何汤汤。戈矛成山林,玄甲耀日光。
> 猛将怀暴怒,胆气正纵横。谁云江水广?一苇可以航。
> 不战屈敌虏,戢兵称贤良。古公宅岐邑,实始翦殷商。
> 孟献营虎牢,郑人惧稽颡。充国务耕殖,先零自破亡。
> 兴农淮泗间,筑室都徐方。量宜运权略,六军咸悦康。
> 岂如《东山》诗,悠悠多忧伤!

说了些自我安慰的话,只好再次引军回师。回师途中,正值枯水季节,数千战船搁浅邗沟,好在蒋济开渠筑坝,壅高湖水,方使舟师得以北返。

曹丕两次临广陵故城,一次说:"未可图也。"一次说:"固天所以限南北也!"实是不得已的感叹。清人顾祖禹《读史方舆纪要》卷二十三说:"初,自广陵扬子镇济江,江面阔,相距四十余里。唐立伊娄埭,江阔犹二十余里。宋时瓜洲渡口犹十八里。今(指明末清初)瓜洲渡至京口不过七八里。"曹丕面对四十里宽的浩淼大江,不能不望而却步了。另外从舟师搁浅的情况看,改道后的中渎水还很不稳定,受季节和雨水的限制很大,通航不那么方便。

东吴五凤二年(255),孙亮当国,有意北伐,派卫尉冯朝城广陵,拜将军吴穰为广陵太守,广陵为吴所有。这是有记载的第三次修筑广陵城,更证明在此之前已经无城可言。

整个三国时期,广陵为魏、吴两国边境,彼此争夺,所设郡县若有若无。根据有关史料,魏将邓艾屯田仅抵石鳖。考石鳖城在射阳界内,即今江苏宝应以北,地接淮泗的地方,属广陵郡治所在,可见广陵境内已成空旷之地了。

东汉广陵出生的作家有曹丕在《典论·论文》中提到的"广陵陈琳孔璋"。陈琳(?—217),字孔璋,广陵郡射阳人,建安七子之一。他最初为何进主簿,后归袁绍，袁绍败，归附曹操。他和同时的阮瑀都以擅长文书知名，所以曹丕称扬"琳、瑀之章表书记，今之隽也"。陈琳也能诗，留存下来的仅有四首，其中《饮马长城窟行》写封建统治者为修筑长城，劳役不断，造成人民妻离子散，反映了当时徭役之繁重，全篇采用生动的对话形式，有鲜明的民歌色彩。只是他虽占籍广陵，却没有留下有关广陵的作品，实是一件憾事。

三国时著名的民间医生华佗，沛国谯（今安徽亳县）人，但和广陵颇有渊源。陈登的父亲沛相陈珪曾推荐他举孝廉，太尉黄琬也曾征辟他做官，他都没有同意，坚持做一个治病救人的医生。陈登在广陵太守任上得病，胸中烦闷，面色发赤，食欲不振，华佗为他诊脉后说：你的胃里有虫数升，将要成为内疽，这是你食腥物过多造成的。便作汤药二升，要陈登煎服。过了一会，陈登吐出三升多还活着的红头虫子，亦说是未消化的生鱼，病立刻减轻了。华佗告诉陈登：这个病三年后还会发，要遇到好医生才可得救。三年后，陈登果然病又发了，其时华佗不在，陈登不治而死。这个记载可能有夸张渲染，但华佗诊断出陈登患严重的寄生虫病，给予了有效的治疗，是不用怀疑的。据《三国志·华佗传》，华佗不仅是个杰出的外科医生，而且也是治疗寄生虫病的专家，陈登的事就是例子之一。华佗有个学生吴普，广陵人。他除了继承华佗的医术，成为一个名医外，还是个体育医疗的实践者。华佗曾对他说：人必须经常参加适当的劳动，以加强消化能力，促进血液循环，达到增强体质、预防疾病的目的。吴普依照华佗所创的医疗体操"五禽戏"坚持锻炼，九十多岁还是"耳聪目明，齿牙完整"。华佗没有留下什么医学著作，吴普在《吴普本草》中吸取了华佗的部分医疗经验和知识。吴普的原作早已佚失，但还有一小部分保存在《政和证类本草》和《本草纲目》中，是值得重视的祖国医学遗产。过去扬州有个华大王庙，就是专为纪念华佗和吴普而建的。

三国时还有一位书法家皇象，广陵江都人，精篆、隶、章草书，唐代张怀瑾在《书断》中把他列入神品，说他的字"章草入神，八分入妙，小篆入能"，评价甚高。相传《天发神谶碑》为其所书。皇象在中国书法史上占有重要地位。

2. 侨郡和重镇

"王濬楼船下益州,金陵王气黯然收。千寻铁锁沉江底,一片降幡出石头。"这是唐代著名诗人刘禹锡《西塞山怀古》七律的前四句。曹魏咸熙二年(265),司马炎废掉魏主曹奂,即皇帝位,是为晋武帝,建立了历史上的西晋王朝。晋太康元年(280),益州刺史、龙骧将军王濬奉晋武帝之命,造楼舰千艘,自成都出发征伐孙吴,一路顺流东下,直取吴都建康(今江苏南京),进入石头城,吴王孙皓备亡国之礼投降,自此结束了分割的局面,重新统一了中国,刘禹锡诗中歌咏的就是这一事件。王濬伐吴胜利后,舟师由长江入淮河,经泗水、汴水,自黄河向西,抵达都城洛阳。广陵位于由江入淮的通道口上,当时浩浩荡荡的船舰通过邗沟,可谓气势如虹。

西晋虽然结束了三国鼎立的状态,但它是个腐朽的政权,它的存在是短暂的,统一也是暂时的,仅仅维持了二十年的时间。晋惠帝司马衷时,八王之乱,兵祸连年,崛起于北方的匈奴刘氏王朝进逼中原,到怀帝司马炽时洛阳已难以自保。永嘉之乱,五马南渡,洛阳为匈奴刘曜所破。怀帝死,太子司马邺在长安即皇帝位,是为愍帝,他勉强在长安支撑了四年,结果于316年仍为刘曜所破,司马邺被虏,西晋王朝宣告结束。第二年司马邺被杀于平阳,琅邪王司马睿在江南即位,是为晋元帝,定都建康,建立了东晋政权。

晋元帝定都建康后,收拢人心,安定江左,使得南方的荆、扬、江、湘、交、广之地,赖以保全,虽是偏安,在汉人心目中仍是"正统"所在。而当时中原地区的汉族人民却陷于异族的统治之下,为了摆脱和逃避异族重压,便在北方通往江南的封锁线上打开缺口,纷纷越淮渡江,奔向南方。这是历史上汉人南迁的第一次高潮。已故史学家谭其骧教授据有关史料统计,西晋太康初北方诸州及徐州之淮北共有户百四十万,以一户五口计,共有口七百余万;而自东晋永嘉以还,南渡人口有九十万,占了北方人口的八分之一强,即八人中有一人南渡。在东晋、南朝辖境的人口中,有六分之一是北来侨民。

在北来的侨民中,有不少是中原地区的士族门第,他们在统率族姓、扶持东晋方面起了一定的作用。南渡的民户以侨寓江苏的为最多,有二十六万人,大多为青州、兖州、徐州一带的移民。东晋和后来的南朝政权为了安抚和安置移民,采取了一系列措施,一面让名门望族和移民领袖参加中央或地方的政权机构,一面在移民较多的地方设立原籍地区的行政机构——侨州郡县,以对移民进行管理。凡是在侨州郡的户籍上注册的,可以享受不承担赋役的特权。晋元帝大兴元年(318),在广陵界内侨立南青州。元嘉八年(431),又将侨立在京口(今江苏镇江)的南兖州迁往广陵,并领有其他侨郡县。南朝时期,广陵一直为南兖州治所所在,故扬州旧名中又有"南兖州"之称。

北人的南下,促进了南北经济文化的交流,推动了南方的开发。自东晋至南朝宋文帝元嘉年间,相对来说,淮南一带比较稳定,为广陵地区经济文化的发展提供了有利条件。当时的广陵比不上建业以及江陵、襄阳等城市,却也是淮南江北的一个大城市、一个军事重镇,经历了许多重大历史事件的洗礼。

东晋永嘉七年(313),以"闻鸡起舞"而闻名于后世的祖逖,率宗族部曲南渡,居于京口。他有志北伐,曾在渡江时击楫发誓说:"祖逖不能清中原而复济者,有如大江!"但晋元帝只给他一些粮食、布匹,而未给予武器装备的支持,要他自己去筹备兵马,这说明元帝对他的北伐未抱任何期望。祖逖渡江入邗沟,经广陵屯驻淮阴,自铸武器,招募兵众二千余人,在北方汉族坞堡武装的支持下,319年至320年,大破石勒军,于汴(今河南开封)进兵封丘(今属河南),收复了黄河中下游以南的许多失地,使石勒"不敢窥兵河南"。但东晋王朝怕祖逖势大难以控制,施以种种牵制,祖逖忧愤而死,收复的失地又为石勒所占领。

祖逖之后,与广陵有关的北伐者为桓温。桓温北伐有三次。第一次是在晋穆帝永和十年(354),北伐的对象是前秦,一路进军关中,人民夹道劳军,老人感泣地说:"不图今日复见官军。"但后来仍退出关中。第二次是晋穆帝永和十二年(356),大败姚襄,攻入洛阳,徙洛阳三千余家于江汉,班师建康。第三次是在晋废帝太和四年(369),当时桓温是大司马兼南徐州刺史,率步骑五万,经广陵出发,北伐前燕慕容晔。桓温沿途凿渠三百里,引洛水(今大汶水)会于清水,舟师数百里自清水入黄河,一度取得很大的胜利。后燕兵求救于苻秦。桓军粮食不继,连战不利,又闻苻坚援军将至,于是焚烧舟船,丢弃辎重,慌忙后撤。在燕、秦军追击下,桓军死以万计,桓温只好收散卒退兵。这次北伐的惨败,除了种种客观因素外,东晋安于江南的逸乐而无意进取,是失败的主要原因。战败后的桓温徙镇广陵,发动徐州、兖州二州移民修筑广陵城。

不久桓温病死,病危时,桓温把他的部众交由弟弟桓冲率领。

当时,孝武帝年幼,才过十岁,以谢安为相,谢安建议皇太后听政。皇太后是谢安的堂兄谢尚的外甥女,谢安是他的从舅,当然更被倚重。桓冲没有桓温那样的野心,谢安又是贤相,彼此相安无事,东晋出现了较为安定团结的局面。孝武帝宁康二年(374),委王坦之都督徐、兖、青三州军事,复兼徐、兖二州刺史,出镇广陵。谢安总中书之职,在朝辅佐幼主,肩起军国重任。

谢安出身于陈郡阳夏(今河南太康)士族世家。唐诗中"朱雀桥边""乌衣巷口"写的就是"旧时王谢"的风流遗韵。谢家人才辈出,绵延数世,与谢安同辈少年得志者颇不乏人。而谢安年轻时无意仕途,只是与一班名士往来,隐居东山作逍遥之游。四十多岁才入仕途,但仍是游山玩水。桓温当国,他既避其锋,又抑其横,表现了一定的胆略与风度。掌权以后,对内"不存小察,宏以大纲",对外"镇以和靖,御以长算",显示了他不凡的韬略。

东晋几次北伐,或无功而返,或半途而废,这助长了北方少数民族特别是苻秦的气焰。氐族前秦的首领苻坚,在统一了北方大部分地区后,欲进而攻灭东晋统一全国。东晋也积极加强防卫。孝武帝太元二年(377),朝廷要选派一名良将镇守广陵,谢安竭力向朝廷推荐他的侄子谢玄,于是谢玄被任命为兖州刺史、广陵相,监江北诸军事,镇广陵。谢安则以中书监录尚书事的身份加都督扬、豫、徐、兖、青五州军事。

谢安当国后,为了加强长江下游的军事力量,曾在京口(今镇江市)招募北方移民,主要是南徐州、南兖州的遗民,施以严格的训练,组成一支新军,称北府军(时称京口为北府)。北府军人数不过十万,却是一支精悍善战的劲旅。

此时谢玄把京口的北府军迁到广陵,加以扩大和加强训练。北府兵成为长江下游的主要军事力量,改变了当时不利的军事形势。

晋太元四年(379),苻坚遣秦军六万南侵,攻下盱眙,围困三阿(今江苏宝应),离广陵只有百里。朝廷震惊,临江增兵,列阵严守,以防秦兵南渡。时谢玄率北府兵救三阿,攻盱眙,下淮阴,一直追到淮北,大破秦兵,北府兵因此一战而威名大增。谢玄战胜还广陵,进号冠军将军,加领徐州刺史。

四年之后,即晋太元八年(383),经数年休整准备的苻坚为雪淮水战

晋太傅文靖谢公安(选自《於越先贤像》)

败之耻,以所谓百万之众,大举伐晋。骄狂的苻坚拒绝了众臣的劝阻,声称"以吾之众,投鞭于江,足断其流",倾巢南下,"前后千里,旌旗相望……东西万里,水陆齐进"。

前秦的全面进攻,使晋朝大为惊恐,对谢安也是极大的考验。谢安受命为征讨大都督,全权负责对前秦的战争,坐镇建康,运筹帷幄。他命弟弟谢石为元帅,具体指挥前线战争;侄子谢玄为前锋都督,与将军谢琰(安之子)、桓伊等率众八万抗秦。在八万之众中,以谢玄率领的北府兵为主力。晋军于洛涧(今安徽淮南东淮河支流)攻破秦军防线,使秦军步骑败溃,纷纷投入淮河,溺毙万余。谢玄诸军乘胜追击,与秦军隔淝水对峙。

符坚颇为吃惊,登寿春城察看晋军动静,见晋军阵容严整,与所想像的大为不同,甚至看到八公山上的草木也疑为晋军来到,所谓"八公山上,草木皆兵"。晋军又用计诱秦军稍退以便渡河作战,岂料秦军中被迫当兵的汉人和其他各族人本不恋战,闻撤退令转身后退,晋军内应朱序又在阵后大呼:"秦军败矣!"遂一退而不可收拾,相互践踏而死者不计其数。晋军乘势追击,符坚一路上风声鹤唳,不敢停留,还为流矢所中。等他逃回洛阳,收集残卒,原来百万大军只剩下十几万人。晋军不仅收复了徐、兖、青、豫诸州,河南的一些城堡也望风归顺。淝水之战创造了中国战争史上以少胜多的范例,战争中,谢玄在广陵组训的"北府兵"作为主力立下了大功,为人们所称颂。

当淝水大捷的消息传到建康时,作为总指挥的谢安正在与友人下围棋,他看了捷报置之几案,仍下棋如故,只轻描淡写地说了一句:"小儿辈大破贼。"当他下完棋步出门槛时,竟然把木屐的底齿折断了,心底的喜悦不言而喻。

淝水之战胜利后,谢安进位太保、太傅,都督扬、徐、南徐、兖、南兖、豫、南豫、江、青、冀、幽、并、司、荆、雍十五州军事,达到了他事业的顶峰。极高的声望也招致了王室的猜忌,在孝武帝的同母弟会稽王司马道子的排斥下,他被迫

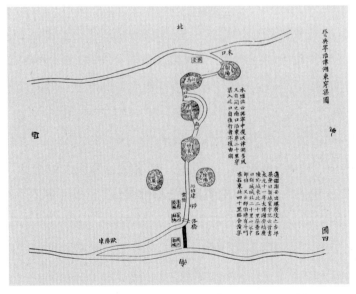

晋兴宁沿津湖东穿渠图(选自《扬州水道记》)

离开朝廷,以再次请求北征为借口,出镇广陵的步邱,筑"新城"而居。这座"新城",据《扬州画舫录》所说,"当在今新城之东北隅",也即今扬州的东北。谢安还在"新城"之东北较远处筑平水堰以灌溉农田,"随时蓄泄,岁用丰稔"。后人追思他的功绩,把他比做西周时协助周公辅佐周室的召公(名姬奭,文王庶子,周公之弟,封于召,即今陕西岐山西南之地,故称召公,一作"邵公""召康公"),称此水堰为召伯堰,正如北宋扬州诗人王令在诗中所说的:"谢公已去人怀想,向此还留召伯名。"至今江都还有称做召(邵)伯镇的地方。

3. 伤今吊古忆繁华

历史上称为"元嘉之治"的南朝宋文帝元嘉年间,广陵地区社会较为稳定,经济持续发展。元嘉二十四年(447),徐湛之任南兖州刺史。徐湛之是南平王刘铄妃子的哥哥,随王刘诞妃子的父亲,算得上是皇亲国戚。他能文,政事上也有一定才能。据史书记载,他任南兖州刺史期间,"广陵旧有高楼,湛之更加修整,南望钟山。城北有陂泽,水物丰盛。湛之更起风亭、月观、吹台、琴室,果竹繁盛,花药成行。招集文士,尽游玩之适,一时之盛也"。城北的陂泽,即今之雷塘。徐湛之借用自然景观,审形度势,构筑园林,可以说是见诸史籍的第一次在广陵有计划的造园活动。这些园林已无踪迹可寻,今扬州瘦西湖小金山的"风亭""月观""吹台""琴室"等乃清人移用旧称,略存其意而已。

广陵的繁荣没有能持续多久,自宋文帝末年至孝武帝大明三年(459)间,广陵连续遭到两次大的摧残。

元嘉二十七年(450),北魏太武帝拓跋焘率步骑十万,进攻宋的悬瓠城(今河南汝南)。宋文帝轻信彭城太守、宁朔将军王玄谟的话,命他统率大军北伐。王玄谟进攻滑台(今河南滑县东),被北魏军打败,慌忙退兵。北魏军队乘势南下,所过城邑全遭破坏。这年十二月,北魏军渡过淮河,直逼瓜步(今江苏六合东南),"坏民屋宇及伐蒹苇",准备造筏渡江攻打建康。宋文帝急令将士封锁长江,内外戒严,北魏军未敢轻举妄动。第二年正月,北魏军北退,一路大肆杀戮,"丁壮者即加斩截,婴儿贯于槊上,盘舞以为戏","所过郡县,赤地无余"。广陵首当其冲,受害尤烈,"强者为转尸,弱者为系虏⋯⋯村井空荒,无复鸡鸣犬吠",可以想见当年的凄惨景象。

宋孝武帝大明元年(457),以司空、南徐州刺史、竟陵王刘诞为南兖州刺史。刘诞是宋文帝的第六子,孝武帝的弟弟,他因有功于朝廷,在朝野有一定的影响,而且多聚才力之士,蓄精甲利兵。孝武帝对他很是畏忌,先命他为南徐州刺史,出镇京口;后又嫌他离京师太近,复迁广陵,并把心腹之臣、原南兖州刺史刘延孙迁为南徐州刺史,使之镇守京口,以防备刘诞。大明三年(459),刘诞知道孝武帝对他有猜忌,也暗地做了准备,借北魏军入寇之名,修城墙、浚城濠,聚粮草、治甲仗,以防朝廷有所举动。孝武帝得悉,便令车骑大将军沈庆之率军讨伐,同时把刘诞在建康的亲戚、朋友、同籍千余人一律处死。沈庆之与刘诞在广陵僵持了七十多天,终于破城,刘诞被杀,他的母、妻皆自杀。孝武帝还觉不够解恨,迁怒于广陵人民,命令把广陵城的士民,无论大小,一律斩杀。沈庆之觉得这太过分了,请求凡五尺以下(合今四尺多)的男子免斩,其余皆死,女子赏给攻城有功的军人做奴婢,就这样还杀掉三千余人。孝武帝还命把砍下的头颅置于建业石头城的南岸示众。血淋淋的事实,深刻暴露了封建统治者的凶狠残暴。继北魏拓跋焘掳掠屠戮之后,广陵复遭浩劫,雪上加霜,一片萧瑟凄凉。

当时的南朝刘宋诗人鲍照,写过一篇《芜城赋》,据一般的说法,就是指的这两次浩劫。

鲍照与广陵是颇有关系的。鲍照第一次来广陵在宋文帝元嘉十七年(440)。那时,他是临川王刘义庆的佐吏,刘义庆由江州刺史转南兖州刺史,南兖州的州治在广陵,鲍照也就随着来到广陵。直到元嘉二十一年(444)刘义庆在广陵因病还朝,鲍照才离开广陵回建业家中。鲍照在广陵的四年间,正是这座古城比较安定富庶的时期。

元嘉二十八年(451),身任南徐、南兖二州刺史的始兴王刘濬率众至瓜步,作为始兴王的国侍郎,鲍照又来到江北。瓜步在六合县东南二十里,东临大江。据《述异记》载:"瓜步在吴中,吴人卖瓜于江畔,因此名焉。"前一年的冬十二月,北魏太武帝南侵,一直打到瓜步,到本年正月始退兵。鲍照来的时候,正是兵退之后。这年三月,刘濬解南兖州任,鲍照也辞去侍郎职。他没有随刘濬回京口,而是留在瓜步,次年五月才返建业。

一种传统流行的说法,鲍照再到广陵,已是相隔六七年之后的孝武帝大明三年(459),正好是两次浩劫之后,故人们认为,《芜城赋》即写于此时。但这并非没有疑问,中古文学史专家曹道衡对此有较详的论证,在《汉魏六朝辞赋》中有简要说明:

> 鲍照不但是一位杰出的诗人,也是著名的辞赋家。其出身贫寒,一生坎坷,许多诗赋作品都表现了他的这种不得志的牢骚。他的辞赋代表作《芜城赋》是一篇吊古伤今的作品,历来传诵。许多学者以为此赋作于宋孝武帝大明三至四年(459—460),其根据是大明三年时,宋竟陵王刘诞在广陵(今扬州)起兵反对朝廷,遭到残酷镇压,使广陵城受到很大破坏。此说有一定根据,但究系推测。因为据《文选》李善注,此赋是登广陵故城所作。赋中所写的广陵昔日盛况是指汉景帝时吴王刘濞建都时的广陵,下距鲍照作赋时已六百年左右,广陵城址完全可能有变迁,李善所谓"故城",当非南朝时南兖州刺史所治的广陵城。再说刘诞举兵之事,宋孝武帝十分恼火,攻下广陵后,曾下令屠杀以泄愤。在这种情况下,鲍照冒着风险去凭吊兵火之余的广陵,似不甚近情理。再说他和刘诞也没有什么交往,不可能随便去犯此忌讳,所以还是作为一般的凭吊古迹之作较好理解。

这里特别提出《文选》李善注来作证,很有道理。李善是江都(扬州)人,必然熟知乡邦史迹。李善师从的曹宪,也是江都人,活了一百多岁,生年距刘宋不太远,当然更有所知。这个"故城"当为西汉吴濞所筑、曹丕登临时已废毁的那座"故城"。

当然,南朝和汉代相比,广陵城确是大大地衰弱了,已失去过去的繁华。鲍照在吊古的时候,不免有伤今的情绪,但仍有其现实性。扬州有"芜城"之称,也是有典可据的。

齐、梁两朝和北魏虽常有纷争,总的来说缓和的时间较长。在这段时间里,广陵地区的经济、文化有了一定程度的恢复。不料到了梁末,广陵又遭到一次荼毒。

侯景是北魏的叛将,降梁后被封为河南王。梁武帝萧衍太清三年(549),侯景作乱,率军攻破建康,梁武帝被困在台城活活饿死。继位的简文帝萧纲不过是侯景手中的一个傀儡。简文帝大宝元年(550),侯景派董绍先为南兖州刺史,广陵太守祖皓不服,率勇士杀了董绍先。侯景命部将郭元建讨伐广陵,祖皓据城固守,战斗很是激烈。城破后,祖皓被捉,先是被乱箭射得遍体鳞伤,后又受车裂分尸酷刑。城中的老百姓不论老幼,被半埋在土中,纵马践踏射杀。据《梁书·祖皓传》记载,死者达八千人。郭元建以屠城"有功",被任命为南兖州刺史。

551年,侯景自立为皇帝。第二年,梁湘东王萧绎以湖北江陵为都城,任王僧辩为大都督东下讨伐侯景。这时,身为南兖州刺史的郭元建投降于北齐文宣帝高洋,广陵城为北齐所据。北齐改南兖州为东广州,置广陵、江阳两郡。

557年,江南的陈霸先废掉了梁敬帝萧方智,建立了南朝的最后一个王朝——陈朝。

至陈宣帝太建五年(573),派镇前将军吴明彻出击北齐,收复了梁朝在淮南的失地,广陵又归于陈朝,恢复了南兖州。吴明彻攻打广陵时,曾在城西筑了一座向城内射击的弩台,人们称为"吴公台",就是后来《隋遗录》上说的隋炀帝在那里梦见陈后主的"吴公宅鸡台",也即杜牧《扬州三首》中提到的那个"斗鸡台"。

579年,北周静帝宇文阐出兵南下,又占领了南兖州,改南兖州为吴州,自此广陵亦称吴州。

第四章　隋唐鼎盛

隋炀帝的扬州情怀。大运河突出了扬州的地位。"扬一益二",扬州空前的繁荣。五代战乱,仍不掩扬州的光采。中外交通的出发点和落脚点。诗人文士为扬州倾注了千古心声。

1. 隋炀帝的江都梦

公元 581 年,北周隋公杨坚取代北周称帝,是为隋文帝,建立了中国历史上的隋王朝。开皇七年(587),文帝准备征伐江南的陈朝,接受隋吴州(治所在广陵)总管贺若弼的建议,于邗沟东侧宝应与江都之间开了一条平行河道,名"山阳渎"(今称"山阳河"),表面的说法是"以通漕运",实质是"开深广之,将以伐陈也"。第二年,文帝任命晋王杨广、秦王杨俊、清河公杨素为行军元帅,分八路向江南进发。

杨广为文帝次子。开皇元年(581)封晋王,任并州(治所在今山西太原)总管,时年十三。后又任多种重要职务。开皇六年,杨广被调往寿春任淮南道行台尚书令。开皇八年,主管伐陈战事。他以行军元帅的身份,统领新义公韩擒虎、襄邑公贺若弼等所率的五十一万八千兵力伐陈,并移驻六合。次年正月,贺若弼所统的重兵自广陵强渡,一举成功,大破陈师于钟山。从这一情况看,此时的地理有了明显的变迁,从瓜洲渡江,已不像以前那样困难了。韩擒虎则从长江下游攻入建邺,俘获了醉生梦死的陈主陈叔宝,至此结束了自东晋以来二百七十多年南北分割的局面,建立了统一的政权。

灭陈后,杨广只下令处死了民愤很大的施文庆、沈客卿等一批酷吏,余皆未加杀戮。又收集图书,封存府库,对资财一无所取,也无偷盗散失,从而赢得了很好的名声。杨广俘陈叔宝等至京师,献俘太庙,因功进位太尉,仍回到并州任职。

开皇九年(589),改吴州为扬州,置总管府,以秦王杨俊为扬州总管镇广陵。自此,这里始有"扬州"之称。

当时,江南并不安定,原陈朝的一些豪族,多处发动叛乱。为加强对东南地区的控制,遂调"冠于诸王"的杨广为扬州总督镇江都(杨广忌讳广陵这个名字),杨俊调往并州。杨广在江都待了九年,每年入朝一次,向朝廷报告一切。

杨广在扬州，下了很大的工夫做"抚"的工作。当时隋朝以胜利者自居，傲视江南人，而江南人则瞧不起北方人没有文化或不懂文化。杨广首先抓的就是文化。他调整了"关中本位"的高压政策，"息武兴文，方应光显"。幕僚柳䛒，祖籍河东，永嘉后南迁，世代仕宦南朝，曾任后梁的宰相，梁国废后入晋王府任谘议参军。柳䛒熟悉南方士林，杨广转镇江都后，即让他广泛招引旧陈才俊，罗致到晋王府中，一时如丹阳诸葛颖，会稽虞世基、虞世南兄弟，琅邪王孢、王胄兄弟，被任为王府文学、参军事、学士等职。吴郡人潘徽，精通《三礼》，原为陈朝的博士，入晋王府后，为扬州博士，杨广命他组织江南诸儒，编撰成《江都集礼》一百二十卷。这是一项宏大的文化工程，是对江南礼学的全面总结，使重于礼的江南士人大为称赞，潘徽在序中称杨广"允文允武，多才多艺"，并非过誉。在这期间，杨广"言习吴语"，即学会了一口流利的吴方言，打消了与南方人语言的隔阂。他的王妃萧氏是梁昭明太子萧统的玄孙女，有极高的江南文化素养，这也促使了杨广对江南文化精神的了解与推崇。这一系列的做法，团结了江南士人，融洽了政治氛围，加强了南北文化的交流，对隋代的社会政治大有好处。扬州一地的文化，也实受其惠。

南朝盛行佛教，唐杜牧诗《江南春》所谓"南朝四百八十寺，多少楼台烟雨中"，是很好的形容。对待佛教的态度，同样直接影响到江南人的心理和情绪。杨广在这方面也做得比较周到。他在江都设立四道场，玉清、金洞两道场接纳道士，慧日、法云两道场接待僧众。在慧日、法云两道场内，集中了江南佛教人才如智脱、法澄、智炬、吉藏、慧觉、慧越、慧乘、法安、法称等，多为名僧学僧，他们在两道场内搜集经文，整理佛藏，使江南的佛教文化遗产得到很好的保护。其中一些学问僧如三论宗的创始人法藏等，后来在海内外都有很大影响。杨广和天台宗的实际创始人智顗的关系，尤为人所称道。智顗（538—597）为陈隋间著名高僧，在江南佛教界的地位和声望甚隆。开皇十一年（591）杨光将智顗请到扬州，这年十一月，智顗为杨广授菩萨戒，授予"总持菩萨"之号，杨广则授智顗"智者大师"的尊号。直到智顗去世，两人一直保持着很好的关系。固然隋文帝和杨广都崇信佛教，但以上举措，政治、文化意义大于宗

隋炀帝的船队在大运河
上航行（18世纪中国帛画）

教意义，对稳定江南成效甚著。

扬州给了杨广成就大事业的舞台，杨广使扬州成了政治文化的中心。扬州与杨广结下了不解之缘，这是很必然的。

605年，杨广取代太子杨勇接皇帝位。在这之前，即开皇四年（584），为开凿漕运通道，命宇文恺率工自隋都大兴城西北引渭水，沿汉代漕渠故道向东，至潼关进入黄河，长三百里，名广通渠（后避炀帝讳，改名富民渠）。自此漕运便利。炀帝刚即位，即全面开展了运河开挖工程。此年，征发河南、淮北诸郡民工百余万人开凿通济渠，其走向系从洛阳城西引谷水傍洛黄渠至偃师入洛，再由洛水入黄河，并从板渚（今河南荥阳氾水东北）引黄河水东行汴渠，再从商丘东南行至盱眙北入淮，成为江、淮至中原的主要通道。

在开通济渠的同时，又征发淮南民工十余万人，开拓邗沟，自山阳（今淮安）至扬子入江。这次所开的邗沟，是在原西道的基础上拓宽浚深而成，全长三百多里。通济渠和邗沟，河广四十步，相当于现在的六十米，两岸有与河床平行的道路，路边种植柳树，即史书上所说的："渠广四十步，渠旁皆筑御道，树以柳。"

大业四年（608），征发河北一百万人开永济渠，引沁水南达黄河，北通涿郡（今北京）。大业六年（610）开江南河，从京口（今镇江）通余杭（今杭州）。永济渠、通济渠、邗沟、江南河长达四五千里，南北联系黄河、淮河、长江、钱塘江四大水系，成为南北交通的大动脉，是世界上伟大的工程之一。

完成这样伟大的工程，不是个人意志可以决定的，乃是历史和时代的要求。当时南方经过东晋南北朝二百多年的开发，已逐渐成为富饶之区，南北物资交流成为迫切的需要；从政治和军事上来说，加强对地方，特别是江南的控制，以维持统一，是迫切的任务。在陆上交通并不便捷而且没有新式交通工具的情况下，水上交通最为重要和最为可取。大运河就是适应这种历史情况而开凿，也只有在国家统一经济发展的情况下才能得以完成。可以这样说，即使隋炀帝不开凿，也一定会有其他人出来开凿，历史的要求，不可逆转。对此，唐长孺先生有很好的评述：

> 在隋文帝和炀帝统治时期，还做了一件大事，就是开凿大运河。这件事主要是炀帝时代做的。我们认为这是一件好事……不管统治者主观上怎么打算，是为了剥削还是为了镇压人民，从客观效果来说，南北当时归于统一，经济、文化交流频繁，这一条运河的开凿是有利的。而且不单是隋朝需要，一直到后来的一千几百年，运河一直还是发挥南北水路运输的作用。

这不由让人想起唐代诗人皮日休的《汴河怀古》："尽道隋亡为此河，至今千里赖通波。若无水殿龙舟事，共禹论功不较多。"还有清初史学家谈迁说的："吴（指春秋吴王夫差）、隋虽轻用民力，今漕河赖之。"这些评价是恰当的。

当然，在短短的六年时间内完成这样的大工程，而且是由封建王朝来领导这样的工程，不能不给人民带来沉重负担乃至苦难。但大部分河道是利用原有的河流和以前的渠道开凿的，工程量有一定限度。所谓"男丁不

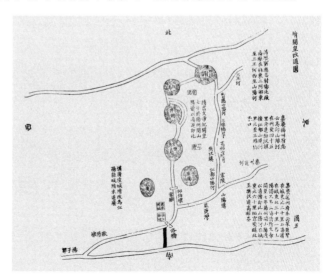

隋开皇改道图（选自《扬州水道记》）

供,始役妇人"也是事实,至于如无名氏《开河记》中所说"欲泛舟自洛入河,自河达海入淮,方可至于广陵……发天下丁男,年十五岁以上,五十以下者,皆至;如有隐匿,皆斩三族",则是小说家的夸大之词了。还是现代史家说得公允:"在开凿运河的时候,大量的劳动人民被征发来了,这是劳动人民劳动的成果。""是七世纪初叶中国劳动人民的伟大创造。……他们用自己的劳动、智慧克服种种困难,胜利完成了这一历史的巨大任务。"单靠隋炀帝和开河的大臣们,是永远开不了大运河的。

这条使南北物产交流畅通的水道,对经济发展起了很大作用,许多商业城市也沿运河干线兴起,位于通济渠最南端的扬州,逐渐形成为全国的经济中心。

上引皮日休诗中的"水殿龙舟事",指炀帝多次游巡特别是三下江都事,也最为后人所诟病。炀帝有他的理由:"自古天子有巡狩之礼,而江东诸帝(按,指南朝帝王)多傅脂粉,坐深宫,不与百姓相见,此何理也。"三下江都,也不宜简单看待。大业元年(605)炀帝初即位,于开通济渠的同时,即命自长安至江都建离宫四十余所,又遣黄门侍郎王弘等往江都造龙舟及杂船,急于游巡江都,很难说仅仅为了目睹并尽享江都的"繁华"。

隋炀帝与扬州的关系,上面已经提及。即位后第一次下江都,他曾有《幸江都赦淮南以南诏》:

> 昔汉桓过代,犹存情于故人;魏丕幸谯,犹留念于旧室。朕昔在藩牧,宣抚江淮,日居月诸,年将二纪……言念于此,何尝不忘寝与食。比虽遣大使,未若躬亲。而此江都,即朕之代也。方今时和岁阜,巡省维扬,观览人风,亲见耆老,若不播滋恺泽,何以恤彼黎庶……

看起来他是怀着思念的心情,来江都看望百姓和弥补昔日的不足的,言词甚是恳切。但是通过表面,还可看到更为深刻的原因。唐诗人李商隐在七律《隋宫》中写道:"欲取芜城作帝家。"诗人只是一般形容,并非实指;但"作帝家"，也非无迹可寻。这里或许可借《剑桥中国隋唐史》中的一段话作些注解：杨广任扬州总管，"他在南方的任务是多方面的和复杂的：缓和南方的怨恨和怀疑，在军事占领后推行合理的行政，打破阻碍南人成为隋室臣民的许多政治和文化隔阂……杨广集中全力进行可称之为文化战略的活动，旨在说服南人，说他们的新统治者非夷狄，而是具有和珍视同一文化遗产的开化的人"。杨广所奠定的扬州的地位，包括他的好作"吴语"，对南方有很大的凝聚力。自此江都地区成为巩固隋政权的关键地区，是不能不特别加以重视的地区。所以有人说，隋有三都：西都长安、东都洛阳和南都江都，即把江都打造成代替南朝都城金陵的新的都城，或称陪都。规定江都郡守秩同京兆尹，即江都郡的行政长官和京城的长官享有同等的地位，也是这个意思。这对维护中央集权，非常重要。说炀帝巡游江都有其特殊的政治目的，并非一味为了享乐，何况当时江都的繁华远未达到关中的水平，如钱穆先生所说："明明是浪费北方积存财力，并非有意来朘削南方的脂膏。"另一位历史学家缪凤林也说："帝王之糜费，足以反映社会之富力，其时民生富庶，物力充盛，炀帝固未易逞此无厌之欲也。"各从不同的角度，说明了一些问题。

　　不可否认，炀帝下江都的排场是巨大的，对人民造成的苦难也是巨大的。他乘的龙舟有四层，高四十五尺，长二百尺，上层有正殿、内殿、东西朝堂；中层有户百二十间，皆饰以金玉；下层为内侍的居处。萧皇后乘的翔螭舟，形制略小而装饰一样。另有"浮景"九艘，高三层，皆是水上宫殿。又有漾彩、朱鸟、苍螭、白虎、玄武、飞羽、青凫、凌波、五楼、道场、玄坛、楼船、板舸、黄篾等数千艘，载着后宫、诸王、公主、百官、僧尼、道士、蕃客以及内外百司供奉之物。这些船只用挽船士八万余人，其中挽漾彩以上者九千多人，称为"殿脚"，皆以锦彩为袍。此外还有平乘、青龙、艨艟、艇舸等数千艘，每艘乘十二卫兵，并载有兵器、帐幕等，由兵士自引，不给纤夫。这支船队，首尾长达二百余里，照耀川陆，两岸有骑兵护行，旌旗蔽野。所过州县，五百里内都要贡献山珍海味，有的州能献上百车的各类食物，极水陆珍奇之盛。后宫食腻了这些东西，无法消受，往往临行时埋弃。第二年四月，炀帝返回洛阳，还搞了一次声势赫赫的"入城式"：先在伊阙山前排好法驾，然后千骑万乘，车声辚辚，浩浩荡荡地进入东都。李商隐《隋宫》诗云"春风举国裁宫锦，半作障泥半作帆"，一点也不过分。

大业六年（610）三月，隋炀帝第二次下江都。这一次南下正是江都宫建成之时。江都宫是一座规模巨大的宫殿建筑，内有十宫。《寿春图经》说："隋十宫在江都县北长阜苑内，依林傍涧，因高跨阜，随地形置焉，并隋炀帝立也。曰归雁宫、回流宫、九里宫、松林宫、枫林宫、大雷宫、小雷宫、春草宫、九华宫、光汾宫，是曰十宫。"在芳林门与玄武门之间，还有成象殿、水精殿、流珠堂等处。除了江都宫，炀帝在江都的宫殿还有建在扬子津口的临江宫（一名扬子宫，内有凝晖殿，可眺望大江）和建于城东五里的新宫。据传炀帝还在江都建过"幽房曲室，互相连属"，使"真仙游其中，亦当自迷"的"迷楼"，杜牧在《扬州三首》之一中就说："炀帝雷塘土，迷藏有旧楼。"从有关记载（如《隋书》）和传为韩偓所作的《迷楼记》来看，"迷楼"建在长安而非江都。不论炀帝在江都是否建有"迷楼"，江都确有迷楼式的建筑是毋庸置疑的。有这么好的去处可供游乐，这一次在扬州待了近一年的时间。

大业十二年（616）七月，江都新造龙舟成，送往东都洛阳。这时正是炀帝三伐辽东失败，国内矛盾激化，各路起义风起云涌的时候。面对强大的反抗风暴，他接受宇文述的意见，写了"我梦江都好，征辽亦偶然"的诗句，准备第三次下江都。也许是把江都和江南作为最后的退路吧。"我梦江都好"，也许是事实；"征辽亦偶然"，则不免是自我解嘲。建德尉任宗上书极谏，当日被杖杀于朝堂。奉信郎崔民象以"盗贼充斥"于建国门上谏表，惹得炀帝大怒，先解其颐，然后斩之；舟至汜水，奉信郎王爱仁又上表请还，也被斩杀。这确实表现了炀帝残暴的一面。炀帝在江都，一直过着和陈后主一样醉生梦死的生活，而面对危乱的形势，内心深处常常不胜恐惧。他曾对萧后说："外面大有人图侬（我）！"又一次对着镜子对萧后说："好头颅，谁当斫之？"都表明了无可奈何的心情。

大业十三年（617），山东杜伏威率义军渡过淮河，攻下历阳郡，道路隔绝。次年，江都粮尽。炀帝的骁果军是从关中来的，大多数是关中人，纷纷要求回长安去。炀帝知道归路为义军截断,长安回不去了,想迁都到江南去,江南人对他还是有好感的。但关中军士不愿,郎将窦贤率所部西走,又被炀帝派骑兵追杀。在这种情况下,炀帝的亲信宇文化及、司马德戡和裴虔通等,利用卫军的思归之情,于大业十四年(618)三月七日发动了一起祸起萧墙的兵变,集合了数万人攻入江都宫玄武门。炀帝换了衣服逃到西阁,被宫女指出,为叛军所获。裴虔通当即杀死年仅十二岁的炀帝的爱子杨杲,又要杀炀帝。炀帝要求饮毒酒自杀,叛将马文举等不允,炀帝只好解下巾带给叛将令狐行达。就这样,这个被李密称为"罄南山之竹,书罪无穷;决东海之波,流恶难尽"的帝王最后被缢而死,时在大业十四年(618)三月十一日。

在这场变乱中,他们的手腕极为残忍,先后杀害了炀帝十六岁的孙子燕王杨倓、炀帝的弟弟蜀王杨秀和七个儿子、炀帝的二子杨暕和两个儿子,凡隋氏宗室、外戚,无少长皆死,株连了一大片。未参与兵变的大臣如虞世基、裴蕴、来护儿等及其亲属部下,一时均被杀害。陈寅恪先生云:"隋炀帝若不大兴工役及劳动师旅,殆可不亡。"大兴工役是前期的事,劳动师旅,三次伐辽失败,恐为更主要的原因。不过对征辽东的问题,也不可一概而论,唐长孺先生说:"仅有东北的高丽,此时占有从古以来一向属于中国的辽东。炀帝想要收复辽东,这点也是无可非议的,因为辽东一向是中国的领土,被高丽占去了。但他的目的不只如此,他还要征服高丽。因此,战争发动以后,得不到广大人民的支持。"这个说法是公允的。

炀帝之死,还有一个原因,就是在禁卫军制上,把府兵制的骁果军列入系统之内,使内外宿卫起了很大变化。谷霁光在《府兵制度考释》中说:"大业元年隋炀帝去江都的以十二卫兵为主,大业十二三年却以骁果为主了;宇文化及在江都发动政变,卫士轻易被更换,宫廷外的宿卫者无力抵抗,这也决不是偶然的。"

炀帝死后,动乱中无法收殓,与他相伴了三十五年的萧后与宫人一起,只好以漆板床合为小棺,将炀帝和赵王杨杲同殡于江都宫西院的流珠堂。十余天后,宇文化及一行掠夺了江南的船只,从运河北返。

在这之前，即大业十三年（617）十一月，隋朝的太原留守李渊在群雄并起中起兵攻入长安，立炀帝的孙子代王杨侑为帝，是为恭帝，遥尊在江都的炀帝为太上皇。次年三月炀帝被弑，李渊在长安得到消息，对这位姨表兄的死，"哭之恸"。这年五月，恭帝"禅位"于李渊，隋亡，大唐建立，改元为武德。这年八月，李渊准留驻江都的郡守陈稜之请，粗备天子的仪卫，将炀帝的棺材移至成象殿，换了考究的棺木重新装殓，据说发殓之始，容貌若生。改葬于江都宫西的吴公台下。同年九月，唐高祖追谥杨广为"炀帝"。这个不美的谥号，自此产生和定型。在这之前，恭帝曾追谥太上皇为明皇帝（隋明帝），庙号世祖，倒不为人所知。

武德二年六月，正式下诏改葬炀帝及其子孙，但因江都为李子通所占，未能实行，直到武德五年（622）八月，全国基本平定，才正式改葬于扬州雷塘。唐太宗贞观二十二年（648），活了八十多岁的萧后死，又特将其灵柩移至扬州与炀帝合葬。唐罗隐诗云："入郭登桥出郭船，红楼日日柳年年。君王忍把平陈业，只换雷塘数亩田。"就是指这个地方。

如何全面评价隋炀帝，是一个复杂且有待深入的问题。宇文化及、司马德戡等发动兵变，数了隋炀帝一大堆罪状，但炀帝死后的一些反应，却又不得不令人深思。上面提到李渊得到炀帝死讯后，"哭之恸"，并且说："吾北面事人，失道不能救，敢忘哀乎！"尽管他后来追谥杨广为"炀"，这里表现的感情色彩还是很浓的。又如群雄中窦建德，声称："吾为隋民，隋为吾君，今宇文化及弑逆，乃吾仇也，吾不可以不讨！"发兵擒杀了宇文化及一伙，谒见萧后时称臣，为炀帝发丧，"素服哭炀帝尽哀"。李密以劲卒良马协助窦建德击溃宇文化及的十来万叛军，在阵前当面斥责宇文化及："主上失德，不能死谏，反行弑逆，天所不容。"这些人都是隋末义军中的重量级人物，竟然对炀帝之死有如此的表现，这是今天研究隋炀帝不能不加以考量的。

历史也有开玩笑的一面。开皇九年（589）隋灭陈，杨广将陈后主等一大批俘虏押往长安。隋朝廷把这个亡国之君养了起来。陈后主在隋朝活了十五年，604年病死于洛阳。这年隋文帝死，杨广即位，追封陈后主为长城县公，赠大将军衔，赐谥号曰"炀"。后主荒淫无度，昏庸不堪，这个"炀"字对他是适合的。杨广万万没有想到，死后也会得到这个同样的谥号，竟和陈后主相提并论。

年深岁久，炀帝陵渐渐荒圮了，已不为人所知。直到清嘉庆十二年（1807），才为住在雷塘墓庐的扬州学者阮元所发现。阮元在《修隋炀帝陵记》中说："嘉靖维扬志图，于雷塘之北画一墓碑，碑刻'隋炀帝陵'四字，距今非久，不应迷失。乃问之城中人，绝无知者。嘉庆十二年，元住墓庐，偶遇北村老农，问以故址。老农言陵今故在，土人名为'皇墓墩'，由此正北，

隋炀帝陵

行二里许耳。乃从之行，至陵下。陵地约剩四五亩，多丛葬者。陵土高七八尺，周围二三亩许，老农言土下有隧道、铁门，西北向，童时掘土尚及见之。"于是阮元出资为之重修，碑为名重一时的书法家、扬州知府伊秉绶所书，碑心为"隋炀帝陵"，右方为"大清嘉庆十二年在籍前浙江巡抚阮元建石"，左方为"扬州府知府伊秉绶题"。现在经过修葺，已成为著名的旅游景点。

隋代的一些文化举措，在扬州留下深远的影响。《资治通鉴》卷一百八十二《隋纪六》中云："帝好读书著述，自为扬州总管，置王府学士至百人，常令修撰……自经术、文章、兵、农、地理、医、卜、释、道乃至蒲博、鹰狗，皆为新书，无不精洽，共成三十一部，万七千余卷。"百人之多的王府学士，不少是来自南方的著名文人。这不仅有助于缓和当时的南北矛盾，也为此后编纂大型类书和扬州的官方、私家藏书奠定了传统基础，形成很好的风气。

再就是宗教，尤其是佛教。隋文帝和隋炀帝都是佛教信徒。仁寿元年

栖灵塔远景

（601）文帝六十寿辰，令全国最大的三十个州同时建塔，以供奉舍利。建在扬州的为西寺（即今大明寺）的栖灵塔。史载"其塔峻峙，制度校胡太后永宁塔少分耳"，意即和北魏孝明帝的母亲胡太后建的永宁寺塔相差无几。永宁塔如何呢？据《洛阳伽蓝记》所记："浮图（塔）有九级，角角皆悬金铎，合上下有一百三十铎。浮图有四面，面有三户六窗，户皆朱漆。……殚土木之功，穷造形之巧，佛事精妙，不可思议。绣柱金铺，骇人心目。"这大致可作栖灵塔的形容。唐代诗人李白、高适、刘长卿、刘禹锡、白居易等登栖灵塔诗中，大多提到塔有九层，可见塔之雄伟。此塔于晚唐"会昌灭法"时被焚，今复重建。

炀帝是一位帝王诗人。他三下江都，写有《春江花月夜》二首，以及《江都宫乐歌》《早渡淮》《夏日临江》《幸江都作》等诗作。这些诗音调谐婉，句律空灵，风格清新，虽内容较狭窄，在诗艺上是对齐梁诗体的一种突破。有些诗在形式上颇近于唐代的七律，从中可看出隋诗在向近体发展中的一点线索。

2. 霞映两重城

隋亡以后，一个充满生机的唐王朝代之而兴，扬州城出现了新的变化。

对于这座为9世纪时大食（阿拉伯）地理学家伊本称作东方四大商港之

一的扬州城,文献资料少而且简。唐诗中屡屡提到的"春风十里扬州路""十里长街市井连""九里楼台牵翡翠"等是笼统而朦胧的。杜牧《扬州三首》所说的"街垂千步柳,霞映两重城",和《唐阙史》所说的"扬州,胜地也,每重城向夕……九里三十步街中,珠翠填咽",也只透露出扬州为"重城"——即"子城"和"罗城",具体情况也不得而知。比较明确的,是下面几条记载:

一是日本僧人圆仁随遣唐使来华,几经艰险,于唐文宗开成四年(839)七月二十五日至扬州。他在《入唐求法巡礼行记》卷一(九月)十三日的记事中写道:"扬府南北十一里,东西七里,周四十里。"这是关于唐代扬州城的由日僧留下的最早的文献。

二是宋代的沈括,于宋英宗治平元年(1064),任扬州司理参军。他在《梦溪笔谈》的《补笔谈》中写道:"扬州在唐时最为富盛,旧城南北十五里一百一十步,东西七里三十步。"沈括是严肃的科学家和文学家,所说必当有据。

三是元代的盛如梓,他在《庶斋老学丛谈》中写道:"今之扬州……其城即今宝祐城,周三十六里。"比起上面两条来,更嫌简略了。

文献资料不可不重视,毕竟提供了一些直接或间接的唐代扬州城的实况,而且这些资料所载的与唐诗中所咏的,其里数大致相符,也很值得注意。

不过文学上的东西,总不能指出明确的方位;精确的测定,还须科学考古的发现和发掘。

对唐代扬州城的科学考古勘察和发掘,是上世纪60年代开始的,改革开放以后,更有领导有计划地进行了全面的勘查和发掘。经过几十年的努力,出土了大量珍贵文物,发现了多处遗址,积累了丰富的实物资料,经过科学分析,已大致弄清了唐代扬州城的规模与形制。考古工作正在进行中,还会有新的发现和发展,但勾画出比较清晰的轮廓已成为可能。

上面提到,"两重城"即子城和罗城。

子城,亦称"牙城"或"衙城",是扬州大都督府以下各种官署的集中地,也是原先隋炀帝江都宫的所在地。它在蜀冈之上,是自吴王夫差都邗城以来,"由春秋迄唐,虽递有兴废,而未尝易地"的那个部位,是唐初在原有基础上扩展而成的。据测,唐代子城的四至是南墙西起观音山,向东偏北方向至铁佛寺东,全长1900米,这段城墙地面无痕迹,地下还保存近4米的夯土墙基。西面南起观音山,向北直至河西湾村的西北,全长1400米,至今仍保有高出地面10米的城垣,城垣外有护城河。北墙西端由子城西北角起,向东偏北长700米,折向尹家庄长600米,又向东转折至江庄村北长900米,总长计2200米。除被破坏的一段外,尚留有高出地面的5—6米的夯土墙。东墙北端自东北角江家山坎向南700米,折向东100米,又向南转折700米与南墙相接,总长1500米。东墙保存较好,有高出地面6米以上的夯土城垣。在子城内还探得南北向和东西向道路各一条,南北向街道自堡城北门向南延伸至董庄村南门,全长约1400米,宽10米;东西向街道东起东华门,西至西华门,长1800米,宽约11米,两条街道成十字交叉,交叉路口宽22米。在子城北段,还出土有隶书阴文"北门壁""北门"和"城门壁"等字砖,字体与南京附近出土的东晋王氏、谢氏墓上的字体相近,有人认为可能是东晋时所筑广陵城的遗迹,至唐仍被沿用。东晋在扬州筑城的只有桓温,不知有无关系。

罗城亦称大城,是在蜀冈下的平原上建造的一座民居和工商业云集的城市,与子城相接,"连蜀冈上下以为城"。罗城是随着扬州经济交通的发达,完全在平地上新构筑的。它比子城为晚,不可能在唐的早期,大致在盛唐、中唐之间,从发掘的土层来看,也非一次完成。这和扬州在唐代发展的过程是相对应的。

罗城的规模虽不及长安和洛阳,却是全国有名的大都市,其地位不下于今天的上海。通过对罗城的全面勘查,得知其四至为:

东城垣为一直线,北起原东风砖瓦厂东北角,向南经黄金坝,沿古运河西侧向南,至古运河向西拐角的康山街为止,全长4200米。原康山即为拐角城基遗迹,现已不存。

南城墙东起康山街,向西延伸至原扬州毛巾厂内的罗城西南结合,全长3100米。

西城墙北接子城西墙的观音山下,垂直向南经杨家庄西、新庄、双桥、原江苏农学院至原毛巾厂止,全长 4100 米。此段夯土墙保存完好,城垣外有一条南向的护城河。

北城墙西起子城的东南角,向东南延伸 470 米,再向南折 100 米,又向东再折 900 米,与东墙相交,全长 1470 米。此墙东段地面也保存有部分城垣。

整个罗城呈长方形,南北长 4000 余米,东西宽 3120 米。探测的结果表明,与文献的记载大体相符。

当时扬州由江都、江阳、扬子三县分理。城内有南北向官河。官河以东有瑞芝坊、布政坊、崇儒坊、仁凤坊、延喜坊、文教坊、庆年坊、孝儒坊、太平坊、会义坊、瑞政里、集贤里、来凤里等,为江阳县属;官河以西有会通坊、通润坊、尚义坊、崇义坊、怀德坊、安邑坊、赞美里等,为江都县属。此外罗城东跨过运河,自西向东为江阳县属弦歌坊、道化坊、临湾坊。这三坊本在罗城东郊,淮南道盐铁转运使王播从南门外另开新河,向东屈曲,绕城东南角北折,与东水门官河和北江(邗沟)相接才被隔在运河之东。

现在还钻探出七座城门遗址:位于北墙和东墙各一座,南墙三座,西墙二座。西墙二座分布南北两端,相距约 3000 米。据此推测,将有更多的门址发现。

当时罗城内街道与水道交错,富有水乡特色,桥梁很多,杜牧所谓"二十四桥明月夜"。关于二十四桥,沈括的记载是:"最西浊河茶园桥,次东大明桥,入西水门有九曲桥,次东正当帅牙南门,有下马桥,又东作坊桥,桥东河转向南,有洗马桥,次南桥,又南阿师桥、周家桥、小市桥、广济桥、新桥、开明桥、顾家桥、通泗桥、太平桥、利园桥,出南水门有万岁桥、青园桥,自驿桥北河流东出,有参佐桥,次东水门,东出有山光桥。又自衙门下马桥直南有北三桥、中三桥、南三桥,号'九桥',不通船,不在二十四桥之数,皆在今州城西门之外。"

沈括记载甚详,然亦多可商之处。清梁章钜指出:"括之所记,除九桥外,亦只二十桥(按,实为二十一桥),所谓二十四桥者,究竟无由凿指其地。"又宋王象之《舆地纪胜》说:"扬州府二十四桥,隋置,并以城门坊市为名。"而《补笔》所列桥名,如作坊桥、周家桥、南桥、新桥、顾家桥等,均不像坊市之名。再

瘦西湖里的二十四桥

如五代和宋的扬州城比唐的州城小,且移动位置,新城在老城的东南隅,并分布阡陌,别立桥梁,二十四桥已不可考,那么沈括所说的二十一桥,是否都在唐代扬州的二十四桥之数,也很难确定了。现在还不能以沈括所说为准。

也有说二十四桥只是一座桥的,更不确。梁章钜又指出:"按杜牧《樊川集》云:'扬州,胜地也。每重城向夕,倡楼之上常有绛纱灯万数,辉罗耀列空中,九里三十步街中,珠翠填咽,邈若仙境'云云,则所谓'二十四桥明月夜'者,自必罗布于九里三十步中,不得以一桥当之。"这是对的。至于说隋代有二十四位美人吹箫于一座桥上,故名此桥为二十四桥,则是不足据的传说,是对杜牧诗句的曲解。

但也不必拘泥于二十四桥之数。杜牧诗善用数字,"二十四桥明月夜"而外,还有人所熟知的"南朝四百八十寺",据《建康实录》,南朝有五百多寺,与诗的数目并不相符。这些诗中的数字,只是概言其多而已。扬州水多,当然桥也多,这是明摆的事实,勿庸置疑的。

唐代扬州的一些坊市名和桥名,常见于唐人的诗文中,有的名字一直沿用到今天,如通泗桥、开明桥等。2003 年还发掘出一些桥的遗址,确能引起人们的亲切之感和怀古之思。

3. 广陵大镇,富甲天下

公元 8 世纪以来的一百多年间,"江淮之间,广陵大镇,富甲天下",当时谚称"扬一益二",意为全国之盛当推扬州第一,益州(成都)第二。这有其历史原因。自六朝以来,长江流域遭受战祸较轻,特别是下游的长江三角洲,长期比较安定,每一次北方的战祸,又给这地区大量输入了具有先进生产技术的劳动力,造成社会迅速发展。江淮成为经济发达的地区。隋代关中粮食的补充,主要依赖河北。唐代开始,逐步依靠江南和江淮,据杜佑《通典》所载,贞观、永徽间年输入关中米为二十万石,开元改革漕运前达一百万担。开元二十一至二十四年,三年运七百万担,天宝七年达到二百五十万,这当然是来自各地的总数,但江淮占了很大的比重。

安史之乱期间,中原、关中遭到战争的破坏,生产极为凋敝,而江淮一带由于张巡、许远守卫睢阳(商丘),没有受到大的破坏,许多富商大贾纷纷到江淮避乱,国家庞大的军政费用就更加依赖江淮,所谓"赋之所出,江淮居多",因而江淮地区的供应能否充足和及时,对唐朝廷的影响很大。贞元二年(786),唐德宗盼到江淮运来的三万石米,急忙跑到东宫对太子说:"米已至陕,吾父子得生矣!"就是明显的例子。关中和江淮之间主要是水路交通,扬州居于要冲地位,其重要性更为显然。随着江南经济的发展,运河在经济上的作用日益扩大,原来主要是江淮政治中心和军事重镇的扬州,越来越转变为全国经济中心的扬州。

唐代交通发达,以长安为中心,构成了一个水陆交通网。水路以大运河为联系南北的大动脉,沿河可利用主干引水通运;长江是南方水运的大干线,与运河相连,可以由长安通往南方各地。陆路东路直达山东半岛,西路经岐州(今陕西凤翔)入四川达成都,南路沿湖北、湖南经广西达广州,北路经太原达范阳(今北京)和辽东。无论从水路还是从陆路交通来说,扬州都起着枢纽作用。通济渠是贯通南北的大运河的主干,所有公家漕运、私行商旅都依靠通济渠,向南从扬州由瓜洲入江,循江南运河经润州(今江苏镇江)、常州、苏州、杭州把吴、越连接起来;由仪征入江,溯江西上,直通洪州(南昌)、鄂州(武昌)和蜀汉。向北循山阳渎到楚州(今江苏淮安),连接汴、蔡可以直达中原宋、汴等州。陆路由中原汴州达扬州,及由扬州往南达吴、越、湘、鄂、粤的驿路,都是沿着重要的河流双线并行的,汴州到扬州的驿路,经由宋州、宿州、泗州、楚州诸州;扬州到江南的驿路,经过润州、常州、苏州,进而到达杭州、福州。长安到广州的大道,也要由扬州的驿路前进。这样,扬州便成了南北水陆转运的重要中心,特别是南方各地运往中原的物品都必须在这里集中,然后由这里沿运河北上,这就形成了它繁荣而又繁忙的热闹景象。当时的描绘是:"维扬右都,东南奥壤。包淮海之形胜,当吴越之要冲,阛阓星繁,舟车露委。"

瓜洲古渡

为了适应大规模运输的需要,政府很注重扬州附近的水利建设。开元二十六年(738),润州刺史齐浣奏:"自瓜步济江迂六十里。请自京口埭下直济江,穿伊娄河二十五里即达扬子县,立伊娄埭。"这就是说,由于历年江沙淤积,原来露出江面的其形如瓜的瓜洲,至唐代已与北岸相连,扬州入江渡口的扬子镇已不在岸上,南北往来须绕道六十余里,且多风涛,不便运输,建议改移漕路,由润州的京口埭直渡江二十里,再从瓜洲开出一条二十五里的伊娄河直通扬子镇。朝廷批准了这个建议,由齐浣主持开出了这条瓜洲、扬子镇之间的伊娄河,亦称瓜洲运河或扬州新河。于江口设埭立斗门以通漕运。伊娄河开成,省去迂道之苦,舟不漂溺,岁利百亿。李白在《题瓜洲新河饯族叔舍人贲》一诗中赞云:"齐公凿新河,万古流不绝。丰功利生人,天地同朽灭。"当时瓜洲虽与江北相接,因系新涨,划归润州管辖,所以这条河由润州刺史主持开发。直到唐代宗时,淮南节度使张延赏请以江为界,瓜洲遂划归扬州。

又如,扬州原有爱敬陂水门。贞元四年(788),因"扬州官河填淤,漕挽堙塞,又侨寄衣冠及工商等多侵衢造宅,行旅拥滞",淮南节度使杜亚疏浚官河,自城西引陂水流向城隅,复疏浚陈公塘、勾城塘,建斗门,筑长堤,引水至城内官河,使舟船畅通。过了三十多年,即唐敬宗宝历二年(826)城内官河又复淤塞,盐铁使王播自城南阊门西七里港开河向东曲折,取道禅智寺桥新旧官河,开凿浚泻,计长十九里,甚便漕运,即七里港河。此河至今仍发挥作用。

更重要的是刘晏改进裴耀卿的漕运转般法,"江船不入汴……江南之运积扬州",即鉴于汴江水力的不同,改变以往江南租船一直经汴入淮的做法,分这段路为两节,以扬州为中心,江南各地船运的物资,到扬州便一起卸下,这样,扬州更成为东南货物集散之地,万船攒动,日益繁荣,终于使扬州成为江淮间富甲天下的城市,独领风骚。

除了交通方面的原因,盐法的改革对扬州繁荣也有关系。唐肃宗时,第五琦为度支使,定榷盐法,每产盐地都设立盐院,制盐的亭户生产出来的盐,一律统归官卖,严禁走私,"尽榷天下盐,斗加价百钱而出之",盐税成为朝廷重要收入。肃宗乾元三年(760),刘晏任度支、铸钱、铁盐等使,认为盐使多则州县扰,取消盐院,只在产盐地设盐官,收亭户制成的盐卖给商人,任其贩卖。对离盐乡较远的地区,则转贮官盐发售,对盐商不到的地方,盐价昂贵,则减价出售,名"常平盐"。这样,国家既收厚利,而民亦不觉盐贵。刘晏初任职时,江淮盐利才四十万缗,至大历末期,达到六百余万缗。天下的赋税,盐利占了一半。当时扬州设置巡院,也是转运盐铁使的治所,管理盐务转运,大笔盐利收入也集中在扬州,或输送入关,或充作漕庸转运江淮租米。唐长孺先生说:"毫不夸大地说,唐代中叶以后的财政支柱在江淮,财政命脉是运河,扬州则是枢纽。"这是当时的实况。

朝廷管理转运和囤积财货的机关,有所谓"四场""十监""十三巡院",几乎都设在江淮境内,而以扬州为多。宋洪迈在《容斋随笔》中说:"唐世盐铁转运使在扬州,尽斡利权,判官多至数十人,商贾如织,故谚称'扬一益二',谓天下之盛,扬为一而蜀次之也。"钱货的流通,消费的需求,更促进了扬州的繁荣。

对这种繁华景象,唐代诗文中多有描写。一些唐代的传奇故事常喜欢拿扬州做背景。如《玄怪录》说:"开元十八年正月望夕,帝(唐玄宗)谓叶仙师曰:'四方之盛,陈于此夕,师知何处极丽?'对曰:'灯烛华丽,百戏陈设,士女争妍,粉黛相染,天下无逾于广陵矣。'帝曰:'何术可使吾一观之?'师曰:'侍御皆可,何独陛下乎。'俄尔虹桥起于殿前,板阁架虚,栏楯若画……于是帝步而上之,太真及侍臣高力士、黄旛绰、乐官数十人从行……俄顷之间,已到广陵矣……寺观陈设之盛,灯火之光,照灼台殿,士女华丽……"李公佐《南柯太守传》中的主人公淳于棼"家住广陵郡东十里。所居宅南有大古槐一株,枝干修密,清阴数亩"。他就从这里进入了蚂蚁为王的"大槐安国",做了南柯一梦。这些故事虽是虚构的,但反映唐代扬州的盛况却是真实的。

由于扬州地当要冲,政府很注意扬州官吏的人选。太宗时李袭誉为扬州大都督府长史,以江都俗好商贾,不事农业,乃开放雷陂,筑勾城塘,溉田八万余顷。高宗时的名臣娄师德,玄宗时的名相姚崇,也都做过扬州大都督府的长史。安史之乱后置淮南节度使,杜佑于德宗时任淮南节度使驻扬州,他决雷陂以推广灌溉,开垦海滨荒地为田,积米五十万斛。杜佑之后为李吉甫,在任三年,奏免欠租数百万,筑富人、固本二塘,灌溉田计万顷。他的儿子李德裕和被李德裕推荐的诗人李绅,后来也做过淮南节度使,都有建树。还有一位杜悰,武宗时任淮南节度使,武宗听说扬州的倡女善酒,命令监军挑选十七人,监军要杜悰也乘便选几个良家女,杜悰一口拒绝了。上述这些人物,对唐代扬州的政治、军事、经济、文化等方面都起到比较好的作用。唐代扬州是连接长江和运河的中心,为南北货物最大的集散地,因此商业和工业也日益兴盛起来。

　　扬州当时是"商贾如织"的地方。商是行商,转运四方的物产到本地,或将本地物产运到各地的周市(定期市)贩卖。贾是坐贾,居住于市廛之内,从事商业经营。这里云集着本地和外地的各式各样的商贾。还有"诸道节度观察史,以广陵当南北大冲,百货所集,多以军储货贩,列置邸市,名托军用,实私其利"。例如大历八年(773)任淮南节度使的陈少游,征求贸易,目无虚日,敛积财宝,累至亿万。大历十四年(779)朝廷不得不下令"王公百官及天下长吏,无得与人争利,先于扬州置邸肆贸易者,罢之"。据说"至是乃绝",也不过是名义而已。除了当地的一般商人外,称得起富商大贾的,"动逾百数"。

　　富商们的流动性是很大的。《太平广记》卷二七〇《周迪妻》条说:"迪善贾,往来广陵。"同书卷三四五《潇湘录·孟氏》条说:"维扬万贞者,大商也,多在于外,运易财宝,以为商。"他们不论是从四面八方来到扬州,还是从扬州去到四面八方,总以扬州为根据地,做着运往输来的大买卖。他们所到之处极广,有携家带眷前往江西的,所谓"大艑高帆一百尺,新声促柱十三弦。扬州市里商人女,来占江西明月天"。有一别数年远赴长安的,所谓"扬州桥边少妇,长安城里商人。三年不得消息,各自拜鬼求神"(王建《江南三台词》)。这种全国性的商业活动,促进了各地物资的广泛交流。

　　"南北东西不失家,风水为乡船作宅",这是盐商生活的实况。这些盐船大都是从扬州出发,把盐运往各地,甚至远达长安。《新唐书·刘晏传》记载,有一年京城长安食盐价格暴涨,朝廷命从淮南取盐三万斛,以救关中之急。命令下达后,仅用了四十天时间,就从扬州将盐如数运到长安,当时人以为奇事。盐为人人每日所需,销售量极大,盐商来往也极为频繁。诗人白居易在《盐商妇》一诗中写道:"婿作盐商十五年,不属州县属天子。每年盐利入官时,少入官家多入私。官家利薄私家厚,盐铁尚书远不知……"可见盐商获利之丰。

　　"商人重利轻别离,前月浮梁买茶去。"茶是在唐代发展起来的一种新的产业,南方已普遍种植,且已有了规模较大的茶园,尤以江西浮梁产茶最为有名。当时饮茶的风气也由南方传到北方。与扬州有关的陆羽的《茶经》出现在这个时期,不是偶然的。那时往浮梁等南方地区贩茶的茶商很多,他们为了把南方的茶运到北方去销售,多先把茶运到扬州,然后从扬州沿运河北上。扬州成了茶的集散市场,也成了茶商聚集之地。茶成为仅次于盐的大宗商品,也是朝廷仅次于盐税的一大收入。贞元九年(793)九月,诸道盐铁使张滂奏:"出茶州县茶山及商人要路,以三等定估,十税其一,自是岁得钱四十万缗。"穆宗时盐铁使王播又"增天下茶税,率百钱增五十",岁得六十万缗。可见茶利之丰。

"扬州喧喧卖药市。"扬州又是药材的集散地。《太平广记》卷十七引《续玄怪录·裴谌》故事:"谌曰:……吾与山中之友市药于广陵,亦有息肩之地,青园桥东有数里樱桃园,园北车门,即吾宅也。"这是在扬州卖药的。同书卷二十三引《原仙记·冯俊》故事:"唐贞元初,广陵人冯俊,以佣工资生,多力而愚直,故易售。常遇一道士,于市买药置一囊,重百余斤,募能独负者,当倍酬其值。俊乃请行。至六合,约酬一千文,至彼取资。"这是来扬州买药的。卖的是从别处贩来扬州,买的是从扬州贩往别处,这里是大批药材的交易市场。

四川的蜀锦,江西的木材,也是以扬州为主要销售市场。杜牧诗云"蜀船红锦重";《太平广记》卷三三一引《纪闻·杨溥》说"豫章诸县尽出良材,求利者采之,将至广陵,利则数倍",反映了这类货物纷纷运往扬州的销售情况。

此外,由于"扬州地当冲要,多富商大贾珠翠珍怪之产",因而珠宝金银交易也占有重要地位。唐人传奇《柳毅传》中的柳毅,把在龙宫得到的珍宝拿到扬州来卖,"毅因适广陵宝肆,鬻其所得,百未发一,财已盈兆。故淮右富族,咸以为莫如"。小说这样写,就是因为当时扬州确是珠宝市场之所在。

富商大贾买卖大,获利多,财货充足。李肇《国史补》卷中说:"扬州有王生者,人呼为王四舅,匿迹货殖,厚自奉养,人不可见。扬州富商大贾,质库酒家,得王四舅一字,悉奔走之。"卷下说:"大历、贞元间,有俞大娘航船最大,居者养生送死嫁娶悉在其间。开巷为圃,操驾之工数百,南至江西,北至淮南,岁一往来,其利甚溥。"罗隐《广陵妖乱志》也记"有大贾周师儒者,其居处花木楼榭之奇,为广陵甲第"。他们声势煊赫,生活奢靡无度。

唐代扬州由于原材料来源方便,技术交流广泛,使手工业的制作生产水平有了显著的提高,出现了大量的工业作坊和工场。

当时扬州最著名的特产是铜器。天宝二年,陕郡太守、水陆转运使韦坚于长安城东九里开广运潭成,玄宗登春楼观看新潭,韦坚以新船数百艘,写各郡名,陈列各郡货物,搞了个物产展览会。广陵郡船上堆积的为锦、镜、铜器、海味等。陕县尉崔志甫命妇女大唱"……潭里船车闹,扬州铜器多……"在制作精美的铜器中,有铜灯树、铜镜等,而又以铜镜最为出色,为重要的贡品。《太平广记》卷二三一引《异闻录·李守泰》一则故事说:"唐天宝三载五月十五日,扬州进水心镜一面,纵横九寸,青莹耀日。背有盘龙,长三尺四寸五分,势如生动。玄宗览而异之。"除作为贡品外,还为一般士女所爱好,有很好的市场。韦应物《感镜》诗云"铸镜广陵市,菱花匣中发",张籍《白头吟》诗云"扬州青铜作明镜,暗中持照不见影",得到广泛的使用和好评。

发达的水运,使扬州有了发达的造船业,刘晏为诸道盐铁转运使,他所用的船只,都在扬州制造。《唐语林》卷一载:"(刘)晏初议造船,每一船用钱百万……乃置十场于扬子县,专知官十人,竞自营办",可见造船业的规模很大。远处的船只往往要扬州修造,如张鷟有文云:"五月五日,洛水竞渡船十只,请差使于扬州修造,须钱五千贯,请速分付。"除了制造一般漕运船只外,还能制造航海的大船。鉴真和尚受日僧邀请,东渡日本,第一次出发的海船就是在扬州新河赶造的。当时扬州造的各类船只航行在全国的各条江河中。

唐代扬州生产毡帽,由于质地坚韧,式样美观,颇受欢迎。宪宗时裴度主张对淮西用兵,遭到反对派的忌恨,派人行刺,据说因为他戴的是扬州毡帽,保护了头部,才遭刺不死。自此扬州毡帽更加有名,"是时京师始重扬州毡帽",以致供不应求,"此间甚难得扬州毡帽,他日请致一枚",托人到扬州或别处去买。李廓《长安少年行》诗中说:长安少年"划戴扬州帽",成为一种时尚。

扬州丝织品的质量好,品种也多,有锦、绫、纻等。《通典》卷六说扬州进贡的丝织品有"蕃客锦袍五十领,锦被五十张,半臂锦百段,新加锦袍二百领……独窠细绫十匹"。前面提到,玄宗登望春楼观广运潭和各地特产,广陵郡船上有"锦",《唐六典》也提到扬州贡品有"细绫"。在当时,作为贡品仅次于产绫绢最多的定州。

扬州制糖业很有成绩。《唐会要》卷一百说:"西番胡国出石蜜,中国贵之。唐太宗遣使自印度摩伽陀国取其法,会扬州煎蔗之汁,于中厨自造焉。色味逾西域所出者。"《新唐书·西域传》也说:"摩揭它,一曰摩伽陀,本中天竺属国……太宗遣使取熬糖法,即诏扬州上诸蔗,拃渖如其剂,色味愈西域远甚。"可见扬州制糖业吸取了外国的制糖法而有所发展,质量大有提高。

扬州的木器家具也做得很精巧,远销外地。《稽神录》记载:"广陵有贾人,以柏木造床几什物百余事,制作甚精,其费已二十万。载之建康,卖以求利。"其他如皮革、衣服、漆器等在市场上都很有名。

交通、经济的发达,必然造成饮食业的兴盛,当时扬州出现了许多饮食商肆,这在唐代的笔记小说中多有表现。尽管其中有些是稀奇古怪的故事,但艺术毕竟是现实生活直接或曲折的反映,还是能从正面或侧面看出一些历史真实的。

扬州有果品市。《太平广记》卷三五五引《稽神录·杨副使》故事云:"广陵瓜州市中,有人市果实甚急,或问所用,云:'吾长官明日上事。'"说明扬州有果品市场。

有饼市。卖烙饼和蒸饼(即今之馒头之属)之类。《太平广记》卷三七四引《稽神录·卖饼王老》故事云:"广陵有卖饼王老,无妻,独与一女居。王老昼日,自卖饼所归家,见其女与他少年共寝于北户下……"所谓"卖饼所",即卖饼的市肆。

有鱼市。《酉阳杂俎》续集卷三《支诺皋下》云:有丹徒女子郑琼罗,"来扬子寻亲,夜至逆旅,市吏子王惟举,乘醉将逼辱,妾知不免,因以领巾绞项自杀,市吏子乃潜埋妾于鱼行西渠中"。从这件逼奸致死的案件中,得知扬州不仅有鱼市,且有"行","西渠"当即养活鱼的水渠。

有酒肆。唐代酒类甚多,地方名酒有金陵酒、金华酒、扬州酒等。有酒必有酒肆。《太平广记》卷四十六《续仙传·刘商》云:刘商自长安东游入广陵,于街上遇一卖药道士，"携手登楼，以酒为劝"，次日复上酒楼，道士戏吟曰："无事到扬州，相携上酒楼。"

有酒肆，就产生了酒妓。孟肇《本事诗》说：张又新"尝为广陵从事，有酒妓尝好致意，而终不果纳"。二十年后，淮南节度使李绅与张在酒肆同饮，见到此酒妓，并知道了他们的旧情，因而成全了此事。这个张又新与扬州很有些瓜葛，他写过一篇《煎茶水记》，引用刑部侍郎刘伯刍的话说："扬州大明寺水第五。"现在大明寺内的第五泉，即是由此而来的。

餐馆业更为兴旺。日僧圆仁于唐文宗开成三年（838）七月抵扬州，是年在扬州度岁，他见到的情况是："街店之内，百种饭食，异常弥满。"可见肴馔之丰盛和生意之火爆。自唐时，烹饪"南味"已渐渐分为三类，西南长江中上游为川味，东南长江中下游为淮扬味，岭南珠江和闽江流域为粤味。这些味的形成，与地理环境、天气物候、产品特色和风俗习惯关系很大，扬州处于长江中下游，临江濒海，海产发达，水产丰富，时鲜蔬果终年不断，四季尝鲜，加上烹饪技术的交流融合，自成独家风格。

4. 争夺与割据

公元 821 年至 907 年的唐代后期，是唐政权日益腐朽的时期。先是河北三镇恢复了割据局面，接着朝廷内部发生了朝官与宦官之间的南司、北司之争，朝官之间发生了朋党之争，而朋党之争又是依附着南北司之争进行的。这种错综复杂的矛盾斗争，一直贯穿在整个唐代后期。

当时统治集团是"奢侈日甚，用兵不息，赋敛愈急"，而老百姓所面临的却是"所在皆饥，无所依投，坐守乡闾，待尽沟壑"的困境。正是在这样的情况下，人民"相聚为盗，所在蜂起"，爆发了全国性的农民战争。唐僖宗乾符元年（874）十一月，王仙芝自称天补平均大将军，起兵于长垣（今河南长垣县西南）。次年，冤句（今山东菏泽县西南）人黄巢聚众数千人响应。起义军所到之处,"民之困于重敛者争归之,数月之间,众至数万"。乾符五年(878),王仙芝战死,黄巢成为起义军统帅,称冲天大将军,率军渡过长江,突入江西,抵达浙东,进入福建境内。第二年(879)占领了广州,随后又转战于江西、宣歙、浙西等地,准备向长安进发。

农民起义震撼着唐王朝。为了加紧镇压起义队伍,这一年十月,以高骈为淮南节度使,不久又以高骈为诸道行营兵马都统,命他集合诸镇兵力,向黄巢起义军发起进攻。高骈原为荆南节度使,后改镇海节度使,曾遣其部将张璘、梁缵屡击黄巢起义军,并收降了起义将领秦彦、毕师铎、李罕之、许勋等人。转淮南节度使后,又使义军受挫。

高骈受命为诸道行营兵马都统,立即集合诸镇兵力,又广为召募,得七万人,一时很有些声势,深为唐朝廷所倚重。四月,高骈遣张璘率淮南兵入江西,黄巢退保饶州(今江西波阳),不久饶州失守,黄巢屯兵信州(今江西上饶)。

当时正是暑热天气,起义部队遇上流行传染病,死亡很多,张璘趁机加紧进攻。面对这样严重的情况,黄巢派人送金银给张璘,又致书高骈,说是愿意投降,只要得到节度使的官职就行。高骈认为借此可以把起义军诱到淮南,一举歼灭,便满口答应向朝廷代请官职。这时昭义、感化、义武诸道的军队受高骈之征,正开向淮南增援,高骈怕到手的功劳被别人分去,上书朝廷说,贼军不日当平,不烦诸道兴师动众了,请他们仍回到原地。朝廷答应了他的要求。黄巢本来就搞缓兵之计,现在探明诸道已撤兵,高骈的力量又比较薄弱,于是回绝了高骈,向他挑战。高骈见自己的打算成了泡影,不禁大怒,命张璘还击,结果被起义军打得大败,张璘也死去。这一胜利,使起义军声势复振。六月,起义军攻破睦州(治今浙江建德)、婺州(治今浙江金华),继又攻陷宣州(今安徽宣城),兵势甚盛。

七月,黄巢由采石渡江,围攻天长、六合。高骈这里,诸道兵已经散去,张璘又死了,力量远远敌不过起义军,吓得不敢出兵,只是命诸将设法自保,并向朝廷告急,说是"贼六十余万屯天长,去臣城(扬州)无五十里"。朝廷原来对高骈寄有很大的希望,及看到他的告急文书,"上下失望,人情大骇"。皇帝下诏责备高骈遣散诸道兵力,致使黄巢乘没有防备之际渡过了长江,高骈除了辩解一番,自称得了"风痹"(中风),不再出战。

起义军势如破竹,九月渡过淮河,十月进入颍、宋、徐、兖之境,十一月攻克东都洛阳,十二月入潼关。"所过不虏掠,惟取丁壮以益兵"。不久起义军进入长安,唐僖宗李儇慌忙出逃,黄巢自立为大齐皇帝,改元金统。

中和元年(881)正月,僖宗李儇逃到成都,遣使者到扬州加高骈东面都统,催促他征讨黄巢,但高骈持观望态度,不敢出兵。这年五月,有两只野鸡停歇在扬州府舍,搞占卜的认为野鸟集于城中,是城邑将要空废的兆头。高骈很厌恶这件事,诡称要讨伐黄巢,发兵八万,船二千艘,出屯于扬州之东的东塘。诸将几次问他出征的日期,他不是说风涛为阻,便是说时日不利,始终不肯出兵。他本不想出兵打黄巢,只是迁出城来避避坏兆头。这说明高骈很迷信,更说明高骈对起义军很惊恐。

由于高骈屡屡不出兵,朝廷先罢去他都统的兵权,后又罢去他盐铁转运使的利权,他上表朝廷出言不逊说:"是陛下不用微臣,固非微臣有负陛下!"皇帝则指斥他:"卿尚不能缚黄巢于天长,安能坐擒诸将!"从此,高骈不再向朝廷进贡物品,缴纳赋税,成为坐镇一方的割据者。

僖宗光启三年(887),秦宗权派部将孙儒攻掠淮北,将至淮南。为了防御孙儒来犯,高骈命黄巢起义军的叛将、左厢都知兵马使毕师铎率百骑屯驻高邮。秦宗权原是割据蔡州(今河南汝南)的奉国军节度使,中和三年(883)六月,黄巢攻蔡州,秦宗权迎战大败,在无可奈何的情况下,向黄巢称臣并合兵围攻陈州(今河南淮阳县东南)。中和四年(884)六月,黄巢领导的起义失败,秦宗权浑水摸鱼,派遣诸将四出攻扰,所到之处,烧杀抢掠,无所不为。高骈怕秦宗权出兵淮南,毕师铎则自知是降将而对高骈怀有戒心。毕师铎这种戒心是由一个叫吕用之的人引起的,并由此引起了一场大的战乱。

吕用之是鄱阳茶商之子,因和一些人搞妖言惑众的事犯了法,逃亡至扬州投归高骈。高骈相信神仙之术,很欢迎吕用之的到来,给了他优厚的待遇,补以军职。吕用之投其所好,更加施展伎俩,俨然以来自上天的神仙自居,又引其同党张守一、诸葛殷一起蛊惑高骈。为了使同党得到信任，吕用之耍了许多装神弄鬼的花招。有一天吕用之对高骈说："玉皇大帝看你公务繁重，要派左右的一位尊神来帮你料理，你要好好地看待他。如果你想要他久留，也可以委以人间重职把他拉住。"第二天果然来了个诸葛殷，诡辩风生，高骈视为神人，马上补以管理盐铁的要职。高骈有洁癖，晚辈们都不得共坐，诸葛殷身上患有"风疽"，手不住地搔扒，弄得脓血满爪，高骈却肯与他同席而坐，同器而食，身边的人看不下去，高骈的回答是："这是神仙故意这样试验人的。"高骈养有一只狗，闻到诸葛殷身上腥臭的味道常跑到他跟前来。高骈奇怪这只狗竟认识神仙，诸葛殷笑笑说："我曾在玉皇大帝面前见过它，别来数百年了，想不到它还认识我。"高骈竟信以为真。又有一天吕用之忽然对高骈说："宰相派剑客来刺你，今天夜里就要到了。"高骈很惊慌，问有什么办法，吕用之说："张先生曾经学过法术，可以抵御。"高骈去恳求张守一，张守一要高骈穿上妇女的衣服，躲在别的房间里，由他代替高骈居于原寝室的榻上。夜里张守一把铜器掷于阶上，使其发出铿锵的声音，又把囊中预先盛好的猪血洒在庭宇，一切都像发生过大格斗的样子。第二天早上，张守一笑着对高骈说："几乎落在他手里！"高骈感谢他的救命之恩，酬给他很多金帛。有个叫萧胜的，贿赂吕用之要高骈委个盐城监的官职，高骈面有难色，吕用之说："我并不是为萧胜请求什么，近来得到上仙的来书，说是有一口宝剑在盐城的井中，须有个灵官去取来。萧胜乃是上仙左右的人物，所以想使他去取剑。"高骈当然答应了。几个月之后，萧胜献来一柄铜匕首，吕用之一见，马上叩头作揖说："这乃是北帝所佩带的，得到了它，百里之内五兵不能犯。"高骈又信以为真，用珠玉把它装饰起来，常常放在自己的身边。自此以后，吕用之自称是磻溪真君，说张守一是赤松子，诸葛殷是葛将军，萧胜是秦穆公的女婿，闹得乌烟瘴气。

吕用之还在一方青石上刻上奇字："玉皇授白云先生高骈。"偷偷命人放在高骈道院的香案上，高骈得之，惊喜不已。吕用之说："玉皇大帝念你修炼的功夫到家了，将要把你补入仙班，派来的鸾鹤不日就要降临此地。我们这些人的期限也满了，必得能陪你一起同到天上。"高骈于是在道院庭中刻了一只木鹤,时常身着道服跨在上面,天天斋醮修炼,用去的钱财数以万计。

吕用之未得意的时候,住在江阳后土庙(今扬州琼花观),得志之后,通过高骈大大改建这座后土庙,极江南工材之选。每遇军旅大事,都要供奉牛羊来这里祈祷。吕用之又托言神仙喜欢楼居,说动高骈作迎仙楼,费去五十万缗。又建高八丈的延和阁。诗人罗隐曾有《题延和阁》诗云:"延和高阁势凌云,轻语犹疑太一闻。烧尽余香无一事,开门迎得毕将军。"对高骈的迷信神仙之术,以致酿成大祸,给予了无情的嘲讽。

吕用之怕自己的这一套被拆穿,以重金贿赂高骈的左右,要他们侦察高骈的动静,想方设法使高骈不醒悟。有谁稍有异议,马上就被陷害致死。高骈的部将因吕用之的离间而被杀、被夺职、被疏远的为数甚多。对待老百姓,吕用之等更是无恶不作,要夺人家的资财,掠人家的妇女,往往诬蔑为叛逆,酷刑取供,然后杀其人而达到目的。这样被搞得家破人亡的有数百户。高骈依仗吕用之如左右手,大小事都取决于他,政事一天比一天大坏。后来吕用之以重赂买到了岭南东道节度使的官职,却又不离开这里,在扬州建牙开府,其规格制度与高骈一样,还逼迫高骈的心腹及有能力的将校为他所用,一切作为也不再向高骈报告。高骈对他有所觉察,想夺掉他的权,但吕用之根蒂已固,无可如何了。

吕用之的胡作非为,也搞到了毕师铎的头上。吕用之知道毕师铎有个美姜,想要见见,毕师铎不肯。吕用之趁毕师铎不在家的时候,偷偷地跑去会见。毕师铎又羞惭又恼火,由此怀恨在心。毕师铎将要屯驻高邮,吕用之待他特别客气,这种居心叵测的行为使毕师铎更加疑惧,认为祸在旦夕。毕师铎的这种疑惧是和他作为一个降将,受到猜忌,地位不稳,惴惴自危有关的。为了先发制人,毕师铎一到高邮,就联合诸将,以诛吕用之及张守一、诸葛殷之名,发兵围攻扬州。

毕师铎兵至扬州城下,吕用之以重赏诱手下劲兵出城力战,毕师铎兵稍退。吕用之一面断桥塞门固守在城内,一面假冒高骈的名义,署庐州刺史杨行密为行军司马,命他火速领兵来救。这天高骈登延和阁,听到外面喧噪之声,才知道发生兵变,急忙找吕用之来问,吕还故作镇静地搪塞,并安慰高骈:"实在不得已,只须烦请玄女的一位力士就行了,你不必担忧。"高骈这时才如梦初醒地说了一句:"近来觉君之妄多矣。"

毕师铎退屯于扬州东城外的山光寺,自知兵力不足,攻城为难,便派人向另一个黄巢的叛将、时任宣州观察使的秦彦求助,答应破城之后,迎秦彦为帅。不久,秦彦派部将秦稠率兵三千来助。经过激战,又得到内应,吕用之开参佐门北逃,毕师铎攻进城内。毕师铎进城后,囚禁了高骈,纵容士兵,大肆抢掠。高骈曾为盐铁使,多年不向朝廷进贡,在扬州的货财堆积如山,加上搜刮得来的金玉珠宝等数十万件,均为乱兵洗劫一空。几天之后,抓到了诸葛殷,立即杖死,弃尸道旁,那些和他结有深仇大怨的人,挖掉他的眼睛,割断他的舌头,群众纷纷以瓦石投掷,一会功夫竟堆得像个大坟包。

五月,秦彦率宣歙兵三万余人,乘竹筏沿江而下,进入扬州。秦彦自称权知淮南节度事,以毕师铎为行军司马。与此同时,杨行密率领数千兵到达天长,吕用之引兵来归,沿途又收得其他军队,部众增加到一万七千人。杨行密抵扬州城下,扎下八个营寨,紧紧地困住秦彦。

秦彦派人进攻杨行密,屡遭失败。一次毕师铎、秦稠带八千兵出击,结果秦稠败死,兵士死去十之七八。还有一次秦彦发城中一万二千兵,命毕师铎、郑汉章在城西摆下阵势,延绵数里,很有气派。杨行密安卧帐中,只是说:"等贼军靠近的时候告诉我。"他立即布置在一座寨子里堆满金帛和米麦,让老弱残看守,多伏精兵在四周,自己则带领千余人向敌阵冲去。才交手,杨行密就装着不能取胜而退走,毕师铎等驱兵追赶。这些困在城中的饥兵追入空寨看到金帛米麦,马上丢下一切只顾抢夺,这时伏兵四起,秦彦军大乱,杨行密纵兵追击,把一万二千兵俘斩殆尽,积尸达十余里,毕师铎、郑汉章仅单骑逃归。秦彦自此不敢再谈出兵的事。

秦彦、毕师铎出师屡败,怀疑是高骈耍的什么法术,又恐怕有高骈的党羽做内应,便将高骈和他的子弟甥侄一起杀死,同埋在一个大坑内。

杨行密围扬州达半年,城中粮尽草绝,老百姓以泥作饼充饥,饿死的人有一大半。秦彦军以人肉当粮食，还缚了人如屠割猪羊一般在市上出卖，坊市上到处是堆积着的残骸和流淌着的血污。待到秦彦等自开化门逃奔东塘，杨行密率诸军一万五千人入城，城中的遗民只有几百家，一个个饿得不成人形，杨行密不得不赶快拨粮赈济。

秦宗权得知杨行密已打进扬州，马上派他的弟弟秦宗衡和孙儒等率领万人渡过淮河前来争夺。军队抵达扬州城西，占据了杨行密在城外的故寨，杨行密没有来得及搬进城内的辎重，都为他们所得。秦彦、毕师铎至东塘无处投奔，为秦宗衡所招，加入了他们的队伍。

没有多久，秦宗权招秦宗衡、孙儒等回蔡州抗拒朱全忠。孙儒估计秦宗权不能成什么气候，称病不肯回蔡州，秦宗衡几次催促，孙儒大怒，一次在饮酒的时候把秦宗衡杀了。孙儒分兵到邻州掠夺，聚众至数万人。但扎在扬州城下缺少吃的，便与秦彦、毕师铎去袭击高邮。高邮数万户人家抛弃资产，焚毁庐舍，纷纷逃到扬州。

杨行密因扬州饥敝已甚，孙儒复来，难以坚守，分批将兵士和辎重撤出扬州。为了泄众人之愤，先后斩了吕用之和张守一。

僖宗文德元年（888）正月，孙儒杀秦彦、毕师铎。四月，合各部兵力袭取扬州，杨行密退走庐州。孙儒自称淮南节度使。接着，孙儒自扬州引兵渡江，攻击江南诸城。

唐昭宗李晔大顺二年（891）七月，朱全忠与杨行密联兵一起攻打孙儒。孙儒自恃兵力强盛，要先消灭杨行密，然后再打朱全忠。他把扬州的房屋建筑统统放火烧掉，把丁壮和妇女一起驱赶了跟他过江，把老弱杀掉当粮食吃；城里一片惨象。孙儒走了以后，杨行密的部将张训、李德诚偷偷潜入城内，扑灭了余火，将得到的谷物十万斛赈济饥民，并以杨行密的名义送几万斛粮食给泗州刺史张谏作军粮。这些行动，为杨行密赢得了好名声。

昭宗景福元年（892）六月，杨行密大败孙儒于宣州，斩孙儒首级送至京师。七月，杨行密率众回到扬州，朝廷以杨行密为淮南节度使，拥有淮南及扬州、楚州、滁州、和州、舒州、庐州、寿州、濠州江东八州之地。昭宗天复二年

（902）又拜杨行密为东面行营都统、中书令、吴王。杨行密在这里建立起吴国。

胡三省在《通鉴》注中评杨、孙的胜败说：孙儒与杨行密交兵，兵力比杨行密多十倍，结果还是败给杨行密，原因是孙儒专务杀掠，人心不附。杨行密尽管为孙儒所困，对饥民却能有所接济，多少能争得人心。这个说法是有一定道理的。

扬州本是一座繁华的城市，经过一连六七年的战乱，城市遭到惨重的破坏。这当然不仅扬州如此，史书上说："扬州富庶甲天下，时人称'扬一益二'，及经秦、毕、孙、杨兵火之余，江、淮之间，东西千里扫地尽矣。"事实确是如此。

为了使"八州之内，鞠为荒榛，幅员数百里，人烟断绝"的荒凉残破的局面得到改善，杨行密建立吴国后，不得不停止战争，与相邻的割据势力保持互不侵犯的关系，并采取了一些措施，如招回流亡，减轻赋税，提倡俭约等等，使这一地区的生产得以恢复。

唐昭宣帝李柷天祐二年（905）十一月，杨行密卒，长子杨渥嗣位，封弘农郡王。杨渥又取得江西之地，势力更大，吴国成为五代十国时期的十国之一。但杨渥是个骄奢的人，又不听劝谏，于908年为左右牙指挥使张颢、徐温所杀，奉杨渥的弟弟杨隆演为淮南节度使。919年杨隆演即吴国王位，改元武义。第二年杨隆演死，徐温等立杨行密第四子杨溥为吴王。927年杨溥称帝。937年，杨溥为徐温养子、位至齐王的徐知诰（即李昇）所逼，让出帝位。李昇建立起南唐王朝，都于建康（今南京）；奉杨溥为让皇，迁住润州（今江苏镇江）丹阳宫；以扬州为东都，封自己的儿子李璟为吴王。李璟即后来称为南唐二主之一的李中主，他和儿子后主李煜同为著名词人。

958年，后周世宗柴荣亲征南唐，进逼扬州。南唐军眼看不能坚守，悉焚庐舍，驱民渡江，扬州又遭到严重的破坏。

柴荣取得扬州后，置大都督府，命定武将军韩令坤筑城守之。扬州城既已被毁，而且大而难守，韩令坤便在故城东南角另筑新城，这一新城当在唐罗城东半边的范围内，当时称为"周小城"。不久后周派李重进为淮南节度使，镇扬州。李重进又对城进行了改筑，城周十二里，称"州城"。州城是周小城向东向南的扩展,南边扩展到今北城河之南的东西一线,东边与运河接近。这座州城,后来为北宋所袭用。

公元 960 年春季,后周的殿前都检点、检校太尉、归德节度使赵匡胤,借口领兵抵御契丹入侵,途中在陈桥驿(今河南开封东北)发动兵变,黄袍加身,取代了后周政权,当上北宋第一个皇帝,即宋太祖。对这一行动,后周的近臣们是不服的。就在这一年,后周的淮南节度使李重进在扬州谋划起兵反抗北宋朝廷。李重进是后周太祖郭威的外甥,与赵匡胤同事后周分掌兵权。赵称帝后,为了笼络李重进,加给他中书令的头衔,命其移镇青州,李未予接受。这年四月,后周的昭义节度使李筠在潞州起兵反宋,李重进派亲吏翟守珣去和李筠联络,翟却私下到京师开封去见赵,报告了这一情况。赵问翟:"我欲赐重进铁券,彼信我乎?"翟答:"重进终无归顺之志。"当时赵忙于讨伐李筠,怕分散兵力,便厚赐翟,要他稳住李重进。翟回到扬州,用种种理由说动李不要轻易发兵。不久,赵匡胤派六宅使陈思海来扬州赐给李重进铁券。迫于当时形势,李也想随陈思海到开封朝见赵匡胤,但左右不同意,李又顾虑到自己是后周的亲属,可能得不到好结果,于是下决心扣留了陈思海,一面治城缮兵,一面向江南的南唐求援。南唐国主李璟已归顺宋朝,便向赵报告了此事,赵立即派石守信、王审琦、李处耘、宋偓等分道征讨。后又听从赵普的劝告,亲自带兵进伐。十月由开封出发,十一月抵达扬州大仪,大兵压境,李重进自知无力抵抗,全家在扬州城内自焚而死。赵匡胤入城,杀掉同谋者数百人,扬州遂归于宋。平定李重进后,赵匡胤令诸军操练战舰于扬子迎銮镇,南唐李璟大为恐惧,赶忙遣使前来犒师,又派儿子李从鉴前来觐见。当时宋还不想一举吞灭江南,遂于十二月回师汴京。

5. 烟花三月下扬州

唐代的扬州,交通发达,经济繁荣,为文化艺术的交流和发展提供了有利的条件,也吸引着全国的文人学士。当时的扬州,称得上是人文荟萃之区,显示了极大的开放性和包容性。

在扬州的街巷中,有一处叫"文选里",里内还有一座"文选楼",据民间传说,这是梁代昭明太子萧统选《文选》的地方。查《梁书》《南史》的"昭明太子传",均没有他到过扬州的记载,更不可能在此选《文选》了。显然,这个传说没有根据。但是,并不能据此就否定《文选》和扬州的关系,相反,关系还是颇深的,因为最初为《文选》作注的两位学者都是扬州人。第一个是隋代扬州人曹宪,著有《文选注》,继他而起的是唐代扬州人李善,这就是流传至今,一直为世所重的《文选》李善注。

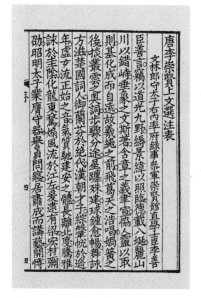

清胡克家刻本李善注《文选》

李善(约630—689),唐初人,唐高宗显庆中累补太子内率府录事参军、崇贤馆直学士,兼沛王侍读;后除潞王府记室参军,转秘书郎,乾封中出为经城令。晚年侨寓汴、郑间,以讲授《文选》为业。曾从曹宪学《文选》。曹宪为隋唐间著名《文选》学家,当时公卿以下,多从之受业。李善最得其学,所注《文选》是在曹宪《文选音义》基础上的重大发展。

李善《文选注》的成就是多方面的。李注是过去各注本和单篇旧注的集成之作,但非简单汇编,而是择善而从,纠谬补阙,并附有别具创见的己意,是一部有继承有发展的著作。今唯李注独存,说明前此注释的精粹已汇聚其中了。据清人统计,李注引用专书和单篇文字有一千六百零七种之多,而且是原文照录,保存了许多后来佚失的文献资料,成为后人辑录佚书、校勘异文的依据。李注于校勘上用力甚勤,校正了不少讹误衍脱,并于异文资料注意辨析,既富有精辟见解,又具有科学精神。李注释事释义并重,还注意到文字、词语、章句的释义和音读,成为训诂学的"考证之资粮",因而兼有文字声韵训诂学、考据学和注释学等方面的研究价值。尽管开元之时又有吕延济、刘良、张铣、吕向及李周翰的《文选》五臣注，虽便于初学，然谬误甚多，终不及李善注为治《文选》者所推崇，这不能不说是唐代扬州学术的一项重要成就。扬州有曹李巷，后讹作"糙米巷"，就是纪念曹宪、李善的，现在已更正过来。

中国典章制度史的名著《通典》，是杜佑在淮南节度使任上于扬州完成的。杜佑（735—812），字君卿，曾为容管经略使，水陆转运使，岭南、淮南诸镇节度使，又曾以户部侍郎判度支，自德宗末年开始，历顺宗、宪宗朝一直为相。他是一个有政治才能的官吏，又是一个十分好学、博古通今的学问家。玄宗时，刘秩仿照《周官》的方法，作《政典》三十五卷，杜佑看了以后，认为条目未尽，于是参以《开元新礼》、群史及历代文集奏疏，撰写《通典》。《通典》自代宗大历初年开始纂修，到德宗贞元十七年（801）在淮南节度使任上完成，计用了三十多年时间。《政典》只有三十五卷，《通典》扩充为二百卷，增加了五六倍，事实上是重新创作。《通典》共分《食货》《选举》《职官》《礼》《乐》《刑》《州郡》《边防》八门，每一门条贯古今，溯源明流，通其原委，考辨精审，提出了不少可取的见解。杜佑生活在由盛而衰的中唐，"以富国安人之术为己任"，他考究历代沿革，编纂《通典》，是为解决当时的政治经济问题寻找方案的。他本着"教化之本，在乎足衣食"的理由，在八门中把《食货》放在第一位，懂得了研究经济史的重要性，这是他有卓识的地方，在他之前的历史学家中还没有一个像他这样重视食货的。《通典》跳出了纪传体史书的框子，写成一部经济政治礼乐等典章制度的专史，在体例上是一个创举，此后有"三通""九通""十通"等，都渊源于《通典》，应该说，《通典》开辟了史书著述的新途径。

提起唐代到过扬州和生活在扬州的诗人，可以这样说，九百卷《全唐诗》所收两千二百多位诗人，四万八千九百余诗作，那些在唐诗上享有盛名，极富光彩的诗人，大都与扬州有不解之缘。如骆宾王、张若虚、孟浩然、祖咏、李颀、王昌龄、李白、高适、刘长卿、韦应物、丁仙芝、李端、孟郊、卢仝、张籍、刘禹锡、白居易、王播、李德裕、李绅、张祜、杜牧、许浑、杜荀鹤、赵嘏、皮日休、权德舆、许用晦、鲍溶、徐凝、姚合、孙逖、方干、郑谷、温庭筠、韦庄等，都写下与扬州有关的不朽诗篇。大诗人杜甫没有直接写扬州的诗,但在《解闷十二首》其二说:"商胡离别下扬州,忆上西陵故驿楼。为问淮南米贵贱,老夫乘兴欲东游。"其时是大历年间,杜甫留滞夔州,很是苦闷,看到商胡到扬州去,引起了一游扬州的兴致。此时他生活困难,所以要打听一下扬州的物价,再定行止。从商胡下扬州而回忆起早年漫游吴越,说明他曾经过扬州,只是没有能停留,而这次愿望也没有能实现,隔了两年便于赴郴州的途中病死湘江。不然的话,也会留下一段杜甫与扬州的千古佳话的。

"初唐四杰"之一的骆宾王(? —约684),他虽很负有诗名,但在仕途上却一直不得意。初为道王李元庆的属吏,后任武功、长安主簿,迁侍御史。武后即位,因屡次上疏讽谏得罪武后,被加以贪赃的罪名系在狱中,后贬为临海县丞,他弃官而去。那时候徐敬业在扬州起兵讨伐武则天,署他为府属,他为徐敬业作《讨武氏檄》,成为传诵一时的名篇。徐敬业兵败,或说他被杀,或说他逃亡,或说他在灵隐寺为僧,传言不一。他是诗人,在扬州却以《讨武氏檄》而为后世所乐道。

《春江花月夜》的作者张若虚(约660—约720),扬州人。生平事迹不详,只知道他做过兖州兵曹,当时与贺知章、张旭、包融齐名,称"吴中四杰"。他留下来的诗只有两首,一首是《代作闺梦还》,没有什么特色;一首就是有"以孤篇压倒全唐"之誉的《春江花月夜》。这首诗清新自然,不事雕饰,以清丽婉畅的调子,反复咏叹的情味,抒写了江流、月色、白云、青枫、扁舟、高楼等春江月夜的景色和相思离别之情,以及由此而引起的对人生的感慨。清人毛先舒评此诗为"不着粉泽,自有腴姿,而缠绵蕴藉,一意萦纡,调法出没,令人不测,殆化工天笔哉!"闻一多更誉为"诗中的诗,顶峰中的顶峰"。张若虚能创作出这样的诗篇,和他家乡的自然环境有关。从诗中"春江潮水连海平,海上明月共潮生。滟滟随波千万里,何处春江无月明?江流宛转绕芳甸,月照花林皆似霰。空里流霜不觉飞,汀上白沙看不见"的景色描写来看,应是当时扬州南郊曲江或更南扬子津一带江滨月下夜景的艺术再现。

孟浩然(689—740)是一个一生过着隐沦生活的诗人,但在壮年时也曾漫游吴越,不止一次地到过扬州。李白有《黄鹤楼送孟浩然之广陵》诗:"故人西辞黄鹤楼,烟花三月下扬州。孤帆远影碧空尽,唯见长江天际流。"这首诗作于开元十五年李白出蜀漫游湖北时,那就是说,在开元十五年,孟浩然已经到过扬州了。从诗里提供的线索来看,孟浩然这次是在暮春三月,从江夏(今湖北武昌)乘船由长江顺流而下到扬州的。孟浩然从阳春三月一直到秋季,因要赶到长安应试,才离开了扬州。孟浩然最后一次来往于扬州约在开元十七年(729)至开元二十一年(733)之间。开元十五年(727)冬季,他冒雪到京城长安争取功名,待了整整一年毫无所获,于次年的冬季返回家乡襄阳。不久便离家赴洛,"自洛之越"。当时由洛阳往浙江多循汴水、邗沟、江南河,中途必经扬州。但他这次游览的主要目标是越中山水,吴地只是路过,所以绝少吴地纪游的诗篇。他在越地畅游了四年之久,于开元二十一年由陆路北上,途中又经扬州,《广陵别薛八》一诗即写于此时。他在越中所作的《宿桐庐江寄广陵旧游》有云:"建德非吾土,维扬忆旧游。还将数行泪,遥寄海西头。"知道他在此以前曾两度到过扬州,这"维扬忆旧游"就不难索解了。自此以后,他没有再到吴越来过。

大诗人李白更是多次来到扬州。开元十三年(725),二十六岁的李白离开蜀中,开始了他的第一次漫游。这次他是抱着对祖国山河的热爱和建功立业的愿望而出游的。他游襄汉,泛洞庭,登庐山,东下金陵、扬州,作客汝海,还憩云梦。由金陵"船下广陵去"已是开元十四年(726)。他在扬州逗留的时间比较长。后来他回忆说:"曩昔东游维扬,不逾一年,散金三十余万,有落魄公子,悉皆济之,此则是白之轻财好施也。"这固然是他豪爽任侠,这里的"金",当即"开元通宝"。当时江淮米价每斗只数文,三十余万"开元通宝"可买米三十万石。即使有所夸大,以三分之一计,也很可观。一方面说明李白很富有,一方面说明扬州的消费水平是惊人的。他的《淮南卧病书怀寄蜀中赵征君蕤》《广陵赠别》《秋日登扬州西灵塔》等诗,从内容来看,都可能作于这次初游扬州时。还有一首《寄淮南友人》中有"复作淮南客"的句子,似乎指他第二次游扬,但诗中又说"不待金门诏,空持宝剑游",却又像写于这一次,对此只好存疑了。

天宝四年(745),四十五岁的李白在长安度过了三年政治上不得意的生活,上疏请还,开始了以东鲁、梁为中心的第二次漫游。这年秋末,他赴江东,取道邠州、扬州,再入越中,冬末北赴苏州。次年由苏州来扬州,盘桓于扬州、安宜、淮安等地,复于秋间返扬州度岁,一直玩到第二年的春天。李白有一首《题瓜洲新河饯族叔舍人贲》诗,对主持开河的润州刺史齐浣倍加赞颂,说是"齐公凿新河,万古流不绝。丰功利生人,天地同朽灭……"瓜洲新河即伊娄河,也就是今之瓜洲运河,凿于开元二十六年(738),即李白二次来游的六七年之前,以此来推测,这首诗当作于此次游扬期间。

天宝十三年(754)的春天,五十四岁的李白最后一次来扬州,这次他遇见了青年诗人魏万(后改名魏颢)。魏万也是个狂放自负的人物,曾隐居王屋山,自号王屋山人。他为了访问李白,曾循着李白的足迹追踪三千里,终于在广陵相遇。在魏万的眼中,李白"眸子炯然,哆如饿虎,或时束带,风流蕴藉",气概很是不凡。他们一见契合,忘记了年龄的差距,像兄弟一样,在广陵、金陵流连了几个月。临别时,李白把自己的全部作品交给魏万,请他编集,还把爱子明月奴嘱托他照应。后来魏万编成《李翰林集》,还写了序,这是在李白生前就编好的诗文集,可惜失传了。

"有唐以来,诗人之达者"的高适(702—765),至德元载(756)十二月,被肃宗李亨任命为扬州大都督府长史、淮南节度使,后又兼淮南采访使,是一个出镇要地,官位很高的封疆大吏。他的任务是与淮南西道节度使来瑱、江东节度使韦陟互相配合,共同讨伐永王李璘。至德二载二月永王败死。当时李白也因从永王李璘获罪,系在浔阳狱中。有一个叫张孟熊的,将赴广陵投高适从军,李白写了《送张秀才谒高中丞》,诗序中说:"余时系浔阳狱中,正读《留侯传》。秀才张孟熊蕴灭胡之策,将之广陵谒高中丞。"李白可能有想请高适援救的意思。从事实来看,高适对因统治阶级内部争斗而牵连获罪的李白并未有所帮助。高驻扬州前后一年多,至乾元元年(758)离职。这年春天他还在扬州,有《登广陵栖灵寺塔》诗云:"远思驻江帆,暮情结春霭",点明是春季。他还有《广陵别郑处士》"落日知分手,春风莫断肠",他离扬州时大概在四月左右。

刘长卿和韦应物与扬州也是比较密切的,他们都因赴职或离职而来往于此。刘长卿(?—790),大历初作为理财家刘晏的助手曾驻淮南,暮年又在淮南节度使杜亚的幕中供职,所以对扬州的印象很深,有一首《秋日登吴公台上寺远眺即陈将吴明彻战场》,是写扬州景物的名篇,诗云:"古台摇落后,秋入望乡心。野寺来人少,云峰水隔深。夕阳依旧垒,寒磬满空林。惆怅南朝事,长江独至今。"近人评这首诗,认为以神韵而论,实是吊古诗的上乘之作,他暮年闲居于扬州茱萸村(今扬州茱萸湾一带),对这里的风物有深切的感受,如《茱萸湾》诗云:"荒凉野店绝,迢递人烟远。苍苍古木中,多是隋家苑。"于今昔盛衰之感,不言自见。而对这里的自然景色,更是念念不忘,《送子婿崔真甫、李穆往扬州》中有极好的描写:"渡口发梅花,山中动泉脉。芜城春草生,君作扬州客。""半逻莺满树,新年人独还。落花逐流水,共到茱萸湾。"确是一幅美丽的画图。韦应物(约737—约793),大历四年(769)在洛阳闲居期间,曾南游扬州,有《将往江淮寄李十九儋》《淮上即事寄广陵亲故》多首。有一首《初发扬子寄元大校书》:"凄凄去亲爱,泛泛入烟雾。归棹洛阳人,残钟广陵树。今朝此为别,何处还相遇。世事波上舟,沿洄安得住?"此诗把世事比作波上舟似的难以自主,这首诗在写扬州的诸作中别具韵味。

两位名诗人同游扬州,人们不能不想起白居易和刘禹锡。

白居易于敬宗宝历元年(825)除苏州刺史,第二年秋以久患眼疾,免去郡事,冬月,向洛阳进发;这时正好刘禹锡罢和州刺史,召回洛阳;两人于途中在扬子津相遇。白是初经扬州,刘于德宗贞元十六年曾在淮南节度使杜佑幕下任过掌书记,是再过扬州。他们是互相倾慕的诗人,过去虽在长安就相识,但接触不多,现在相遇,喜出望外,便一同在扬州畅游。白与刘同年,都是五十五岁的人,可是精神很好,游兴很高,在扬州盘桓了半个月。刘禹锡有《同乐天登栖灵寺塔》诗云:"步步相携不觉难,九层云外倚阑干。忽然笑语半天上,无限游人举眼看。"白居易也有《与梦得同登栖灵塔》诗云:"半月悠悠在广陵,何楼何塔不同登。共怜筋力犹堪在,上到栖灵第九层。"可见他们是如何亲密。

在扬州，白居易作诗赠刘禹锡，刘有答诗《酬乐天扬州初逢席上见赠》，"沉舟侧畔千帆过，病树前头万木春"的名句就出在这首诗里。晚年，白和刘成为最好的诗友，扬州的这段经历是起了推进作用的。

中唐诗人王播，祖籍太原，父亲王恕为扬州仓曹参军，遂定居于扬州之瓜洲，王播也就成为扬州人。王播在唐代诗人中不算很出色，他在扬州的乡土历史上有名，主要不是因为他的诗，而是有一段有趣的故事。据《唐摭言》卷七载：王播少年时候孤苦贫困，曾经在扬州惠照寺木兰院里跟在和尚后面吃饭，和尚很讨厌他，有一次故意吃过饭才打开饭钟，王播闻声赶到，诸僧已吃过散去了，弄得王播很难堪。后来王播做了官，为淮南节度使，开府扬州。重访旧游，原来他过去题在墙壁上无人看重的诗，已被用碧纱罩上了。王播看了很感慨，写了《题惠照寺木兰院》二首，诗云："二十年前此院游，木兰花发院新修。如今再到经行处，树老无花僧白头。""上堂已了各西东，惭愧阇黎饭后钟。二十年来尘扑面，如今始得碧纱笼。"对人世的变迁和世态的炎凉作了抒发。这就是后来流传的碧纱笼、饭后钟的故事。王播还写有《淮南游故居感旧》，也反映了这种情绪，时人李德裕、许浑曾写了和诗。

徐凝和张祜同是中晚唐诗人，他们都曾游淮南，写下了流传人口的有关扬州的诗篇。徐凝有《忆扬州》："萧娘脸下难胜泪，桃叶眉头易得愁。天下三分明月夜，二分无赖是扬州。"题目叫《忆扬州》，其实是忆人。萧娘、桃叶，这里用以代指歌女，作者忆的就是这些多愁善感的萧娘、桃叶们。明月没有三分二分之别，也不会对某一地特别钟情，作者用这样的比喻，是形容天下良宵美景大部分被扬州占有了，乃极言扬州的夜市远胜于他处。无赖，在这里有可爱义，作者排遣不去的就是这种对扬州的思念之情。"月明无赖，自是佳句，与扬州尤切"，宋人顾乐的这句评语甚为确当。时代不同，人们对诗自有别解。"天下三分"云云，已撇开了萧娘、桃叶的内容，而作为月下扬州无限美好的象征。人们艳称这两句，固然有对过去扬州繁华的回顾，更多的却是对今日扬州的热爱和对未来扬州的向往。张祜有《题金陵渡》："金陵津渡小山楼，一宿行人自可愁。潮落夜江斜月里，两三星火是瓜洲。"写月夜从京口眺望瓜洲，极为传神生动。还有一首《纵游淮南》："十里长街市井连,月明桥上看神仙。人生只合扬州死,禅智山光好墓田。"面对扬州的繁华,觉得死也要死在这里,可谓对扬州一往情深了。

唐代诗人中,在扬州影响最大的要算杜牧。杜牧(803—853)是杜佑的孙子,为晚唐著名的诗人。大和七年(833),杜牧三十一岁,应淮南节度使牛僧孺之辟,从宣州来扬州淮南节度使府任推官,后转为掌书记。掌书记的职务很重要,"凡文辞之事,皆出书记,非闳辨通敏兼人之才莫宜居之"。说明牛僧孺对他的器重,而他的政治见解和才华也足以担任此职。但是,他毕竟又是一个有贵公子习气的人,从他写的《扬州三首》来看,他是很欣赏扬州的繁华生活的,他也确实沉醉于清歌妙舞之中。据唐人小说记载:杜牧作淮南节度府掌书记时,"供职之外,惟以宴游为事"。扬州的夜晚,歌楼舞榭很热闹,杜牧常在这些地方游玩取乐,牛僧孺怕他出事,派遣兵卒三十人换了便装暗地保护他。后来杜转监察御史,分司东部,牛僧孺替他饯行,在酒宴上劝他生活不要放荡,他还为自己辩护,牛僧孺命人打开一个小书簏,里面有几百件都是暗中保护他的兵卒写的密报,说明:"某夕,杜书记过某家,无恙。""某夕,宴某家,无恙。"杜牧才感到很惭愧,终身对牛僧孺怀着感激之情。这个故事的真实性是不用怀疑的,只要看看他在大和九年(835)离开扬州时写的《赠别》诗:"娉娉袅袅十三余,豆蔻梢头二月初。春风十里扬州路,卷上珠帘总不如。"就知道他确是过着这样的生活。

当然,杜牧在扬州也并没有忘记国家大事,曾写有《罪言》《战论》《守论》等文章,对藩镇问题、用兵方略等提出了中肯的意见,为当时和后世的人们所重视。

开成二年(837),杜牧的弟弟杜颛患眼病,住在扬州禅智寺。杜牧请了假,从洛阳带了医生来给他弟弟看病,也住在寺中。他写了《题扬州禅智寺》一诗。这时他的心情不好,不如几年前在扬州时有那么大的豪兴了,大概连寺门也很少出,所以诗的前六句写寺院中的清寂,末二句说:"谁知竹西路,歌吹是扬州。"意思是说,在这样清寂的寺院里,有谁知道跨过寺前官河北岸的竹西路,就是歌吹沸天的扬州呢？

然而杜牧对扬州的那一段生活是一直不能忘怀的，后来他在《寄扬州韩绰判官》诗中说："青山隐隐水迢迢，秋尽江南草未凋。二十四桥明月夜，玉人何处教吹箫。"韩绰大概是他过去在扬州的同僚，诗中的"玉人"云云，有对别后韩绰"风流韵事"的询问与调侃，也表示了他"厌江南之寂寞，思扬州之欢娱"的心情。他在《遣怀》诗中所说的"十年一觉扬州梦，赢得青楼薄幸名"，是兼有着怀念和忏悔的情绪吧！

晚唐诗人罗隐（833—909），字昭谏，新城（今浙江富阳）人，诗文多有讥讽，为时所忌。他曾谒见淮南节度使高骈，见骈酷好仙术，颇不以为然，潜题《后土庙》诗刺之。诗云："四海兵戈尚未宁，始于云外学仪形。九天玄女犹无圣，后土夫人岂有灵？一带好云侵鬓绿，两层危岫拂眉青。韦郎年少知何在？端坐思量《太白经》。"对高骈迷信后土夫人作了辛辣的讽刺，题毕即挂帆而去。后来高骈被杀害，罗隐又作《广陵妖乱志》，指出高骈系咎由自取。他们的诗有很强的现实性。

李邕《李思训碑》

南唐冯延巳（903—960），字正中，广陵人，著名词人。在南唐中李璟时官至宰相。他的词内容较狭窄，多写男女之间的离愁别恨与士大夫的生活情趣，但语言清新，寓情于景，委婉可诵，对北宋的晏殊、欧阳修都有影响。有《阳春集》传世。

唐代扬州还有一些在文艺史上有大名的艺术家，很值得一提。

李思训和李昭道父子是享有盛名的唐代"金碧山水"画大家。李思训（651—716），字建，唐宗室，为李林甫之伯父。高宗时曾任扬州江都令。他在当时有"国朝山水第一"之誉，玄宗称赞他画的大同殿山水掩障，"夜闻水声"，可谓出神入化。可惜李氏父子的画传世极少，现在看到的均系后人摹本,但也能想见其原迹的风貌了。李思训侄孙辈的扬州仓曹李凑,也是一位画家兼书法家。

李邕(678—747),字泰和,是注《文选》的李善的儿子。官至北海太守,人称"李北海"。作为唐代书法大家,在行书上别开生面,明董其昌把他与王羲之并列,谓"右军如龙,北海如象",评价极高。存世有《叶有道碑》《楚州淮阴娑罗树碑》《麓山寺碑》《李秀碑》《李思训碑》(亦称《云麾将军碑》)等。《麓山寺碑》为李邕前期杰作,清王文治称其为"泰山卓立"。《李思训碑》人称李邕书第一,"以荒率为沉厚,以欹侧为端凝,北海所独"。二碑均为行书经典范本。值得一提的是,《李思训碑》的传主、撰者、书者都与扬州有关,更多一层亲切之感。

唐代扬州还出了一位大书论家张怀瓘(生卒年不详)。张怀瓘,扬州海陵(今江苏泰州)人,开元中,官翰林供奉等职。工正、行、草书,所作《书断》三卷,对书法艺术发表了精辟的见解。在肯定书法可以记载古今人事、有政治实用价值的同时,强调了书法抒发情志和美育心灵的作用,所谓"含情万里,标拔志气,黼藻情灵","资运动于风神,颐浩然于润色",把书法提到审美的高度。还进一步提出书法的"意象"论,所谓"考冲漠以立形,齐万殊而一贯",主张意与灵通,笔与冥运,达到"无形之相""不见字形","言妙之意出于物象之表,幽深之理伏于杳冥之间"之境界,明确指出了书法与一般文字书写的区别。张怀瓘的《书断》和另一位大书法家、吴郡(苏州)孙过庭的《书谱》,为唐代书论之双璧,为后世书法家、文艺家和美学家所珍视。《书断》最后特别提到:"开元甲子岁,广陵卧疾,始焉草创。"点明写于扬州。

6. "香料之路"的来客

唐代诗人杜甫有这样的诗句:"商胡离别下扬州。"这概括了一个事实——唐代来往于扬州的商胡是很多的。所谓"商胡",用今天的话来说就是外国商人。外国商人来自不同国家,其中主要来自波斯和大食,即古代的伊朗和阿拉伯。扬州在考古发掘中出土了一批唐俑,高鼻深目,一望而知是"胡人",故称"胡俑";还发现了与"胡俑"有关联的骆驼俑。骆驼有"沙漠之舟"之称,正是胡人长途跋涉的交通工具。面对这些造型精美、栩栩如生的文物,遥想当年唐代扬州的情景,人们自然联想到杜甫的这一诗句。

波斯(伊朗)从西汉张骞通西域以来就与中国建立了友好关系。波斯为丝绸之路的必经之地,又是南北两路的会合点,现在伊朗的城市伊斯法罕,就是当年丝绸之路的一个重要转运站。中国的丝绸、工艺品和文物大量输入波斯,再从波斯传向西方,直至拂林(亦称大秦,即罗马)。所以波斯与中国不仅有久远的经济文化交流的历史,也沟通了中国与欧洲的经济往来。到唐代,两国的友好关系有了进一步发展,在政治上也更为密切。波斯商人的足迹几乎走遍了唐朝的著名城市,有些波斯人就在中国定居。波斯王卑路斯在咸亨年中亲自到唐朝来,高宗封他为右武卫将军,后来客死于唐朝。他的儿子泥涅斯也长期留住中土,唐封他左武卫将军,最后病死于唐。唐代文人李珣是波斯人,他著有《海药本草》,介绍了大量的波斯药物。当时的景教(基督教)、祆教、摩尼教也是由波斯传入中国的。

大食(阿拉伯)人,很早就航行于红海、波斯湾和印度、斯里兰卡之间。那些会做生意的商人们,从印度将东方各国的货物包括中国的丝绸等运到红海的苏伊士,然后用骆驼运到亚历山大港,再转输到欧洲;又将西方的货物以及非洲的象牙、香料等,贩运到印度,再转输到中国和其他亚洲国家。从这个意义上讲,大食早就间接地沟通了中国同伊朗、阿拉伯和埃及的海上交通。但作为正式往来是唐初才开始的,此后两国的海上交通日益频繁。大食的商人活动在唐朝各地,有的也在中国定居。大中初年,大食国人李彦升参加进士考试登第,可见其汉学功底。随着阿拉伯人的到来,伊斯兰教传入中国。

唐代与波斯、大食的交往,主要有两条路线,一条是陆上"丝绸之路",系从大食、波斯经怛罗斯、碎叶、勃达岭、龟兹、河西走廊至唐朝都城长安。自汉代至中唐以前,都是这条路线。一条是海上"丝绸之路",亦称"香料之路",

系从阿曼的苏哈尔或波斯北岸的西拉夫起航,经印度洋、太平洋,沿海岸北行到达广州。唐代海上交通发达,这条路线成为中国与波斯、大食海上贸易的主要通道。当时广州、洪州、扬州、长安胡人最多,这几处地方常见于古代阿拉伯人的著作中。例如地理学家伊本·郭大贝在《省道志》中,列举中国的海港共有四处,自南而北为龙景(越南半岛灵江口北岸)、广府(广州)、越府(明州,即宁波)、江都(扬州)。从交州航海,四日可到广州,由广州八日可到越州,越州至扬州六日可达。写得很为具体。这因为扬州是"商贾如织"的最繁华的商市,又是南北交通的冲要,波斯、大食人到广州后,为了到扬州做生意,必须"由广州正北沿着浈水(现称作北江)到达韶州,然后转东北方向,翻越'梅岭'(即大庾岭),进入赣江流域。从赣江流域就可以轻易地穿过现在江西省,经由洪州……进入长江流域,此后沿着长江可以直抵有名商业城市扬州"。如果还要往长安,则由扬州沿运河至洛阳,再经陆道过潼关西入长安。这是一条必经之道。由于唐代和波斯湾海上交通盛况空前,广州和扬州成为中国东南最重要的对外贸易和商业中心。

唐政府对商胡的贸易活动一向加以保护和给予方便。唐文宗太和八年(834)上谕说:"南海蕃舶,本以慕化而来,固在接以仁恩,使其感悦……深虑远人未安,率税犹重,思有矜恤,以示绥怀。其岭南、福建及扬州蕃客,宜委节度观察使常加存问,除舶脚、收市、进奉外,任其来往通流,自为交易,不得重加率税。"这就使得这种国际间的贸易相当活跃,而且规模很大。

胡人在扬州开设了许多胡店,买卖的商品,大多为珍宝和贵重药材。

在矿物珍宝方面,输入的主要有玛瑙、琉璃、红石头、绿石头和猫眼等多种贵重宝石,此外还有象牙、犀角等。输出的大多为珍珠之类。这些珍宝,体积小,重量轻,运输易,价值高,获利大,做这类生意的胡商,其富有是出名的。由于他们长期和珍宝打交道,对珠宝的鉴识能力很强,至今扬州还有"波斯献宝"的俗语。关于胡人辨识珠宝和高价收购的情况,唐人小说中有许多传奇式的描写,这些故事看起来很离奇,其实是有事实根据的,不过被夸张和神化了。例如《太平广记》卷四〇二引《原化记·守船者》故事说:

　　苏州华亭县有陆四官庙。元和初,有盐船数十只于庙前,守船者夜
中雨过,忽见庙前光明如火……前视之,乃一珠径寸,光耀夺目。此人得
之……至扬州胡店卖之,获数千缗。问胡曰:"此何珠也?"胡人不告而去。

这则故事说的是珠类。卷四〇三还引有一则《宣室志·玉清三宝》的故事,没
有说明是什么东西,但胡人一眼就识得是宝物:

　　杜陵韦弇,字景昭。开元中……东游至广陵,因以其宝集于广陵市。
有胡人见而拜曰:"此天下之奇宝也,虽千万年,人无得者! 君何得而
有?"……遂以数千万为值而易之。弇由是建甲第,居广陵中为豪士。

　　这些故事生动地说明了胡人的眼力之高和资本之巨。

　　在珍贵药物方面,胡人在扬州药市上经常出售的有安息香、没食子、无漏
子、乳香、没药、血竭、诃黎勒、苏合香、丁香、阿魏、腽肭脐、龙涎、羚羊角等。
这些药物有些已是今天习见的了,当时从国外远道运来,是名贵药材,价格很
高。他们又把中国的一些稀有药材贩到国外去。《太平广记》卷二二〇引《广
异记·句容佐史》故事:

　　句容县佐史能啖鲙至数十斤,恒食不饱。县令闻其善啖,乃出百斤。
史快食至尽,因觉气闷,久之,吐出一物,状如麻鞋底。县令命洗出,安
鲙所,鲙悉成水。累问医人术士,莫能名之。令小吏持往扬州卖之,冀有
识者……其人至扬州,四五日有胡求买。初起一千,累增其价,至三百贯
文……人谓胡曰:"是句容县令家物,君必买之,当相随去。"胡因随至句
容。县令问:"此是何物?"胡云:"此是销鱼之精,亦能销人腹中块病,人
有患者,以一片如指端,绳系之,置病所,其块即消。我本国太子少患此
病,父求愈病者,赏之千金。君若见卖,当获大利。"令竟卖半与之。

反映了确有不少胡人在扬州收购中国的药物。胡人在扬州市场上买卖药材是一种经济活动，也有利于中外药品的交流，促进彼此医药学的发展。

除此之外，还有胡人在扬州酿造美酒"三勒浆"出售的。可以想象，当垆的"酒家胡"必然不少，所谓"波斯装""菩萨蛮"之类的装束，也随处可见。有卖"胡饼"（后来有芝麻的烧饼即其一种）的，最流行的就是各种类型的小"胡饼"，其中特别是各式各样的带有芝麻籽的蒸饼或油煎饼，备受青睐。还有开饮食店的，有关记载中提到的所谓"胡饭"，当指胡人饭店中所做的外国口味的饭菜，有如今天的所谓西餐。

尽管上元元年（760）"（田）神功入扬州，遂大掠居人赀产，发屋剔窖，杀商胡波斯数千人"，但扬州人民和波斯、大食人之间相处得很融洽，也很信任，除了经济贸易等业务上的往来，还以己事相托。《太平广记》卷四〇二《集异记·李勉》故事：

> 司徒李勉，开元初作尉浚仪。秩满，沿汴将游广陵。行及睢阳，急有波斯胡老疾，杖策诣勉曰："异乡子抱恙甚殆，思归江都，知公长者，愿托仁荫，皆异不劳而获护焉。"勉哀之，因命登舻，仍给饘粥。胡人极怀惭愧，因曰："我本王贵种也，商贩于此，已逾二十年，家有三子，计必有求吾来者。"不日，舟止泗上，其人疾亟，因屏人告勉曰："吾国内顷亡传国宝珠，募能获者，世家公相。吾衔其鉴而贪其位，因是去乡而来寻。近已得之，将归即富贵矣。其珠价当百万，吾惧怀宝越乡，因剖肉而藏焉，不幸遇疾，今将死矣。感公恩义，敬以相奉。"即抽刀决股，珠出而绝。勉遂资其衣衾，瘗于淮上。掩坎之际，因密以珠含之而去。即抵维扬，寓目旗亭，忽与群胡左右依随，因得语言相接。傍有胡雏，质貌肖逝者，勉即询访，果与逝者所叙契会。勉即究问事迹，乃亡胡之子。告瘗其所，胡雏号泣，发墓取而去。

故事中的李勉受胡老之托而不贪财宝，最后访得了他的儿子，使其发墓取宝而去，表现了两国人民之间的友好关系。在中国人民与西亚人民的经济文化交流史上,扬州占有重要的一页。

随着胡商在扬州聚居,伊斯兰教也传入扬州。明人何乔远《闽书·方域传》载,唐武德时"穆德那国"有大贤四人传教中国,"一贤传教广州,二贤传教扬州,三贤、四贤传教泉州"。这个说法流传颇广。但不少学者对此表示怀疑,因为当时阿拉伯半岛尚未完成统一,不具备向外传播的条件。比较一致的看法是,伊斯兰教首先是由进行经济活动的胡商带入中国的,扬州是胡商来往集聚的中心,当然较早地传入了伊斯兰教。应该说,在伊斯兰教创立不久,扬州就成了传播地之一。

7. "过海大师" 鉴真

中国和一衣带水的邻邦日本很早就有了交往,至唐代达到了高潮。盛唐时期是中国封建社会政治、经济、文化高度成熟和发达的时期。当时日本也处在一个大变革时期,即"大化革新"时期。日本为了建立和完善封建制度,迫切需要从唐朝吸取一整套封建典章制度和国家治理方式,于是不断派遣唐使来到中国。遣唐使的规模越来越大,跟随而来学习的留学生和留学僧也越来越多。在唐代的中日交往史上,扬州占有特殊重要的地位。

现在说一衣带水,往来是极方便的事。但在当时,却是持久而艰苦的行程。日本至中国,可分南北两路。北路经壹歧、对马,沿朝鲜西海岸北上,经辽东半岛的东海岸,横断渤海湾,而至山东半岛的莱州(今蓬莱)或登州(今掖县)登陆。或者不经辽东半岛,航行至朝鲜西海岸的仁川附近时,便横渡黄海而抵山东半岛。这条线基本上是沿海岸航行,停泊处多,比较安全而需时较久。日本成功到达中国的十二次遣唐使中,前半多取道北路,然后经青州、兖州、曹州转汴梁到洛阳,再西入长安。南路则从日本九州出发,扬帆东海,而达扬子江口,转入扬州,再循运河北入楚州(淮安),经汴州(开封)而达洛阳、长安。这条路是捷径。顺风十日可达,但风急浪大,常有覆舟之险。

自第六次至十二次遣唐使走的都是南路。原因是当时新罗国势渐强,兼并了百济、高句丽,统一了朝鲜半岛,对日关系紧张,常威胁其入唐的航路,遣唐使只能取南路入唐,扬州便成了两国交往的直航港口之一。长期留居中国,最后"埋骨盛唐"的日本学者阿倍仲麻吕(汉名晁衡),于717年随第八次遣唐使来唐留学,就是从奈良启程,横渡东海,先抵扬州,然后循陆路北上到达长安的。

正是在这样一个地方,产生了一位富有开放精神的东渡传法的高僧鉴真。

鉴真,俗姓淳于,扬州江阳县(今扬州市)人,生于武后垂拱四年。十四岁随父参拜大云寺(后改龙兴寺),见佛像大受感动,请求出家。遂从智满出家为沙弥。十八岁从弘扬南山律宗于江淮的光州道岸(654—717)律师受菩萨戒。景龙元年(707)游学东都洛阳和西都长安,次年于长安实际寺从恒景(634—712)律师受具足戒。此后又从许多名师受教,数年之间便通达三藏教法。

开元二十一年(733),四十六岁的鉴真回到扬州。以后的十年间,"以戒律化诱,郁为一方宗首"。有弟子三十五人,各在一方弘扬师教。同时造寺庙八十余所,造佛菩萨像无数,抄写佛经一万一千多卷,还从事救济贫困和医药治疗等多种社会活动。五十五岁时,鉴真在扬州大明寺为众僧讲律。在这里,鉴真接受了东渡赴日的邀请。

在众多的日本留学僧中,青年僧人荣睿、普照是于日本天平五年(唐开元二十一年,733)随第九次遣唐使多治比广成来到中国的。这两位僧人的任务是一面学习,一面物色一位高僧往日本传授佛教戒律。

荣睿、普照在洛阳和长安研习和访求十年,闻得鉴真是律学大师,现在扬州大明寺讲律,便于天宝元年(742),约请其他中国、日本僧人一道,带着宰相李林甫之兄李林宗写给在扬州做仓曹的侄儿李凑的信件,南下来到扬州。

鉴真听了他们的一番陈述,向大众问道:"……日本长屋王崇敬佛法,造千袈裟来施此国大德众僧。其袈裟缘上绣着四句曰:'山川异域,风月同天,寄诸佛子,共结来缘。'以此思量,诚是佛法兴隆,有缘之国也。今我同法众中,

古运河（鉴真东渡出发点）

谁有应此远请，向日本国传法者乎？"

那时交通条件很差，对太平洋季候风的规律还不能掌握，横渡大海十分艰险，一时大家都默然无语。后来僧人彦祥说："沧海淼漫，百无一至……是故众僧默然无对而已。"鉴真听了毅然说道："是为法事也，何惜生命，诸人不去，我即去耳！"在鉴真的感召下，当即有二十一名僧人要求随同赴日。

天宝二年（743）春，在仓曹李凑的协助下，船只物品一切准备就绪，鉴真开始第一次东渡。公开的名义是往浙江天台山供养僧众。正待扬帆起航，一个因"少学"而未能入选赴日的僧人如海，心怀不满，向淮南采访厅告他们私通海盗。那时海上恰恰正闹海盗，采访使立即拘捕了众僧。经过调查，弄清了是非，如海坐诬告罪，但船被没收，日僧依例遣送回国，第一次东渡即因遭此挫折未能成行。

这年年底，鉴真买得岭南道采访使刘巨鳞在扬州的一艘军船和十八名水手，备办了佛像、经书、法器、药品、香料和食粮等七十余种什物，偕同十八名僧人并玉作人、画师、雕工、铸工、绣工、碑工等共八十五人，从扬州出发，进行第二次东渡。船行至狼沟浦（约在今江苏太仓浏河口附近的狼港）遇到恶风，船被击破，潮水齐至人腰，"冬寒风急，甚太辛苦"。鉴真等并未气馁，修好破船，下至大坂山（似为江苏海面的小岛），因泊舟不得，又至下屿山（似为浙江海面的小岛），停留一个月，等待好风。第二次东渡就此延误。次年初，由下屿山向桑石山（似为舟山岛北面的岛屿）进发，偏又遇到风浪，才离险岸，复遭暗礁,船被撞散。人虽上岸,但水米皆无,忍受了三天饥渴,风平浪静时才得到渔船的救济。又过了五天,遇到过路的官船搭救,把他们送到明州(宁波)阿育王寺安置。第三次东渡又告失败。

不久,鉴真命弟子法进往福州买船并具办粮用,自己则率荣睿、普照和弟子祥彦、思托等一行三十余人,由明州取道台州、天台、黄岩、温州至福州会合出海。沿途的情况是"岭峻途远,日暮夜暗,涧水没膝,飞雪迷眼"。就在这时,江东道采访使阻拦了他们东去的活动。当他们将达温州时,"差使押送防护,十重围绕",把他们送回到扬州。第四次东渡又没有成功。鉴真住扬州崇福寺,荣睿、普照只好和鉴真暂时分手了。

过了三年,天宝七年(748)春,荣睿、普照又来到扬州,至崇福寺拜访鉴真,请作第五次东渡。鉴真素志不变,入夏前就做好一切准备,采办的物品和第二次一样。这次随行的有僧俗三十五人,于六月二十七日出发。船一入海,就遇到特大风浪,在海上漂流了几个月,艰苦备尝,最后漂到了海南岛南端的振州(广东崖县),辗转渡过雷州海峡,北上到了广西桂林。经过一段时间的休整,决定回头取道广州,再作第五次东渡,他们在广州整整等了一个春天,一直没有去日本的船只,只好经广东、广西、江西返回扬州。在颠沛流离中,他的得力助手日僧荣睿死于端州(广东肇庆),弟子祥彦死于吉州(江西吉安),普照又只好辞别鉴真去明州阿育王寺。鉴真沿途跋涉辛苦,因"频经炎热,眼光暗昧"。

第五次东渡失败,鉴真六十一岁,辗转回到扬州,鉴真已六十四岁了。

天宝十二年(753),适逢日本遣唐大使藤原清河,副使宿弥胡磨、吉备真备,还有在中国做官多年的阿倍仲麻吕(晁衡)等归国。他们听到鉴真五次东渡不成,特于扬州延光寺会见鉴真,请同船东游,鉴真立即答应。这次有随行弟子和工匠等二十四人,携带有大批文物、书籍、法器于十月二十九日夜从扬州出发往苏州黄泗浦(今江苏张家港附近)。在明州的普照听到消息后,也于十一月十三日赶到黄泗浦与鉴真同行。

鉴真一行的船只于十二月二十日顺利到达日本萨摩国阿多郡秋妻屋浦

（今日本九州南部），二十六日至太宰府（今日本九州北部福冈东南），明年，即日本天平胜宝六年（唐天宝十三年，754）二月四日抵日本平城京（今日本奈良）。圣武太上天皇特派安宿王出城迎接，并特地说明，鉴真在初受请时提到的长屋王，就是他的父亲。鉴真等被迎住东大寺内。

鉴真一行受到日本朝野的盛大欢迎。圣武太上天皇派正议大夫吉备真备向鉴真传达，授以"传灯大法师"称号，委以授戒传律的重任。四月，于卢舍那佛殿前立戒坛，圣武太上天皇、光明太上皇后、孝谦天皇、皇后、太子及公卿以下，受戒者达四百三十余人，又有名僧八十余人弃旧戒从鉴真重受新戒，这是日本佛教史上第一次正规的登坛授戒。天平宝字元年（757），加封鉴真"大和尚"尊号。

鉴真留居日本，辛勤不懈地传法十年。在日本人民的亲密合作和弟子们的一致努力下，多方面取得了突出成就，对于日本奈良时期的天平文化起了积极的推进作用。

在日本佛教史上，奈良时期是佛教发展的一个高峰。中国唐代流行的佛教各宗派，均于这一时期先后传入日本，其中南山律宗就是鉴真传去的，在日本从鉴真受戒的弟子有四万余人，日本佛教界奉鉴真为律宗之祖。

鉴真纪念堂

鉴真是一位对建筑学很有研究的和尚，在国内曾多次从事于佛寺、佛塔的修造，抵日本后，将唐代建筑艺术的新成就带到日本。在他的直接指导下，于东大寺卢舍那佛殿前立戒坛，于大佛殿西立戒坛院，特别是建造了规模宏大的唐招提寺。

他的弟子如宝又在招提寺内建金堂，金堂是单层庑殿式大堂。前面一通间为明廊，成列柱式，堂内藻井和梁上画满传统的宝相花唐草文，屋顶上置鸱尾，整座金堂被视为天平建筑的集大成者。既是日本古建筑的珍贵遗产，也是研究唐代中国建筑的重要参考范例。

唐代雕塑艺术有很高的成就，这一成就很快为日本所吸取。在这方面，鉴真和他弟子们也起了很大作用。他们主持塑造的如卢舍那佛、药师如来和千手观音等干漆夹纻造像都保存在招提寺金堂内，这些造像，技术圆熟，凝重浑厚，是典型的盛唐风格，形成了日本雕塑史上有名的唐招提寺派。

鉴真及其弟子对日本的佛学和佛教艺术做出了杰出贡献。

鉴真精通医学和药物学，他目力虽然不济，能用嗅觉、味觉和触觉分辨药物。对一些真伪难辨的药物，"和尚一一以鼻别之，一无错失"，大有助于日本药物的整理。他因治愈光明皇太后的疾病在日本医药界享有盛名。日本江户时代的药袋上，都印上鉴真像，日本曾传有"鉴真上人秘方"一卷，有些方剂至今还保存在《医心方》一书中。

鉴真弟子中有不少是擅长文学的。思托写过《大和尚鉴真传》三卷和《延历僧录》五卷，是传记文学作品。这些作品虽已失传，但还有不少内容保存在其他著作中，如日本僧人元开的《唐大和尚东征传》，即是据思托的《大和尚鉴真传》缩写的，是一本研究鉴真和日本奈良时代历史文化的重要文献，从中还可窥见思托的文学风貌。思托留有《伤大和尚传灯逝》五律一首，不失盛唐诗风。鉴真弟子们的文学活动，对日本文学有一定影响。

鉴真赴日带有大书法家王羲之、王献之的书法真迹，还带有大批的写经，通过这些手迹的观摩和传抄，转变了日本的书法风气，王字成为当时流行的书体，对日本的书法艺术有很深远的影响。

鉴真携带的大量唐代工艺品如刺绣、金银器等，对日本手工艺的发展提供了借鉴并起了推动作用。

日本天平宝字七年（唐代宗广德元年，763），鉴真体力渐差，弟子们为他模造真影，这就是至今仍供奉在唐招提开山堂上被称为日本国宝的干漆夹纻

鉴真像

造像——"鉴真和尚坐像"。这一年的五月六日,鉴真逝世于招提寺僧房,享年七十有六。骨塔建于寺后的松林中。

鉴真东渡,发展了中日两国人民的文化交流,意义十分深远。这不能看做仅仅是个人的行为,而是历史的要求和两国人民的共同愿望。邀请和被邀请的各种人物,都体现了这种精神。加之鉴真赴日年事已高,双目不济,许多事情是随他赴日的弟子和工匠们共同协作完成的,他们所做的一切,同样值得称道。

法进(709—778),俗姓王,原为扬州白塔寺僧,精研律学和天台教义。鉴真在日本东大寺讲律,正式登坛授戒,他是得力助手,并为临坛戒师之一,鉴真受任大僧都,他为律师,有仅次于鉴真的"第二和尚"之称。鉴真移住唐招提寺后,他接任经营东大寺唐禅院和戒坛,为众讲授大小乘戒律,有多种戒学著作行世。光仁天皇宝龟五年(774)任大僧都。弟子有圣一、慧山等。

思托,俗姓王,原为台州开元寺僧。他是一位优秀的史传家,上面提到他著有鉴真的传记,其内容还保存在以后的一些著作中,是古代日本佛教史研究的珍贵史料,他协助鉴真筹建唐招提寺,起了很大的作用。

如宝(约725—814),原为沙弥,赴日后方受具足戒为正式僧人。曾主持鉴真筹建的下野药师寺戒坛,后受鉴真之命移住唐招提寺。鉴真逝世前即将招提寺托付法载、义静、如宝三人管理。他还为桓武天皇及后妃、皇太子授戒。特别在扩建唐招提寺殿堂中贡献很大。当时日本律宗把他奉为鉴真、法进之后的"第三和尚"。弟子有丰安、寿延、昌禅等。他们应说是鉴真的真正传人。

在荣睿、普照以后,和扬州关系较深的日本僧人还有圆仁、常晓和圆行等。

　　圆仁号慈觉大师,是贞元间入唐求法的日本天台宗开宗大师最澄的弟子。他于日本仁明天皇承和三年(唐文宗开成元年,836)随遣唐大使藤原常嗣入唐求法,不幸遇险船破,至承和四年再度出发,五年(838)始抵扬州登陆,受到淮南节度使李德裕的优待。先在当地开元寺从沙门宗睿学梵书,又从全雅学佛典。此后足迹遍及今河北、山西、河南、陕西、安徽等地。在中国留居的十年中,写下了《入唐求法巡礼行记》,对当时唐朝的风俗礼仪、官府制度、地方组织均有记载,还提到战争及外交问题。除详载了唐代的佛教情况外,还涉及到道教、摩尼教等。其中对扬州有生动的描写。他在扬州登岸后的第一个印象是:自(禅智)寺桥西行三里有扬州城……江中充满舫船、积芦船、小船,不可胜记。还记有他在扬州市场上兑换砂金的事:"(开成三年十月)十四日,砂金大二两,于(扬州)市头令交易。市头秤定一大两七钱,七钱准当大二分半,价九贯四百文",可见当时砂金兑换现金的比值。这些都是研究唐代扬州的珍贵史料。圆仁后来归国,也是从扬州出发的。

　　常晓与圆行是贞元时入唐的日本真言宗开宗大师空海的弟子,于开成三年(838)随遣唐使船抵达扬州。圆行即转陆路北上长安,常晓则留在扬州,先在栖灵寺从僧人文灿(一作文琛)受金刚灌顶和太元密法,次年又向华林寺僧问学三论宗义,这年八月携所得经典与圆行仍乘遣唐使船由扬州出发归国。

　　圆仁、常晓和圆行,都是日本佛教史上有名的"入唐八家"中的人物,对中日文化交流起过积极作用,他们在扬州的活动同样值得纪念。

8. 崔致远在扬州

　　唐代是中国封建社会史上一个大开放的时代。强盛的唐王朝以海纳百川的大度,大量汲取国外尤其是周边国家的先进文化,更以恢弘的气概无保留地向国外传播高度发达的辉煌的盛唐文化,形成了经济、文化大交流大发展的局面。在这一过程中,中国和朝鲜半岛建立了十分密切的关系。唐高宗时,有大量的高丽、新罗的音乐舞蹈家长住长安,他们向唐朝输入了高丽乐,融为唐朝十部乐中的一部,同时又把从唐朝学得的乐舞传向日本。公元7世纪下半叶,新罗统一朝鲜半岛后,积极向唐朝学习社会制度、典章文物、文化生活乃至风俗习惯,加之半岛与唐朝接壤,交通便利,来往更趋频繁,接受唐文化的程度也就更为全面和彻底。唐玄宗曾称新罗为"君子之国",又说新罗"颇知书记,有类中华",可见当时新罗汉化之深。有唐一代,新罗子弟来唐留学的有二千多人,仅唐文宗开成二年(837),新罗留学生就达二百多人。留学生留学期限一般为十年,唐朝廷特给予优惠待遇,大体说来,留学生的购书用项由新罗支付,四时衣服食用及日常所需均由唐政府供给。据《东文选》崔致远《遣宿卫学生首领等人朝状》所载,唐国子监甚至辟有"新罗马道",其关怀可谓十分周到。当时日本除直接从唐朝学习中国文化,还间接从新罗学习中国文化,把新罗看作是"中国文化的分店"。

在两国的友好交往中,被称为"扬一益二"的交通枢纽的扬州,占有相当重要的地位。据日本僧人圆仁在《入唐求法巡礼行记》中所载,他足迹所经的北起登州(今山东蓬莱)、莱州(今山东掖县),南至楚州(今江苏淮安)、泗州(今安徽泗县),到更南的扬州,都有新罗商人的踪迹。可以推想,这些地方连贯起来,形成了一个受益面很广的新罗人的商业网。为了供应新罗人的居停,各地设有新罗馆、新罗所、新罗坊等。扬州的新罗坊,有很多新罗人在这里来往居住。上述的《行记》中还提到,有不少新罗的通事(翻译)奔忙于扬、楚之间,他们通晓汉、日语言,为中日交往作了沟通。这中间影响最大也最为深远的,当是晚唐时新罗学者和诗人崔致远在扬州的活动。

崔致远,字海夫,号孤云,新罗(今韩国)湖南沃沟人。十二岁时肩负着父亲对他的"十年不第,即非吾子也"的期望,入唐求学。入唐后"追师学问无怠",于僖宗乾符元年(874)以宾贡进士及第。所谓"宾贡",又是唐朝对留学生的一项优惠政策。为了奖励他们进取和确认他们的学业,专门设有留学生的"宾贡科",让他们和中国士子一起应试,只是"每自别试,附名榜尾",考中后的资格是一样的。崔致远经过一段时间的"守选",被授为江南西道宣州溧水县尉。尉是地方政权最低级的九品官员,但却是流内的亲民之官,无论在施展才干还是仕途升迁上,都是重要的阶梯。唐代许多高级官员,包括宰相在内,不少是从县尉开始的,大文人白居易、李商隐等都担任过尉的职务。唐代根据地势的重要程度和户籍人口的多少,把县分为赤、畿、望、紧、上、中、下七个等级,级别的不同,所设的尉六人或一二人不等。初任官只能授上县以下的尉,即是一名尉分判司户、司法两项职责。崔致远担当的就是这样的尉,所以自称为"末尉"。由于县小公务不繁,故而有清冷之感。

任满三年后,应赴吏部铨选,以定升迁。其时正是黄巢起事中原多乱之际,入长安已不可能,朝廷也无暇按正常程序进行铨选,而任满离职又必须有一个再图发展的安身立命之处,适逢高骈以淮南节度使充盐铁转运使开府扬州,崔致远遂以自荐的方式进入高骈的幕府。

崔致远的自荐于高骈,并非偶然。在这之前,崔致远的同科进士、诗人顾云投书献诗高骈,得到任用,固然给了崔致远以启发,更重要的一层,还是高

崔致远纪念馆

骈在朝野所拥有的很高声望。

高骈出身于显赫的将门世家,懿宗时曾率兵御党项、吐蕃及安南,"出无不捷,懿宗甚佳之"。任静海等节度使时,整治安南至广州江道,沟通了交广物资运输。僖宗乾符二年(875)任西川节度使,筑成都府砖城,加强边备,使蜀地较为安宁。五年转荆南节度使,时王仙芝、黄巢义军转战江南,旋命为镇海(驻镇江)节度使、诸道兵马都统、江淮盐铁转运使,到任后即遣其部将张璘、梁缵屡挫义军,并收降了起义军的重要将领秦彦、毕师铎、李罕之等人,朝廷对之更为信任和倚重。第二年,即乾符六年(879)十月,转淮南节度使,进检校太尉,封渤海郡王,集淮南军、政、财大权于一身,改镇扬州,其间又迎击义军,屡次获胜。高骈的才干和声威,一时成为人们心目中解救朝廷危难的中兴之臣,被寄以很大的希望。作为朝廷的命官,崔致远是不会看不到这种形势的,无论从朝廷的利益或个人的前途出发,投入高骈幕中,应该是最好的选择。

另一个不能忽视的因素是高骈不仅仅是一位军事统帅,还是一位折节为文学、颇富才华的诗人。其诗有豪纵之气,无纤弱之习,《唐诗纪事》评之为"雅有奇藻",从《全唐诗》所存高骈诗一卷来看,这样的评价是恰当的。顺便可以提起已故现代著名史学家王仲荦先生,在其不是研究文学的《隋唐五代史》中,引高骈代表诗作竟有十一首之多,这在史学著作中是少见的,说明高骈诗古今皆有定评。当时有这样一位诗人,崔致远是仰慕的,更何况他帐下还有类似顾云这样的文人,正是唱和切磋,进一步提高汉文学修养的极好机会。

了解了以上情况,便能知道,崔致远在《初投献太尉启》《再献启》《献诗启》及《七言纪德诗三十首谨献司徒相公》等诗文中对高骈的竭力称颂,不能简单看作是为投靠而作的奉承之词,而确是怀着钦佩和敬意的,也代表了仕宦阶层的愿望。至于高骈后来拥兵自重,割据一方,迷信神仙,上下离心,则是崔致远等始料不及的。

崔致远在高骈幕中,为从事,为馆驿巡官,为都统巡官,其主要任务为专掌书记之职,"凡表状文告,皆出其手"。所作文札三百多篇,表、状、奏、启、祭文等各体具备,多为骈文,文辞典丽,用典娴熟,灵动流畅,王仲荦先生称其"可以和中国作家媲美"。曾因代高骈作《讨黄巢书》传诵一时,奏除殿中侍御史,赐绯鱼袋。今存《桂苑笔耕集》,都为在高骈幕中所作诗文,对当时的政治动态、军国大事、典制礼仪、山川形胜,乃至个人的家国之思、感事伤时等,均有较多的反映,有很高的文学和史料价值。有的还能补史书未备,如《贺收复京阙表》记述了黄巢的退出长安,《贺杀黄巢表》记述了黄巢之死,《奏诱成令瑰》记述了黄巢部下成令瑰率步军四万、马军七千投降高骈等等,都是研究晚唐史很有价值的文献。更有不少与扬州直接有关的,如《桂苑笔耕集》卷十六《求修大云寺疏》中的一段:

> (大云寺)则与城东禅智寺双肩对耸,两耳齐张,夹炀帝之遗宫,拥淮王之仙宅。

扬州大云寺为东渡大师鉴真和尚出家之处。寺久圮。据史料与考证,当在郡城之东,而《疏》中所云与城东的禅智寺如"双肩对耸,两耳齐张",说明其位置在郡城之西,即在蜀冈的西端,其与城的距离,大致和东边的禅智寺相应。这段记载还引出了更多的思索:据《唐大和尚东征传》和《宋高僧传》所载,大云寺已于唐中宗复位的神龙初年改为龙兴寺,所以有称鉴真为龙兴寺僧的。而在崔致远的《疏》中仍称大云寺,这里面有什么衍变和曲折?与"会昌法难"后佛寺的恢复有何关系?还值得进一步研究。

此外在和藩镇间互赠物品的书札中,对扬州当时的金银、服饰、锦帛、漆器等多有记述,是研究扬州工艺技术的宝贵资料。

崔致远在扬州高骈幕中生活了近四年。《桂苑笔耕集》中的三百多篇文章和六十首诗,是这段时间生活和创作的最好记录。

中和四年(884)九月,崔致远的堂弟崔栖远自新罗来唐迎归,出于深沉的故国之思,崔致远向高骈请归,得到了允许,给予厚赐,还代表朝廷加委了一个充国信使的职衔,以双重身份回国。在《酬杨赡秀才送别》诗中崔致远写道："暂别芜城当落叶,远寻蓬岛趁花开",说明离扬的时候是落叶的深秋。崔致远对扬州是恋恋不舍的,在给高骈的《谢许归觐见启》中,表示"唯愿暂谋东返,迎待西来",上面提到的给杨赡秀才的诗中,还说"暂别芜城",相约"好把壮心留后会,广陵风月待衔杯",崔致远很希望能再来扬州。然而世事多变,自此一别,再不能重来扬州了。

崔致远这年深秋从扬州出发,至山东牟平(辖境相当于今山东蓬莱、栖霞、海阳一带的东面)乳山候风,于次年即光启元年(855)春季,回到了故土新罗。

崔致远"自十二则别鸡林(指离开新罗),至二十得迁莺谷(指中宾贡进士)",在唐"二九载(十八)",按这个自述,崔致远离扬时三十岁,踏上故土已是三十一岁,如此推算,应生于唐宣宗大中九年(新罗文圣王庆膺十七年,855),至于卒年,至今还不清楚。

崔致远在中国十有八年,最后四年在扬州度过,四年中写下了史料价值和文学价值很高的二十卷的《桂苑笔耕集》,这在古往今来的中外文化交流史上绝无仅有,在地方史上更是扬州唯一。这一不朽的文字因缘,展示的不仅是历史,也推动着扬州和韩国友好关系的不断发展。

崔致远归国后,历任翰林学士、守兵部侍郎、瑞书监,后来渐受排斥,改任地方官太山郡太守、富城郡太守,最后"自伤不遇",带家归隐伽耶山海印寺。但他在文学上的成就,一直受到高度推崇,高丽时期的大诗人李奎报说:"崔致远孤云,有破荒之功,故东方学者皆以为宗。"另一位李朝前期的文人成见说:"我国文章,始发挥于崔致远。致远入唐登第,文名大振,至今配享文庙。"可见崔致远对朝鲜古代文学的巨大影响。

第五章　两宋波澜

　　"淮左名都,竹西佳处",一个新的都市繁华。韩琦与"金带围",欧阳修与"平山堂"。"烽火扬州路",彰显了民族英雄气概。割不断的中外交流。融历史与诗情。

1. 淮左名都　烽火扬州

　　北宋结束了五代十国的战乱局面,建立了统一的政权后,宋太宗赵光义淳化四年(993),分全国为十道,扬州为淮南道,至道三年(997),又分全国为十五路,扬州为淮南路;宋仁宗赵祯皇祐三年(1051),又改扬州为淮南东路。

　　国家的基本统一,政权的相对稳定,有利于社会经济的发展。北宋期间,扬州的生产水平比五代时期有较大的提高。在农业上,北宋初年占城稻种由福建大量传入长江流域和淮水流域,扬州地区开始推行种植占城稻。这种稻抗旱力强,成熟快,又"不择地而生",使这里的种稻土地面积和谷物总产量得到扩大和增长,并且可能一岁收获两次。经济作物有茶树的栽培种植,当时禅智寺后面就有一片茶园,扬州的茶园属于官自置场,督课园户茶民采制,专门作为贡品,供京都宫廷消耗。另外的名产有芍药,宋代的刘攽、王观、孔武仲都曾为扬州的芍药写过谱。蔡京知扬州时,每当芍药开放,要举行万花会,用花十万余株。一次会要用去这么多的花,可见扬州芍药的繁盛。芍药是观赏植物,也是药用植物,它的经济价值也是不小的。

　　当时扬州的手工业品,最著名的有铜器、白苎布、莞席等,销售量很大。扬州附近真州的朴席已经远销海外。

　　在水上交通方面,宋代建都开封,汴河是主要航道。汴河即隋唐之通济渠,由孟州河阴县南受黄河水,向东南穿开封府城,经京畿陈留县(今河南开封陈留)、南京应天府(今河南商丘)、亳州永城县(今河南永城)、宿州(今安徽宿州),又东南至泗州(今江苏盱眙西北)入淮河。由泗州顺流而下,至楚州(今江苏淮安)末口,接扬楚运河,向南经宝应、高邮、扬州,由扬子镇分别至瓜洲和真州(今仪征)入江,南接江南运河。扬州居江淮的交汇点上,其时仍推行转输法,于真、扬二州置转运仓以纳江南、西浙和荆湖路货物,扬州仍为货物集散中心。货运船只回程准许改为盐运,也推动了淮南盐业的发展。

农业、手工业、交通的发展,带来了商业的繁荣。扬州的商市和都城开封仿佛,超过了当时的长安。随处都有销铺邸店和酒楼饭馆,晚上还有热闹的夜市。商业交易突破了坊和市的界限,也突破了白昼和夜晚的界限,就这方面来说,城市经济比唐代有了进一步的发展。北宋神宗熙宁以前的商税,扬州是七务(徐州七务,楚州八务,真州五务,高邮八务,苏州五务),所收在五万贯以上。

在这段时间里,扬州确是很繁华的。宋仁宗庆历五年(1045)三月,韩琦知扬州,前后三年,对扬州的印象很深。他曾写《望江南·维扬好》四首,其中有两句说:"二十四桥千步柳,春风十里上珠帘",当时扬州繁荣可见一斑。

北宋虽然建立了统一的政权,有利于经济的发展,但它一开始就受到少数民族贵族统治集团的威胁。南宋淳熙七年(1180)的五月十一,五十六岁的爱国诗人陆游在抚州(今江西临川)江南西路提举常平茶盐公事任上,做了一个美妙的仲夏夜之梦:"梦从大驾亲征,尽复汉唐故地"。说明宋的国力与疆土远没有汉唐的强和大,收复那些失地,成了诗人梦寐以求的强烈愿望。北宋自立国以来,就没有能收回被辽占领的燕云十六州之地,相反,还一直处在辽和西夏的不断侵扰之下。后来女真族建立的金国步步进逼,终于颠覆了北宋政权,形成了南宋的偏安局面。自高宗建炎三年(1129)至理宗赵昀端平元年(1234)的一百多年中,江北淮南的辽阔土地,成了保卫南宋政权的屏障,战争不断,扬州多次成为金人争夺和占领的地方。由于南北阻隔,淮南运河(邗沟)的作用也大大削弱。

金人从北宋对辽作战和与宋交涉的过程中,早已看出北宋政权的腐败和军事上的无能,怀有吞灭之心。公元1125年,金人在俘获了辽天祚帝耶律延禧,攻灭了辽国之后,即乘胜分兵两路,西路由粘罕(完颜宗翰)率领,从云中(今山西大同)出发,东路由斡离不(完颜宗望)率领,由平州(卢龙)取道燕京,于本年十月一起南下侵宋。西路军在太原遭到河东军民的坚决抵抗,长期不得前进;东路军到达燕京后,北宋官军节节败退,金军很快渡过黄河,包围了北宋京城开封。

北宋的皇帝徽宗赵佶是个昏庸无能的人。他听到金兵南下的消息之后,手足无措,不敢担当领导抗敌的责任,于本年十二月,急急忙忙把帝位传给他的儿子赵桓,即宋钦宗,自己退居龙德宫,做起了教主道君太上皇帝。就是这样,他还是惶惶不可终日,于钦宗靖康元年(1126)初离开都城,东行避敌。太上皇一出去,百官们也纷纷潜遁,看到这种情况,沿途的军民都痛哭流涕。赵佶先到亳州,然后到扬州驻山光寺,后来又到了镇江。

钦宗赵桓同样是个怯懦的庸才,一坐上帝座,也闹着离开京师以避敌锋,经主战派代表人物李纲的一再劝阻,才勉强打消去意。但他看不到军民一致抗金的有利形势,坐失战机,一味地赔款割地求和。

四月,赵佶回到开封。这年年底,金兵在宋廷把各路勤王之师和民兵遣散原地,一路无阻的情况下,渡过黄河,攻破开封,把赵佶、赵桓徽钦二帝先后扣押在金兵营中,并易去他们的服饰,废为庶人。相继被获的还有诸妃、诸王、公主、驸马、皇孙及六宫有号位者三千余人。只有元祐皇后孟氏因被废居于私第,方得幸免。

靖康二年(1127)四月初一,金人撤出开封,将赵佶、赵桓以及宗室贵戚三千多人一起俘虏北去。北宋朝廷上的舆服、法物、礼器、浑天仪、铜人、刻漏、古器,所收藏的书籍、天下府州县图、府库积蓄,以及伎艺工匠、倡优等,全被搜罗一空,满载而去。在这之前,金人册立原任北宋宰相的张邦昌为楚帝,在金的控制下统治黄河以南地区。

金人虽按照谱牒把赵宋皇室的男女老幼都俘虏了去,但赵佶的第九子康王赵构这时正以天下兵马大元帅的名义,在河北建立帅府和组织部队,因而得脱。金人走后,宋廷旧臣不再拥戴张邦昌,共推赵构为帝。五月,赵构即位于南京(即宋州应天府,今河南商丘市南),改元建炎,是为宋高宗。

当时抗金的形势还是比较有利的。河东河北人民自动组织起来的忠义民兵,展开了英勇的抗击金军的斗争。抗战派代表人物李纲、宗泽曾一度被起用,李纲为相,宗泽任开封留守,进行了一系列收复失地的准备工作。但是以宋高宗和汪伯彦、黄潜善等为首的投降派,他们惧怕金人的进逼,也害怕农民的力量在斗争中壮大,宁愿用降服和退让换取苟安。李纲一再请求宋高宗留在汴京,以维系中原的人心,宋高宗不听;后又劝他先到南阳,因为南阳西邻关陕,东达江淮,南通荆湖巴蜀,北距三都(指东京开封、西京洛阳和南京应天),地点最为适合,宋高宗虽然嘴上答应了,却命扬州守臣吕颐浩缮修扬州城池。李纲在投降派的排挤下,七十几天就被免去了相位,宗泽虽留在开封任上,出兵过河的愿望却一直得不到实现,吁请高宗回到开封,也得不到采纳。后来他忧愤成疾,建炎二年(1128)秋七月,在三呼"过河"声中与世长辞了。

建炎元年(1127)冬十月,传言金人欲犯江、浙,宋高宗以此为借口,下了一道诏书,说是暂驻淮甸,等捍御稍定,即还京师,有谁敢于妄加议论惑众阻止巡幸的,许告而罪之,知而不告的杀头。就这样,宋高宗跑到了扬州,所有的宗庙、法物、仪仗也一齐搬到扬州。以扬州治所为行宫,扬州成了"行在",一下子突然热闹起来。

宋政府迁到扬州,不但谈不上收复河北河东失地,整个黄河流域也等于让给了金人。投降派的这种怯懦的表现,事实上鼓励了金军进一步南侵。建炎二年秋,金兵分路向山东、河南、陕西三地进发。取道山东一路的金军在金将粘没喝的率领下,于建炎三年(1129)春初攻下徐州,接着渡过淮河,陷天长军,直指扬州。宋高宗听内侍邝询报告金兵已至,慌忙披上铠甲,乘马奔向瓜洲,觅得小舟逃往镇江。当时跟在他身边的只有几个军卒和王渊、张俊、内侍康履等一干人,情况极为狼狈。这天汪伯彦、黄潜善正带领一伙人听和尚说法,听罢刚要会食,忽然堂吏大呼道:"驾已行矣!"两人相顾失色,仓皇穿上戎服打马南奔。他们一跑,居民争门而出,挤死了好多人,尸体相枕,军民们无不愤恨他们。司农卿黄锷也来至江上,军士们误认他是黄潜善,一起骂道:"误国误民,皆尔之罪!"黄锷刚要辩解,头已被人砍掉了。黄锷死得不免冤枉,但可以看出军民对投降派的恨之入骨。

就在这一天,金将马五率五百骑先驰至扬州城下,听说宋高宗已经向南逃去,纵马一直追至扬子桥。由于事起仓促,朝廷的仪物都抛弃掉了。太常少卿季陵急急忙忙取了九庙的神主就走,出城未数里,为金人所追,把太祖皇帝的牌位也丢失在路上了。

金兵占领扬州后,"纵火城内,烟焰烛天,女子金帛,杀掠殆尽"。金兵过扬子桥,游骑至瓜洲,还引兵攻打真州。

自宋高宗建炎元年十月到扬州,至建炎三年二月逃往镇江,计在扬州一年零三个月。

宋高宗在镇江稍事停留便逃往杭州。改杭州为临安府,即以州治为行宫,杭州成为南宋的都城。

这年九月,金兀术的军队分两路渡过长江,连破建康等重要城镇,进逼杭州。宋高宗只好再从杭州逃到越州(今绍兴)和明州(今宁波),最后又从定海入海,逃到温州。南宋政府的官员和文物等被装在几只楼船之中,随着宋高宗避难于台州、温州间的沿海各地。

这次金军南下的目的,主要在于掠夺江南的财富和俘虏人口,还没有想直接统治这个地区。加之战线拉得太长,骑兵不习水战,都造成了作战上的困难。浙水沿岸的乡兵,又给了金军以重创。金兀术在受挫之后,于建炎四年(1130)春撤军北归,不料在黄天荡(今南京市东北)受到韩世忠的截击,号称十万的金军被韩世忠的八千人打得大败,受阻四十八天方得通过。接着,从建康撤出准备从静安镇渡江的金兵,又受到岳飞的阻击。两次沉重的打击,使金军一时不再谈渡江了。

金兵撤退后,绍兴二年(1132)宋高宗才又回到杭州。

宋高宗自到扬州之日起,任凭金军长驱直入,节节退让,从不组织有效的抵抗,给人民造成深重的灾难。宋人话本《冯玉梅团圆》生动地描写过"建炎年间民间乱离之苦":"康王泥马渡江,弃了东京,偏安一隅,改元建炎。其时东京一路百姓,惧怕鞑虏,都跟随车驾南渡。又被虏骑追赶,兵火之际,东逃西躲,不知拆散了几多骨肉,往往父子夫妻,终身不复相见。"这里说的是东京百姓,扬州人民又何尝不是如此。史书上简单的一句"金人焚扬州而去",其中包含了不知多少惨痛辛酸!

在金兀术南侵的同时,金统治者又在大名把宋的叛臣刘豫立为傀儡皇帝,建立了伪齐政权,予以陕西、河南之地,作为宋金之间的一个缓冲地带。金统治者这样做,是为了好让自己集中全力经营和镇抚华北地区。

伪齐和南宋之间屡有战争。绍兴四年(1134)刘豫闻岳飞克复襄、邓,形势对伪齐很是不利,遂乞师于金,金调渤海、汉军五万以助之。九月,刘豫遣其子刘麟、侄刘猊以金的援兵分道南侵,骑兵自泗州攻滁州,步兵自楚州攻承州(今江苏高邮)。这时韩世忠为淮东宣抚使,奉诏进屯扬州。韩世忠至扬州后,命统制解元守承州,对付金的步兵;自己率骑兵驻大仪,以对付金的骑兵,并伐木为栅,自断归路。这时正好出使金国的使臣魏良臣从这里经过,韩世忠撤去所有的炊事用具,哄魏良臣说:已经得到朝廷的诏书,要移驻到平江(今江苏苏州)去。魏良臣疾驰而去,韩世忠估计他已经出了宋的辖境,立即上马命令军中说:"一律看我鞭子的指挥。"于是将军队移向大仪,布下五个阵,设埋伏二十余所,约好一听鼓声就起而出击。魏良臣到了金军营中,金前将军聂儿孛堇问他宋兵的动向,他就以自己所见的和韩世忠所告的情况作了回答。孛堇一听大喜,立即引兵至江口,距离大仪只有五里路程,别将挞不野拥铁骑过五阵东,韩世忠示意鸣鼓,伏兵由四方突入金军的队伍中,宋军的旗帜杂出,搅得金兵大乱,而宋军却层层推进。韩世忠命背嵬军各持长斧,上击人胸,下斫马足。金兵陷于泥淖之中,韩世忠则指挥劲骑四面蹂躏,人马俱被践死,还生擒挞不野等二百余人。韩世忠所遣的部将董旼也在天长的鸦口桥击败金兵。解元在承州北门遇敌,设水军夹河阵,一日十三战,相拒未决。韩世忠遣成闵率骑士前往支援,大战之后,俘获甚多。韩世忠又亲自追击金兵至淮(今安徽凤阳县北的淮水),金人惊溃,互相蹈踏溺死者甚众。这个捷报传到朝廷,群臣纷纷入贺,参知政事沈与求说:"自建炎以来,将士未尝与金人迎敌一战。今世忠连捷,厥功不细。"当时的论者,称这一战役为南宋中兴武功第一。

宋军在战场上的一切胜利,都不能改变宋高宗退让求和的主张,不仅不想扩大战果,甚至更加滋长了对抗金将领的疑忌。绍兴九年(1139),宋高宗接受了金的诏书,约定每年向金纳银二十五万两,绢二十五万匹。绍兴十一年(1141)冬,再度接受金的和议条款,规定:宋要割让大片土地;宋金以淮水为界,西起大散关,东至淮水中流;宋要"世世子孙谨守臣节",岁贡银绢。这期间,韩世忠等抗金将领被罢去军权,岳飞以"莫须有"的罪名被杀害。

宋金和议后,金朝的中央集权有了加强,但贵族内部的斗争也迅速发展。1149年,完颜亮刺杀了金熙宗完颜亶,即皇帝位,历史上称作海陵王。他有灭宋的打算,并进行了多方面的准备。1153年,他把金都由上京会宁府(今黑龙江省阿城县的白城子)迁到燕京,称作中都大兴府,以汴州为南京。完颜亮的迁都,固然是为了加强对中原和华北地区的控制,也因为以燕京为都城,更便于对南宋进行军事侵略。迁都不久,就在中原和华北地区大量增调壮丁和民间马匹,又把金军大量向河南调集。终于在绍兴三十一年(1161)秋,统率号称六十万兵马,分四路南下。

在这之前,宋高宗在山雨欲来的情况下,不得不勉强作了一些必要的布置。在人事安排上,以吴璘为四川制置使,成闵为荆襄制置使,力量最集中的江淮防务,则由江淮浙西制置使刘锜负责。刘锜在绍兴十年(1140)曾以四万兵力在顺昌大破金兀术的十万大军,因此享有很高的声望,他的出镇是深得人心的。更重要的是人民群众都行动起来。这年八月,宿迁人魏胜率领三百义士渡过淮河,取涟水军,又在海州打了胜仗,把金的海州知州父子和他们手下的一千多士兵都收拾了。取得海州后,发展队伍,分为五军,一一拿下了朐山、怀仁、沭阳、东海等县。受到他们的影响,山东人民纷纷响应,与魏胜取得联系。各地山寨的义士,号称数十万,准备随时接应宋军的到来。

刘锜把主力布置在淮东运河线上,沿运河北上,以三万人屯清河口,迎击从清河口南下的敌人,准备在淮阴一带打阻击战。淮西的防务主要由建康府都统制王权负责。完颜亮于十月渡淮后兵分两路,一路由定远、滁州寇扬州,企图切断刘锜的归路,包围以至歼灭刘锜;一路寇庐州、和州,抢渡长江。谁知驻在庐州的王权不听刘锜节制,闻金兵来,立即放弃庐州,退屯昭关(今安徽含山县北),造成兵士大溃;又从昭关退至和州(今安徽和县),最后从采石逃归建康。王权的节节败退,使金人轻易地夺取了庐州、和州诸地,刘锜在淮阴的大军则陷入敌人的包围之中。刘锜无法,只有向扬州撤退。

金人很快打到了扬州。刘锜用船把真州、扬州的老百姓渡往江南,自己留屯瓜洲。金兵来争，刘锜命步将吴超、员琦、王佐等拒之于皂角林（在扬州之南三十里，后沉入江中）。当时刘锜身陷重围，下马死战。王佐以步兵百余埋伏林中。金兵进入，强弩骤发。金兵以运河岸狭，不是骑兵用武之地，向后退去。刘锜引众追击，大破金兵，横尸二十余里，斩其统军高景山，俘获数百人。这是在一场非常险恶争夺战中打的胜仗，对人心起了鼓舞作用。这一仗以后，刘锜才有可能把宋军的主力撤至镇江，扼守天险。所以后人对皂角林一战很是称颂，杨万里《皂角林》诗云："水漾霜风冷客襟，苔封战骨动人心。河边独树知何木？今古相传皂角林。"意思是说"皂角林"的名气是古今不变的。

宋军主力屯守镇江，江上有巨舰往来，使金人不敢轻易从瓜洲渡江。于是完颜亮转向东采石对岸的和州，因为这里江面比瓜洲狭，抢渡较易，而且王权退出采石后，继任的李显忠未到，号令未定，有机可乘。十一月上旬完颜亮临江筑台，祭天发誓，决心渡江，言明：先登上对岸的，赏黄金一两。在这危急之际，奉诏到采石犒军的南宋中书舍人虞允文得到渔民谍报，当即担负起阻击金人渡江的重任。他召集王权的残部，勉以忠义，说："金帛、告命在此，以待有功。"愿意抗金的将士也都表示："今既有主，请死战！"他们利用南宋原有的兵舰，把金人渡江的七十条小船全都冲没，第二天又烧去敌人兵船大小三百条，这便是历史上有名"采石之捷"。金人兵船被摧，渡江成了空话，完颜亮只好退还和州。

这时候，金朝贵族统治集团内部爆发了政变，留在辽东的部族首领们废掉完颜亮，拥戴东京留守曹国公为帝，即金世宗完颜雍，改元大定。完颜亮听到这一消息后，马上率军队奔向扬州。

完颜亮奔向扬州是急于从瓜洲渡江。他面临的情况是，当前有力量仍很强大的宋军，背后有内部的分裂活动。如果退军，必然前后受敌，部下溃散，自己更要处于孤立的境地；只有打过长江，击溃宋军，自己才能立于不败之地。他进至瓜洲，居于龟山寺（在瓜洲对面，后沉入江中），对部下督责甚急，限定他们三天以内全部渡江完毕，否则一律处斩。部下的看法和完颜亮不同，采石的失败，已使他们失去了南侵的信心，现在看到金朝内部已抛弃了完颜亮，要想得到支持已不可能；宋军自从淮阴撤退后，实力没有受损，主力仍在镇江，要想过去很是不易，即使过去了也是孤军深入，难以存身。这一切，对他们来说，都构成了威胁。权衡轻重，他们下了决心："前阻淮渡，皆成擒矣，比闻辽阳新天子即位，不若共行大事，然后举军北还。"于是在一个黎明射杀完颜亮于龟山寺，又杀掉他的亲信将领，退军三十里。他们一面派人渡江向南宋议和，一面整理队伍向淮北退却。南宋大将成闵、李显忠随后收复了两淮州郡。自此，宋金双方仍以淮水为界，恢复了完颜亮南侵前的状况。

从淮河南岸直至长江北岸当时称为淮南东路、淮南西路的一带，，经过多次战争，又受到金人南下和北撤的搜刮，房舍荡然，民无所居，遭到的破坏是极为严重的，扬州的惨状更不言而喻。

在宋金对峙间，北方的形势发生了急剧的变化。蒙古孛儿只斤部的贵族铁木真，征服了各兄弟部落，结束了蒙古长期分裂的局面，建立了统一的蒙古汗国。1206年，铁木真在斡难河边召开宗亲大会，被推举为全蒙古的大汗，号成吉思汗，史书上也称作元太祖。蒙古统一以后，以成吉思汗为首的蒙古贵族即向金发动了大规模的战争，给金朝带来严重的威胁。

这期间，扬州经历了一次平定李全之乱的战争。

李全本是杨安儿所领导的起义军——"红袄军"的首领之一，曾活跃于金统治下的山东半岛以及东海、海州和邳县等地，给金人以打击。南宋宁宗赵扩嘉定十二年（1219）金人又出兵南犯，游骑已到达东采石的杨林渡，使得建康大为震动，结果却被李全的军队打败。但自1220年以后，李全逐步变质，不再反抗金的统治，一味扩张其个人实力，对其他红袄军领袖，不是杀其人而夺其军，就是使人军俱灭，大大削弱了起义军的力量。后来又向南宋政府进行要挟，甚至要渡江攻打南宋的都城。及蒙古军进入河北山东地区，他竟以青州投降了蒙古，蒙古以他行省事于山东、淮南。他由青州还驻淮安，居然服蒙古衣冠，连纪年也只用甲子了。

李全是一直希图南犯的。南宋的一些官员已看出这种动向，可是以史弥远为首的一班执政官不以为意，只有郑清之力劝理宗征讨。绍定三年（1230）

十月，理宗以赵善湘为江淮制置使，许其便宜从事，以防李全。而节制镇江、滁州军事的赵范、赵葵兄弟，则主张主动进兵。

这年十二月，李全突然率军至扬州湾头，扬州副都统丁胜引兵拒之。史弥远派人致书李全：许增万五千石粮，请其回到淮安。李全掷书不受。在这种情况下，摄扬州州事赵璲夫急忙迎镇江赵范来援，赵葵又应赵范之约，率领雄胜、宁淮、武定、强勇四军一万四千人赴扬。这时李全正转攻泰州，泰州知州宋济迎降。李全听说二赵已入扬州城，怒鞭他的部下说："我计先取扬州渡江，尔曹劝我取通、泰，今二赵已入扬州矣，江其可渡耶！"接着下了决心，"今惟有径捣扬州耳"。于是分一部分兵力守泰州，而以重兵攻扬州。李全至湾头立寨控制住运河冲要，使部将胡义领先锋队伍驻平山堂，以窥视三城，等待机会。李全攻打东门，赵葵亲自搏战。自是屡次交战，全兵多败。李全每每说："我不要淮上州县，渡江浮海，径至苏、杭，孰能挡我！"然而扬州三城就是靠近不得。李全听从部下建议，列寨围困扬州，断城内的供给。二赵命三城诸门各出兵劫寨，举火为期，夜半时分纵兵冲击，歼灭敌人甚众。一日李全张盖奏乐于平山堂，布置筑围，赵范亲率将士出堡寨西攻之，杀伤相当。第二天，赵范出师大战，获李全粮数十艘。赵葵亦力战获胜。

绍定四年（1231）正月，李全置酒高会于平山堂，二赵设计率精锐数千人出堡寨西以诱之。李全轻敌，出兵袭击。赵范麾兵并进，赵葵亲自搏战，诸军奋勇争先，李全军大乱。李欲退入土城，宋将李虎的军队已堵住了土城的瓮门。李全无奈，从数十骑向北逃走，赵葵并诸将率强勇、宁淮二军紧紧相逼。李全等跑到新塘，马陷入泥淖中不能自拔，适强勇军追及，奋挥长枪乱刺一通。李全高喊道："无杀我，我乃头目。"话刚出口，已为群卒碎其尸。其他三十余名将校，一并被杀。李全一死，余党也就崩溃了。

在明代大戏剧家汤显祖的《牡丹亭·耽试》一出中，老枢密唱道："金人的，金人的风闻入寇。李全的、李全的前来战斗。……到了淮扬左右……"就是指李全之乱而说的。不过击破李全的不是头脑冬烘的杜丽娘的父亲、淮扬安抚杜宝，而是节制镇江、滁州军事的赵范和赵葵。赵葵自绍定六年（1233）

十一月以淮东制置使兼知扬州,至淳祐二年,前后达八年之久,垦田治兵,边备益饬。还于蜀冈宝祐城街署后建万花园,至今名称犹存。

上面提到扬州三城的事,情况是这样的:南宋期间,扬州是淮河前线的后方,时而又成了前线。为了抵御进犯,对城池有多次增筑和改变。建炎元年(1127)九月,朝廷命江东制置使吕颐浩缮修城池。二年十月,又命浚隍修城,周2280丈,这就是把州城在唐罗城范围内的土地全部划出城外,再把州城的南沿向南推进靠近运河。东城墙在"古家巷"南北一线(东门在古家巷北)向南再转弯向西。西城墙南起今砚池,北至长春桥东。这座北边沿高桥柴河,东边和南边沿运河的城,全是用大砖砌造,名叫"宋大城"。

乾道三年(1167)五月大修扬州城,淳熙八年(1181)闰三月复修,绍熙三年(1192)七月又修。在这期间扬州城一度陷落。淳熙三年(1176)词人姜白石经过扬州,写了《扬州慢》词,在小序里说:"入其城,四顾萧条,寒水自碧,暮色渐起,戍角悲吟。"可见在兵荒马乱之中,新恢复的扬州城仍然是很凄凉的。

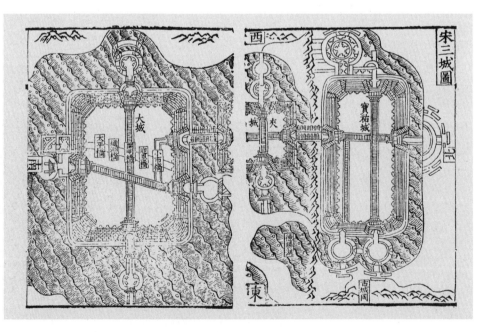

宋三城图(选自明《嘉靖惟扬志》)

北门遗址

宋大城西门遗址

东门遗址

淳熙中（1174—1189）郭棣知扬州，他认为已被毁去的故城（唐代子城），地势高（在蜀冈上），可以凭高临下，具有打退敌人的有利条件。于是把搁置已久的故城重建，叫"堡寨城"，与宋大城南北对峙，其中相隔二里，又筑土"夹城"以通往来，从此，扬州一地有三城。

嘉定间（1208—1224）特授崔与之直宝谟阁、权发遣扬州事、主管淮东安抚司公事。崔到扬州，浚城濠广十有二丈，深二丈，西城濠势低，因疏塘水以限戎马，并开月河，置钓桥。原夹城为土筑，为易以甓，即是改夹城为砖砌。至今夹城地势清晰。

宝祐二年（1254）七月，贾似道为两淮宣抚使，把堡寨城改为砖筑，次年正月更名为"宝祐城"。其城之西门名"平山"，濠外复筑"圃城"，包平山堂于内，且作外濠以环之。东门名"通太"，北门名"雄边"，南门楼匾名"宝祐城"。所谓"圃城"，与"月城"相似而实不同。月城在城门之内，用为内防，圃城在城门之外，用为外护。

明代扬州人盛仪等纂修的《嘉靖惟扬志》中，即有扬州《宋大城宝祐城夹城图》，可供参看。

2. 李庭芝、姜才与文天祥

宋理宗端平元年（1234），南宋联合蒙古合力灭金，结束了一百多年的宋金战争。南宋请来了盟友，更迎来了劲敌。蒙古的势力扩展至中原后，对南宋造成更大的威胁。扬州是淮东的首府，是由淮东渡入浙的要道，在战略上具有特殊的地位，蒙古于金亡后的第三年，向扬州一带开始了多次试探性的进攻。

为了加强扬州一带的防务，理宗开庆元年（1259），命李庭芝为江淮制置使兼知扬州。李庭芝大修城垣，鉴于平山堂地势较高，可以俯瞰城内，增筑了一座平山堂城，募汴南流民二万余人，号"武锐军"，驻屯在平山堂城中。印有"大使府造"的大砖就是这时烧制的。除此种砖外，还有不少印有韩世忠部队番号的城砖,说明城一再得到加固。

一度调李庭芝至峡州(四川境),阻止蒙古军东下,不久又调回扬州,总管两淮军务。他在扬州采取了多种措施,恢复生产,增强防守力量。这段时间里,扬州商业日趋繁荣,社会秩序逐渐稳定,为抵御蒙古军的来犯做了物质上的和精神上的准备。

南宋度宗赵禥咸淳十年(1274),蒙古忽必烈汗命左丞相伯颜统率二十万大军,水陆并进,大举伐宋。恭帝赵显德祐元年(1275)二月,贾似道的七万之师和二千五百艘战舰在芜湖为蒙古军击溃,宋军主力瓦解,尽失江淮诸州,坚决抵抗的战将姜才率残部投奔李庭芝。四月,忽必烈命右丞相阿术进攻扬州,扬州保卫战开始。

阿术由江南渡江先攻打真州,李庭芝遣真州宋将、知州苗再成与蒙古军战于老鹳咀,苗再成虽然战败,但仍守住了真州。与此同时,阿术派李虎持招降榜入扬州城招降,李庭芝杀了李虎,烧掉了招降榜。阿术又派张俊出战,并持降臣孟之缙的书信招降,李庭芝焚去信件,斩张俊于市,并以金帛牛酒宴犒将士,大大鼓舞了军民同仇敌忾的奋激情绪。

阿术乘胜从瓜洲进逼扬州,姜才出战于三里沟,击败阿术。阿术佯退,姜才紧追,又战于扬子桥。两军夹水而陈,蒙古军以十二骑绝渡冲向姜才,姜才的军队坚不可动。在战斗中,姜才身中流矢,他随即拔出,仍然挥刀猛冲,使蒙军不敢逼近。

由于力量悬殊,蒙古军已抵扬州南门。阿术把在真州附近俘虏的宋将赵淮叫来,许以高官厚禄,命他向李庭芝招降。赵淮假意答应,来到扬州城下,高呼道:"李庭芝,男儿死耳,勿降也!"阿术大怒,杀死赵淮。

德祐二年(1276)二月,淮西制置使夏贵投降蒙古军。扬州城内粮尽援绝,死者甚众,而李庭芝守城之志益坚。阿术久攻不下,乃在城外筑长围死困扬州。

这期间,民族英雄文天祥也曾在扬州一带历尽艰险。德祐二年,文天祥代表南宋朝廷到蒙古兵营谈判,蒙古兵把他扣留,并押往北京。行经镇江时,文天祥于二月十九日夜间伺机逃脱。他先往真州投奔守将苗再成,计议联合两淮兵力以抗蒙古军。这时坚守扬州的李庭芝听到一个消息，"有一丞相，差往真州赚城"，误以为文天祥已投降了元人，来到真、扬之间活动是别有用心，于是指令苗再成杀掉文天祥。在危急的战争环境中，产生这样的误会是不难理解的。苗再成不忍心杀文，只是把他逐出真州。文天祥一行于三月初三深夜到达扬州城下，不敢入城，转向高邮。文天祥有《至扬州》诗二十首，如实记述了道途的苦难艰危，跃动着一颗报国之心。

也在此时，伯颜率领的蒙古军已进入临安，"太后传宣许降国，伯颜丞相到帘前"，"侍臣已写归降表，臣妾佥名谢道清"，谢太皇太后和恭帝赵㬎向蒙古军奉表称降。伯颜从降臣中挑选了与李庭芝有交谊的孟某来扬州招降，李庭芝不予答理。伯颜又派五奉使和一个阁门宣赞舍人持谢太皇太后和恭帝的诏书来到扬州城下。谢太皇太后的诏书说："……事已至此，无可奈何，举国内属。自守孤城，勤劳甚至，但根本已拔，纵欲固守，民其何辜？勿重围一方之人！"赵㬎的诏书是："举国内属，根本已拔。诏书至日，可顺天时，丞相归附。"李庭芝在城上回答道："奉诏守城，未闻有诏谕降也。"把他们赶走了。

闰三月，伯颜引兵北还，赵㬎随蒙古兵北行，路过瓜洲，又持太皇太后的诏书谕降："今吾与嗣君既已臣伏，卿尚为谁守之！"李庭芝不答，命弓箭手射杀使者，毙一人，余皆奔去。李庭芝、姜才与将士涕泣盟誓，一定要夺回太后和恭帝。他们以四万人夜袭瓜洲，激战三个时辰，蒙古军方才将太后与赵㬎避去。姜才追至浦子市，夜间犹不肯退兵。阿术派人招降，姜才说："吾宁死，岂作降将军耶！"真州苗再成谋划夺驾，也没有成功。

五月，益王赵昰在福州即位，是为南宋端宗，改元景炎。召李庭芝为右丞相，姜才为保康军承宣使，赶赴福州。七月，李庭芝命制置副使朱焕守扬州，自己与姜才带兵七千趋泰州，将东入海往福州。李庭芝刚走，朱焕就开城投降。阿术分兵追击李庭芝，伤步卒千余人。李庭芝走泰州，阿术包围城外，并把李庭芝的妻、子押至城下招降。这时姜才背上害疽，不能作战。泰州裨将孙贵、胡惟孝等偷偷开北门放进了蒙古军，泰州遂陷。李庭芝跳进莲池，因水浅自杀未成，遂与姜才一同被捕。

李庭芝与姜才押至扬州,阿术责问他们为何不降,姜才大喝道:"不降者我也!"愤骂不已。敌人也爱他们的才勇难得,未忍杀害,朱焕在一旁煽动说:"扬自用兵以来,积骸满野,皆庭芝与才所为,不杀之何俟?"这样,阿术才决定将他们杀死,李庭芝时年五十八。扬州人民得知他们英勇就义,没有一个不流泪的。

李庭芝、姜才拒绝太皇太后和皇帝的"谕降"已超出忠君的范畴,他们至死不屈的精神,和那些降臣降将是鲜明的对此。《元史·世祖纪》载:"(至元十三年二月)帝既平宋,召宋诸将问曰:'尔等何降之易耶?'对曰:'宋有强臣贾似道擅国柄,每优礼文士,而独轻武官,臣等久积不平,心离体解,所以望风而送款也。'帝命董文忠答之曰:'借使似道实轻汝曹,特似道一人之过耳,且汝主何负焉? 正如所言,则似道之轻汝也固宜!'"羞得他们无话可说。后来扬州和泰州都建有"双忠祠",就是纪念这两位先烈的。

3. 普哈丁墓园

在扬州城东古运河东岸,有一座林木葱茏的土高冈,冈上有一组别具风格的建筑,特点是那组建筑在群体之上的厅阁,颇具异域情调。厅阁面西门上有石额,题曰:"天方矩矱。""天方"一词始于明代。《明史·西域传》曰:"天方,古筠冲地,一名天堂,又曰默伽。"原指沙特阿拉伯的伊斯兰教圣地麦加,后来则成为整个阿拉伯半岛的泛称。所谓"天方矩矱"就是阿拉伯的典范人物的意思。这里安息着中古时的一位阿拉伯人,他的名字中国古代译作普哈丁或补好丁。

自唐代扬州成为阿拉伯人经常往来和定居的都市之一以来,这种关系,迨至宋元,一直没有中断过,先后有不少阿拉伯人来扬州从事商业和传教活动。在众多的阿拉伯人中,普哈丁是声誉最显著、影响最大的一位。

综合有关史料,大致可以知道:普哈丁是伊斯兰教创始人穆罕默德的十六世裔孙,在国内有很高的德望。南宋末的咸淳年间(1265—1274),远涉万里,

普哈丁墓

来扬州传教。这时正是中国战争频仍的时期,但也未能阻止中、阿之间的友好交往。普哈丁前后在扬州生活了十年。他在传播伊斯兰文化的同时,还参与建造了扬州的仙鹤寺。据《嘉靖惟扬志》载:"礼拜寺(仙鹤寺)在府东太平桥北(今扬州汶河路东侧),宋德祐元年西域补好丁(即普哈丁)游方至此创建。"此寺至今保存完好,与广州的怀圣寺(光塔寺)、泉州的麒麟寺、杭州的凤凰寺齐名,同为中国伊斯兰教著名的清真寺,在南方伊斯兰教建筑中占有重要地位。值得注意的是,当时正是忽必烈命右丞相阿朮进攻扬州,以李庭芝、姜才为守将的扬州保卫战正处于危急关头,在这样的情况下创建仙鹤寺,实为难能可贵。

普哈丁后来去山东济南传教,于德祐元年(1275)七月乘船南下,当月十九日抵扬州,黎明泊岸时船人招呼他,没有回答,到舱里一看,他已逝世了。他身上有一封遗书,是留给广陵郡守的。他生前曾和郡守说过,古运河东岸的土高冈是个好地方,如果我死在中国,就请把我葬在那个地方。这封遗书也就是这个意思。郡守遵照了他的遗愿,把他安葬在这座墓园里。

"西域先贤普哈丁墓"初建于南宋灭亡前夕。扬州人在极艰难的处境下建造起这座墓园,表示了对普哈丁的极大尊重和亲密友谊。

墓园本是专为安葬普哈丁的,后来又有了在中国去世的其他阿拉伯人的墓葬,时间跨度为南宋到明代。为了叙述的方便,一并在这里介绍。据墓亭的石额所记,他们是"宋景延(当作"炎")三年(1278)西域先贤撒敢达","明成化元年(1465)西域先贤马哈谟德","明成化五年(1469)西域先贤马六丁","明弘治十一年(1498)先贤法纳"。他们的生平事迹没有具体的记载,但从称为"西域先贤"和葬于普哈丁墓园的情况来看,当是由南宋及明曾在扬州从事宗教活动的伊斯兰传教人员。

民国十三、四年(1924—1925)曾从扬州南门外挡军楼的基础中拆出四通高0.75米、宽约0.5米,两面都刻有文字的阿拉伯人墓碑,后来也移置在普哈丁墓园内。碑文分别用汉字、阿拉伯文和波斯文刻成。第一通正面刻中文楷书两竖行:"徽州路达鲁花赤捏古伯之墓",碑阴刻阿拉伯文十行,文后记墓主逝"时值(伊斯兰历)709年12月2日",即元至大三年(1310年五月三日)。第二通碑面四缘环刻阿拉伯文"法库体"《古兰经》句,中部刻十二行阿拉伯文:"被赦免的亡故者赡思丁·拉希天拉·巴拉吉。愿真主慈悯他,使他定居于舒适的乐园之中。时值(伊斯兰历)724年六月初",即为元泰定元年(1324年五月至六月之间)。第三通碑面刻阿拉伯文:死者是一位妇女,(伊斯兰历)724年亡故,名叫阿伊莎·哈通。"她是贞洁贤德有为的妇女","其父是伊斯兰教中素有声望的长官勒尊丁"。这位妇女是波斯人,亦死于泰定元年(1324)。第四通碑文部分文字残损,是一位名叫"阿莱丁"的传教士,死于元大德六年(1302)。

这些墓碑上都刻有《古兰经》的章节、穆罕默德的言行录和伊斯兰教格言。如:死亡的意思就是由暂时的境地转移到永远的境地;死亡这一门径是任何人必定要进入的,愿望世人多做善事,莫作恶,免得后悔等等。

中国历来对这座墓园十分重视。《嘉靖惟扬志》说:普哈丁"墓在东水关河东,洪武二十三年哈三重建,嘉靖二年商人马宗道同住持哈铭重修",并说住持哈铭"至今领礼部札付替袭住持",这是当时为长期保护管理这座墓园而采取的措施。清代又一再加以整修。为了保护著名的历史文物,新中国成立后更多次进行维修整理,现已成为运河风景带的壮丽景观。

普哈丁墓园连同那些墓碑,是中阿友好史上珍贵的实物资料,对研究唐以后直到明代阿拉伯人在扬州的生活,提供了很有价值的线索。

宋元之间周密的《癸辛杂识续集》中说:"今回回皆以中原为家,江南尤多,宜乎不复回首故国也。"《明史·西域传》中更说到"元时,回回遍天下"。可以证明由南宋至元明,阿拉伯人来扬州传教的甚多,扬州已有相当数量的人信奉伊斯兰教。

4. 扬州的"一赐乐业"人

在河南开封,保存有两通一赐乐业教碑。一为明弘治二年(1489)《重建清真寺记》(简称"弘治碑");一为明正德七年(1512)《尊崇道经寺记》(简称"正德碑")。这两通碑是在不同时期重修同一座一赐乐业寺而树立的。正德碑碑文前署曰:

> 赐进士出身朝列大夫四川布政司右参议江都左唐撰文。
> 赐进士出身征仕郎户科给事中前翰林院庶吉士淮南高洘书丹。
> 赐进士出身征仕郎前吏科给事中维扬徐昂篆额。

碑文末还注明:

> 维扬金溥请道经一部,立二门一座。

陈垣教授在《开封一赐乐业教考》第二章《正德碑之考证》中说:"此碑与维扬人极有关系:撰者、书者、篆额者,均维扬人,请经及出资修寺者,亦有维扬人。维扬之有一赐乐业,幸得是碑为证。"这里指出了一个有趣的事实。

一赐乐业这个名称起于明代中叶,今译作以色列。一赐乐业人系指来自以色列的犹太人。一赐乐业教即指他们所信奉的犹太教。虽然一赐乐业寺也曾叫做"清真寺"，其实和伊斯兰教即回教并不相同。陈垣教授指出："犹太教为一种民族宗教，与由异族集合而崇奉之宗教不同，故其种族所至之处，即为其宗教所布之处。"

犹太人来中国是比较早的。唐代欧亚交通渐盛，犹太人来华贸易的也就更多。但犹太族人定居中国却是宋以后的事。据陈垣教授考证："宋时犹太本土，为回教徒所据，三百余年，待犹太人至虐。阿剌比人之后，又据于土耳其人，十字军之役，即因是而起。十字军未兴之前，犹太族多已出亡在外，其永住中国，当在此时也。"弘治碑载：一赐乐业族曾"进贡西洋布于宋，帝曰：'归我中夏，遵守祖风，留遗汴梁。'"当他们初来时，尚沿袭犹太姓氏，由元迄明，渐改汉姓，有李、俺、艾、高、穆、赵、金、周、张、石、黄、李、聂、金、张、左、白十七姓。十七姓中，有两李、两金、两张，系同姓而不同族。当时他们散居数地，扬州是其中之一。

撰文的左唐，明弘治丙辰（1496）进士，撰碑时为四川参议，后为广东参政。《嘉靖惟扬志》称：唐署司篆，性廉介，吏无所容奸，恨欲挠之，以出纳事陷唐，唐忿而病，拊膺曰：平生砥砺名节，顾乃蒙垢若此！遂不食死。粤人伦以训为志墓，直书其冤。志书仅载其生平事迹，没有透露他是一个一赐乐业人。从碑文来看，他对一赐乐业教道经传授渊源的叙述详细而无误，文末又有"刻石于寺，垂示永久，咸知所自，俾我后人其慎念之哉"的话，而左姓为一赐乐业十七姓之一。江都（扬州）又为一赐乐业族散居之地，那么，左唐系一赐乐业人的后裔是没有问题的。当然，他的汉化程度是很深的，汉文化修养也是很高的。

篆额的徐昂，是正德二年（1507）三月，被宦官刘瑾宣示为奸党的五十人中的一个，素有忠直之称。徐昂为碑额作篆之时，正是他罢官居家之时。一赐乐业族十七姓中没有姓徐的，他不可能是一赐乐业人。之所以请他篆额，除了他擅长篆书外，也因为他和左唐既是同乡又是同科进士的缘故。这也表明当时的扬州本土人和定居在扬州的一赐乐业人有很好的关系。

书丹的高涝，据陈垣教授考核有关史料，当为弘治乙丑进士江都人高涝。不过书丹人写自己的名字，为什么会以涝代涝，令人费解。一赐乐业族十七姓中有姓高的，扬州也有一赐乐业人居住，但还没有材料证明高涝就是一赐乐业人。如高涝即是高涝,则有一点可以解释:高涝的父亲高诠曾按察河南,并升布政,高涝随其父在汴梁生活过,当对一赐乐业教有所了解,后来为一赐乐业碑书丹就不奇怪了。他在扬州和一赐乐业人是早有结识的。至于请道经一部、立二门一座的维扬金溥,也值得注意。一赐乐业族十七姓中的金氏,人数虽不多,但分布颇广,宁夏、祥符、维扬皆有金姓留居,金溥就是久居扬州的一赐乐业人。从他请道经一部的情形来看,扬州是早就贮有犹太教经文的。

清康熙以后,就渐渐不闻有一赐乐业人物。这一方面是"非无闻也,无记载也",一方面是一赐乐业人与中土人已没有分别。不论怎样,回顾一下一赐乐业人与扬州的关系,还是很有意义的。

5. 无边心事入诗篇

有宋一代,与扬州关系颇深的诗人文士是很多的,人数不下于唐代,作品也不逊于唐代。这些在文学史上地位并不一般的宋代诗文名家们,或生活于扬州,或任职于扬州,或游览于扬州,或仅仅是路过扬州,都通过他们的观察和体验,既写下了"淮左名都,竹西佳处"的风物繁华,也写下了"烽火扬州路"的废池乔木,为宋代的扬州留下了历史的剪影。

首先要提到的是北宋政治改革和诗文革新的先驱王禹偁。王禹偁在《黄冈竹楼记》中谈到他几年来的经历时说:"吾以至道乙未岁,自翰林出滁上,丙申移广陵……"丙申为宋太宗赵光义至道二年(996)。至道元年(995),王禹偁在翰林学士任上,因"制敕有不便,多所论奏",又因宋太祖的皇后宋氏死,他私下议论应以旧礼殡葬,触犯了宋太宗的忌讳,坐"轻肆"的罪名,五月间贬官出知滁州,"自翰林出滁上"即指此。在滁州待了一年多,第二年十月二十四日奉诏移知扬州,十二月四日到任,这便是"丙申移广陵"了。

王禹偁在扬州的时间不算长,写下的诗文却不算少。他生平最重要的政论《应诏言事疏》就写于扬州。至道三年(997)三月太宗死,真宗赵恒即位,五月，下诏求直言。一向关心国事、敢于说话的王禹偁立即应诏上疏，他要求真宗"治之惟新，救之在速"，提出了五项政治改革措施："谨边防，通盟好，使辇运之民有所休息"；"减冗兵，并冗吏，使山泽之饶稍流于下"；"艰难选举，使入官不滥"；"沙汰僧尼，使疲民无耗"；"亲大臣，远小人，使忠良謇谔之士知进而不疑，奸险倾巧之徒知退而有惧"。这是针对时弊而提出的比较切实可行的措施。范仲淹等在庆历时搞的新政，就是王禹偁《应诏言事疏》内容的继承和发展。所以洪迈在《容斋四笔》中说："省官之说，昔人论之多失，惟王元之（王禹偁，字元之）两疏（指本疏和之前写的《御戎十策》），最为切当。"

王禹偁在扬州写的《答晁礼丞书》，对"今之领藩服、当冲要者，必先丰厨传以啖人口，勤迎劳以悦人心"的官场情况深表不满，对自己"终日阅缧囚，呵吏胥，于刑名钱谷重轻欺诈间，用机械以决胜负"的官场生活深致慨叹，从中可以看出王禹偁的思想品格。

王禹偁在扬州还写过《扬州建隆寺碑》，为研究扬州地方文物提供了可贵的文献资料。

浏览一下王禹偁在扬州写的诗篇，会发现一个有趣的现象：这些诗有好几首是写扬州花木的，有的诗前还有小序，说明作诗的缘由。如《芍药诗》三首，序云："芍药之义，见《毛·郑诗》。百花之中，其名最古……然自天后（指武则天）以来，牡丹始盛，而芍药之艳衰矣……扬州僧舍植数千本，牡丹落时，繁艳可爱。因赋诗三章，书于僧壁。"这里面当然有他自己的感慨，但也反映了扬州芍药之盛，一个僧舍有数千本，全城情况可知。后来的王观说："维扬之芍药，受天地之气以生……故奇容异色，间出于人间，以人而盗天地之功而成之。"孔常父说："扬州芍药，名于天下，非特以多为夸也。其敷腴盛大，而纤丽巧密，皆他州之所不及。"其实王禹偁在他们之前就透露了此中消息。

《海仙花诗三首》的序也有些意思："海仙花者，世谓之锦带。维扬人传云：'初得于海州山谷间。'其枝长，而花密若锦带。然予视其花，未开如海棠，既开如木瓜，而繁丽袅弱过之。或一朵满头，冠不克荷。惜其不香而无子易绝，

第可钩压其条,移植他所。因以《释草》《释木》验之皆无有也。近之好事者作《花谱》,以海棠为花中神仙。予谓此花不在海棠下,宜以仙为号,目之锦带,俚孰甚焉。又取始得之地,命曰海仙。且为赋诗三章,题诸僧壁。"扬州当时锦带花甚多,王禹偁嫌"锦带"这个名字太俗气,特命名为"海仙"。这个名字竟然流传下来,《吴郡志》卷三十《土物下》云:"锦带花又名海仙,盖王元之名也。"梅挚的《海仙花》诗注也说:"是花本名锦带,王内相禹偁易今名。"

王禹偁咏扬州花木的诗中,影响最大,流传最广,引起各种争议的,是《后土庙琼花诗》二首。诗前有小序:

> 扬州后土庙有花一株,洁白可爱,且其树大而花繁,不知实何木也。俗谓之琼花云,因赋诗以状其态。
>
> 谁移琪树下仙乡? 二月轻冰八月霜。
> 若使寿阳公主在,自当羞见落梅妆。
>
> 春冰薄薄压枝柯,分与清香是月娥。
> 忽似暑天深涧底,老松擎雪白婆娑。

这是关于琼花的最早的记载。这个说法一经传开,在宋代就议论纷纷。有人以李善《文选注》驳王禹偁:"琼乃赤玉,与花不类";有人却指出"比见人咏白物多用琼",王的比拟不一定错。有人认定琼花就是唐人所歌咏的玉蕊花,而玉蕊就是江南的山矾,亦称场花;有人看法恰好相反,山矾或场花并非玉蕊,玉蕊也不是琼花,有人说琼花即为聚八

琼花

仙花；有人持否定态度："琼花维扬州后土祠中有之，其他皆聚八仙，近似而非也。"有人看得很神奇，"天下惟此一株，故好事者创亭于其侧，曰'无双'"；有人看得很寻常，"今京师亦有之"，甚至有人摆出证据说："孙冕镇维扬，使访之山中，甚多，但岁苦樵斧野烧，故木不得大，而花不能盛，不为人贵。"众说纷纭，莫衷一是，直到今天也还是个悬而未决的问题。但不论琼花究竟是什么，这个名字已和扬州紧紧连在一起了。如果不是王禹偁提出这个名字，也许后人还编不出隋炀帝看琼花的故事。至道三年九月初，王禹偁离扬州赴京师，他在扬州前后待了九个月光景。

宋仁宗赵祯庆历年间，和范仲淹、富弼、欧阳修一起推行"新政"，后来一起被贬出中央政府的韩琦于庆历五年（1045）出知扬州。韩琦不以诗名，在扬州三年间，正是扬州的一段繁华时期，给了他很深的印象，禁不住写下了《维扬好》。"二十四桥千步柳，春风十里上珠帘"，是对扬州盛况的概括，每为后人所称道。他在扬州还传有一段佳话。官署后园有芍药一枝分四枝，每枝各

瘦西湖里的《四相簪花》雕塑

开一花,上下红,中间一圈黄蕊,称为金缠腰,又叫金带围,据说出现了这种花,城内就要出宰相了。韩琦觉得很奇异,想再约三位有朝官身份的客人来一起观赏,以应四花之瑞。当时王珪以大理评事为扬州通判,王安石以大理评事签淮南判官,都在扬州,便都请了,还差一位客人就以州钤辖诸司使充数。到了第二天,钤辖忽然闹肚子不能来,就临时拉了一位路过扬州的朝官陈升之(一说是吕公著)参加。四人聚会,各簪金带围一朵,甚为欢乐。后三十年,果然四个人都曾为相。这就是著名的“四相簪花”的故事,此事见于沈括《梦溪补笔谈》。簪花拜相,事出偶然,所记亦有可疑处,但反衬出金带围的难得和可贵,也证明了扬州芍药确有稀世之珍的名种。

也是因推行“庆历新政”失败而被贬官的欧阳修,庆历五年出知滁州,庆历八年(1048)转知扬州。他对滁州是有感情的,曾经在那里写过脍炙人口的《醉翁亭记》《丰乐亭记》。贬谪转徙的生活身不由己,扬州又是江淮名城,于是写下了“我亦且如常日醉,莫教弦管作离声”的《别滁》诗,很欣然地“可怜玉树后庭花,又向江都月下闻”了。他在扬州和在滁州一样,除了力所能及地在治理上做出一些成绩,便是寄情山水,游目骋怀。

位于蜀冈中峰的大明寺西南角,是放眼远眺的极佳处,欧阳修继前任几位贤郡守的心愿,筑堂于此,作为游宴之所。因为从这里望去,惟见江南诸山,拱揖槛前,若可攀跻,故取名“平山堂”。正如他自己所说:“平山堂占胜蜀冈,一目千里”,是他最爱登临的地方。据《避暑录话》载:

> 欧阳文忠公在扬州,作平山堂,壮丽为淮南第一。堂据蜀冈,下临江南数百里,真、润、金陵三州隐隐若可见。公每暑时,辄凌晨携客往游,遣人走邵伯取荷花千余朵,插百许盆,与客相间。遇酒行,即遣妓取一花传客,以次摘其叶,尽处以饮酒。往往侵夜载月而归。

欧阳修在扬州的时间很短,庆历八年二月到位,皇祐元年(1049)二月转知颍州,前后只一年时间,也就是一个暑天,上面所说:“公每暑时”,是不确的，但可见欧阳修在平山堂诗酒行乐的盛况。他还为大明寺内的"天下第五泉"写过《大明寺泉水记》，赞扬"此井为水之美者也"，留下一个更切合实际的美泉的名称。

欧阳修任职扬州期间，诗人梅尧臣曾在扬州盘桓过。一次是庆历八年五月末，梅尧臣偕新婚夫人刁氏由东京回宣城老家路过扬州。这时欧阳修到任约三个月左右。两位互相同情的多年好友偶然相逢，十分欣喜，在扬州一处叫"进道堂"的地方谈了一

欧阳修（选自《晚笑堂画传》）

个通宵。梅尧臣曾有《永叔进道堂夜话》诗，记下了这次交谈的情景。一次是同年八月，梅尧臣于宣州往陈州赴晏殊幕的途中又过扬州。这次他被欧阳修挽留住了。他在这里会见了同乡、有"能臣"之称的江淮两浙荆湖发运使许元，还与夏侯绎、张唐民一起游览蜀冈大明寺。中秋那天，欧阳修约了梅尧臣、许元和新科进士王淇一起饮酒赏月。虽然那天天气不好，下了点雨，月亮一直没有露面，但他们的兴致很高，诗情很浓。王琪先作成一首，欧阳修立即写了《酬王君玉中秋席上待月值雨》："池上虽然无皓魄，樽前殊未减清欢。绿醅自有寒中力，红粉尤宜烛下看。罗绮尘随歌扇动，管弦声杂雨荷干。客舟闲卧王夫子，诗阵教谁主将坛。"接着，梅尧臣又写出《和永叔中秋夜会不见月酬王舍人》："主人待月敞南楼，淮雨西来斗变秋。自有婵娟待宾榻，不须迢递望刀头。池鱼暗听歌声跃，莲的明传酒令优。更爱西垣旧词客，共将诗兴压曹刘。"这样此唱彼和，直到深夜方才散去。在这些日子里，欧阳修请来画师来嵩为梅尧臣画像，并赠给梅尧臣一座寒林石砚屏，梅尧臣离扬夜宿邵伯埭，还托买藕茨归

扬的人呈诗给欧阳修,表示了依依不舍的惜别之情。

梅尧臣此后几次有机会到扬州,欧阳修却早已离开了。至和二、三年间(1055—1056),也就是欧阳修离开扬州七八年之后,梅尧臣再游平山堂,写下了《平山堂杂言》,表示对故人的思念。

欧阳修自皇祐元年(1049)离开扬州,对平山堂一直很怀念。嘉祐元年(1056),刘敞(字贡父)出知扬州,欧阳修有《朝中措·平山堂》词相送,词云:

> 平山阑槛倚晴空,山色有无中。手种堂前垂柳,别来几度春风! 文章太守,挥毫万字,一饮千钟。行乐直须年少,尊前看取衰翁。

欧阳修守扬时刚过四十,现在年近五十,所以自称"衰翁"。可惜的是,由壮而衰,欧阳修总未能再到扬州。

这首词还引起过一点小小的争议。"山色有无中"是唐代诗人王维的诗句,欧阳修是借用成句还是即景生情,偶然巧合,这很难说,但用这个句子形容这里的景色是颇为恰当的。可是有人认为平山堂望江左诸山甚近,而词中却说"山色有无中",更证实了欧阳修是"短视"(近视眼)。苏轼听了这种议论,因赋《快哉亭》作了说明:"长记平山堂上,欹枕江南烟雨,杳杳没孤鸿,认取醉翁语,山色有无中。"意思是说"山色有无中"乃指烟雨中而言,与"短视"不相干。后来吴曾在《能改斋漫录》里又指出:王维诗已尝云"江流天地外,山色有无中",苏轼把这个出处忘记了。

词中提到的"手种堂前垂柳",也有一段小故事。欧阳修确曾在平山堂前植柳一株,人称"欧公柳"。之后有个薛嗣昌的知扬州,在"欧公柳"的对面也种柳一株,自称"薛公柳",当时扬州人无不嗤笑,待他一走,这株"薛公柳"就被砍去了。

和欧阳修、梅尧臣等一道积极倡导诗文革新的苏舜钦,也曾到过扬州。他有《扬州城南延宾亭》诗:"乱蝉咽咽柳霏霏,独上危亭俯落晖。江外山从林下见,城中人向渡头归。风烟远近思高遁,豺虎纵横难息机。出处两乖空自挠,伤哉吾道欲何依。"庆历四年（1044），苏舜钦为集贤校理，监进奏院。他循京师百司春秋赛神的俗例，将进奏院的废纸卖掉，具酒馔以宴吏史。太子中舍李定要参加他们的宴会，苏舜钦未允，李定心怀不满，便在都下散布谣言，说他讪谤时政。其时正是范仲淹、富弼等推行"新政"，苏舜钦站在他们一边，那些反对"新政"的人便抓住这个机会进行陷害。御史王拱辰、刘元瑜出面弹奏，苏舜钦系狱穷治。结果以监主自盗的罪名，减死一等科断，除名为民，同会者十余人皆连坐斥退，在朝的名士一时俱空。王拱辰、刘元瑜相庆说："为我一网打尽矣！"这件事是拿苏舜钦开刀，从而打击范仲淹等人，果然不久都被贬官。苏舜钦于处理后定居吴中（苏州），购郡学旁弃地筑沧浪亭，最后在那里逝世。苏舜钦死时年四十一，为庆历八年，正是欧阳修知扬州的那一年。从上引诗的内容看，苏舜钦到扬州当在往吴中的那些日子里。"江外山从林下见，城中人向渡头归"，写在扬州高处近观远眺的情景，十分贴切。

宋代有一位"仿佛能够昂头天外，把地球当皮球踢若似的"（钱锺书《宋诗选注》中语）气概阔大而又关心民生的诗人王令，字逢原，扬州人，后世称广陵先生。他不愿仕进，一生过着"吾食无田，吾寝无庐，吾炊无爨，吾脯无菹"，"衣刓屡缺，终岁食不荤"的贫困生活。十七岁离开扬州出外谋生，除了做过几个月的高邮军学官，一直在天长、高邮、江阴、常州等地聚学授徒以糊口，很少再回到扬州。他节操高尚，才华卓荦，不愿与热衷功名的人往来，因而也不为他们所重。至和二年（1055），王安石由舒州通判被召入京，路过高邮，二十三岁的王令正在高邮聚学，投《南山之田》诗求见，从此两人成了莫逆之交。王安石对于王令，"始予爱其文章而得其所以言，中予爱其节行而得其所以行，卒……以为可以任世之重而有功于天下"。王令则认为王安石是自扬雄以来的有学之士。王令是个穷读书人，王安石也还没有身居显要，他们的相互爱慕完全是出于至诚，是文章道义之交。他的才能幸为王安石所发现，加以揄扬，才得以和当时有声誉的文人如孙觉、黄莘、黄晞、王回等投赠唱和，作品也才得以流传。王令能在宋代文学史上占一席地位，是和王安石的爱护、帮助分不开的。

王令在诗歌创作上受韩愈、孟郊、卢仝的影响比较深，语言有创造性，口气很雄壮。如《暑旱苦热》云:"清风无力屠得热,落日着翅飞上山。人固已惧江海竭,天岂不惜河汉干?昆仑之高有积雪,蓬莱之远常遗寒。不能手提天下往,何忍身去游其间!"意思是说,昆仑和蓬莱虽然都是清凉世界,可是自恨不能使天下人同时得到清凉,也就不愿一个人独往了,显示了诗人阔大的胸襟和阔大的诗境。其他如《暑热思风》里的"坐将赤热忧天下,安得清风借我曹!"《偶闻有感》里的"长星作彗倘可假,出手为扫中原清",都很有气势。王令有一首《平山堂寄欧阳公》:"废苑繁华不可寻,孤城西北路嵚崟。檐边月过峰峦顶,柱下云回草树阴。宾客日随千骑乐,管弦风入万家深。知公白玉堂中梦,未负当时壮观心。"欧阳修建平山堂为庆历八年,时王令十七岁,迎寡姊居于瓜洲,并于本年至山阳某氏家塾聚学,是不可能见到欧阳修的。这首诗大概是嘉祐十四年(1059)王令由常州返扬省亲,游平山堂思念欧阳修而作。这年王令二十八岁,同年,这位年轻而又有才的诗人就去世了。

王安石往来扬州也有多次,他写扬州最脍炙人口的诗是《泊船瓜洲》:"京口瓜洲一水间,钟山只隔数重山。春风又绿江南岸,明月何时照我还。"此诗为王安石于宋神宗熙宁八年(1075)二次入京为相,舟次瓜洲时作。他还有一首《入瓜步望扬州》:"落日平林一水边,芜城掩映只苍然。白头追想当年事,幕府青衫最少年。"大概也作于此时。最后一句应是他对早年在扬州的回忆。

大诗人苏轼有一首《西江月》,是过扬州登平山堂怀念欧阳修而作的:

> 三过平山堂下,半生弹指声中。十年不见老仙翁,壁上龙蛇飞动。　　欲吊文章太守,仍歌杨柳春风。休言万事转头空,未转头时皆梦。

词中提到"三过平山堂下",当是宋神宗元丰二年(1079)四月苏轼由徐州徙湖州路过扬州,距熙宁四年(1071)苏轼在颍州最后一次见到欧阳修(第二年欧阳修即去世),陪宴于颍州西湖,恰好将近十年。其实苏轼过扬州何止三次。宋哲宗元祐七年(1092)二月,由颍州转知扬州,在途中写了一首《淮上早发》:"淡月倾云晓角哀,小风吹水碧鳞开。此生定向江湖老,默数淮中

十往来。"诗中说的"淮中（包括扬州）十往来"是有根据的。苏轼熙宁四年
（1071）自汴京赴杭州通判任，七年（1074）由杭州赴密州，元丰二年（1079）四
月赴湖州，八月赴御史台狱，七年（1084）由常州至南都，八年（1085）回常州，
九月赴登州，元祐四年（1089）赴杭州，六年（1091）回京，加上这次知扬州，正
好是十次。有人计算过，若把宋英宗治平三年（1066），苏轼载丧归蜀，自淮溯
江的那一次也算上，就有十一次之多了。

　　苏轼来往于扬州，有两次在他生活中留下的烙印比较深刻。一次是元丰
八年（1085）正月，苏轼行至泗上，上书请求罢汝州职归宜兴休养。得到准许
后，五月间回宜兴路过扬州，写了《归宜兴留题竹西寺三首》：

> 十年归梦寄西风，此去真为田舍翁。
> 剩觅蜀冈新井水，要携乡味过江东。
>
> 道人劝饮鸡苏水，童子能煎莺粟汤。
> 暂借藤床与瓦枕，莫教辜负竹风凉。
>
> 此生已觉都无事，今岁仍逢大有年。
> 山寺归来闻好语，野花啼鸟亦欣然。

诗里表现的是极平常的愉悦心情，并没有什么深意，但其时正是神宗去世不
久，御史们便捕风捉影地弹劾说："轼元丰末在扬州，闻先帝厌代，作诗无臣
礼。"意思是说，苏轼的诗是对神宗的死幸灾乐祸。苏轼不得不赶紧辩解，"是
岁三月六日闻先帝遗诏，举哀挂服了当，迤逦往常州。至五月初，因往扬州竹
西寺，见百姓父老十数人道旁语笑，一人以手加额云：见说好个少年官家。臣
实喜闻百姓讴歌吾君之子，出于至诚。又是时臣初得请归耕常州，盖将老焉。
而淮浙间所在丰熟，因作诗云云"。经历过元丰二年（1079）"乌台诗案"的苏
轼，如不是说明作诗的原由，几乎又要遭到一次文字狱的灾祸。

苏东坡像（元·赵孟頫画）

一次是元祐七年（1092）苏轼知扬州。苏轼知扬州的时间不长，二月到任，八月离开，前后只有半年。在短短的半年里，却做了几件流传人口的好事。

最得民心是上书朝廷，要求免去民间积欠。所谓"积欠"，是农民因连年天灾，缴纳不出赋税而欠下国家的债。他根据自己出知杭州、颍州和扬州所见，深知两浙、京西、淮南三路的老百姓"为积欠所苦，如负千钧而行"。他由颍州赴扬州，沿途看到麻麦长势很好，便"屏去吏卒，亲入村落，访问父老"。岂知父老们都面有忧色，说是丰年还不如凶年好。凶年虽是天灾流行，只要节衣缩食，尚能将就糊口，丰年要催交积欠，胥吏在门，枷棒在身，反而活不下去。水旱等天灾害人已百倍于虎，而老百姓怕催积欠尤甚于水旱，苛政真比猛虎厉害得多。苏轼估计了一下，每个州从事催租的人数不下五百，全国加起来就有二十多万虎狼为害于民间。苏轼说："淮南东西诸郡，累岁灾伤，近者十年，远者十五年矣。今来夏田一熟，民于百死之中，微有生意，而监司争言催欠，使民反思凶年。"而积欠不除，现有的赋税也收不起来，弄得公私两困。因而他要求朝廷暂时停止催欠，"使久困之民，稍知一饱之乐"。

扬州发运司过去主管东南漕运，听任船夫私载货物。船夫生活较富裕，以官船为家，所载货物损失小，到达也快。后来不准船夫私载货物，船夫便只有盗窃官物以济饥寒，这样一来，国家遭受的损失很大，船夫因纲运亏欠每年被办罪的也很多，于公于私都极为不利。苏轼要求恢复旧法，准许船夫私载货物，船夫有以为生，亏欠就会减少。这个意见得到了朝廷的采纳。

芍药

扬州的芍药是非常出名的。蔡京守扬州时，仿照洛阳牡丹开时作万花会的做法，也搞起芍药的万花会，用花十多万枝。岁岁为之，扬州人民深受其害。苏轼来到扬州，立即罢去了万花会，他作书给王定国说："花会用花千万朵，吏缘为奸，已罢之矣；虽杀风景，免造业也。""免造业"，即是不要贻害于民。

苏轼的这些为民呼吁、革除弊端的行动，扬州人民是心怀感激的。

苏轼知扬州时，"苏门四学士"之一的诗人晁无咎任扬州通判，苏轼曾去晁无咎在扬州的寓所"随斋"，作有《减字木兰花》词，序云："五月二十四日，会于无咎之随斋，主人汲泉置大盆中，渍白芙蓉，坐客翛然，无复有病暑意。"

瘦西湖中的万花园

从本年开始,苏轼作和陶渊明诗,《和陶饮酒二十首》序中说明"示舍弟子由、晁无咎学士",他们的过从是很亲密的。

公余之暇,苏轼也常探访扬州的名胜古迹。石塔寺即古木兰院,是唐代王播"饭后钟""碧纱笼"故事产生的地方。苏轼有《石塔寺》诗并序:

> 世传王播《饭后钟》诗,盖扬州石塔寺事也。相传如此。戏作此诗。
>
> 饥眼眩东西,诗肠忘早晏。虽知灯是火,不悟钟非饭。
>
> 山僧异漂母,但可供一莞。何为二十年,记忆作此讪?
>
> 斋厨养若人,无益只贻患。乃知饭后钟,阇黎盖具眼。

苏轼是针对王播的诗而作的翻案文章。大意是:王播饿花了眼辨不出东西,做诗忘记了时间,不以自己的饱饿来估量吃饭的时间,却只管听打钟,钟难道是饭吗? 和尚开玩笑是有道理的,为什么二十年后发达了,却不忘这事而写诗嘲讽呢? 寺里当初如果一直养着他,对他只是有害无益。和尚知道王播是能够有所作为的,所以才故意刺激一下,促其发奋。应当知道,当时和尚饭后敲钟,倒是有眼光有见识的行为呢! 苏轼是借王播的故事,对那些只记得人家一时的欠缺和以新显傲故交的人表示一点不满。

苏轼有一首扬州人所熟知的诗《谷林堂》。诗云:

> 深谷下窈窕,高林合扶疏。美哉新堂成,及此秋风初。
>
> 我来适过雨,物至如娱予。稚竹真可人,霜节已专车。
>
> 老槐苦无赖,风花欲填渠。山鸦争呼号,溪蝉独清虚。
>
> 寄怀劳生外,得句幽梦余。古今正自同,岁月何必书?

谷林堂在扬州蜀冈大明寺内,相传是苏轼知扬州时所筑,堂名也是取自这首诗的开头两句:"深谷下窈窕,高林合扶疏。"值得深究一下的是,苏轼在扬州仅半年时间,他能否一到任就忙筑堂? 频繁的转徙有无必要建堂? 他是

不赞成轻用民力的,罢去万花会就是很好的例证,他会不会以自己的名义或由自己发动筑这样一座称得上"美哉"的堂? 如此堂和苏轼的关系很直接,像平山堂与欧阳修一样,为什么当时和后世题咏如此之少? 从种种迹象来看,似乎都不大可能。较为合理的解释,筑堂是地方上原有的举动,到苏轼快离任时("及此秋风初"),恰好堂落成了,苏轼为堂写了以诗代记的篇章。诗不是记,用不着书年月,故云"岁月何必书"。至于说堂名出于这首诗,也有可疑之处,因为诗题就叫"谷林堂",说明在此之前已有堂名。苏轼或是按题作诗,或是无意巧合,至少也是诗和堂同时得名的。

"苏门四学士"之一的秦观,字少游,高邮人,常有机会来往于扬州。他的《秋日》诗云:"霜落邗沟积水清,寒星无数傍船明。菰蒲深处疑无地,忽有人家笑语声。"邗沟是扬州南北的漕河,这首诗写船行邗沟的情景,极为真切有味。《还自广陵》诗云:"天寒水鸟自相依,十百为群戏落晖。过尽行人都不起,忽闻冰响一齐飞。"清新隽永,诗情中饶有画意。他写扬州的诗,最著名的是《次韵子由平山堂》:

> 栋宇高开古寺间,尽收佳处入雕栏。
> 山浮海上青螺远,天转江南碧玉宽。
> 雨槛幽花滋浅泪,风卮清酒涨微澜。
> 游人若论登临美,须作淮东第一观。

写平山堂的佳处,比他人来得精致而具体。诗中的"淮东第一观"是说平山堂! 登胜境为淮东第一,这个评价为后人所首肯,至今大明寺门外东院墙上还嵌有"淮东第一观"的大字石刻。

南宋孝宗淳熙十六年(1189),诗人杨万里在秘书监任为接伴使(负责接待和陪伴金朝派往南宋的使臣),曾路过扬州。这时是金主完颜亮大举攻宋、被部下杀死于瓜洲的二十八九年之后,他经过当年的战场,不禁感慨万端。《过瓜洲镇》说:"夜愁风浪不成眠,晓渡清平却晏然。数棒金钲到江步,一樯霜日上淮船。佛狸马死无遗骨,阿亮台倾只野田。南北休兵三十载,桑畴麦垅正连天。"诗中谈到完颜亮的死,谈到战争的痕迹已无处可寻,还谈到休兵后桑麦连天的田野风光,看上去好像歌颂"和议"后的"太平景象",其实言外之意是说南宋朝廷在"隆兴和议"后满足于偏安一隅,忘记了恢复国土,把人民的希望抛到一边去了。《舟过扬子桥远望》说:"此日淮堧号北边,旧时南服纪淮堧。平芜尽处浑无壁,远树梢头便是天。今古战场谁胜负,华夷险要岂山川。六朝未可轻嘲谤,王谢诸贤不偶然。"诗中前两句说,过去淮河是国家南方的疆域,现在一过淮河就是国家北面的边界了,这和他的《初入淮河》诗中所说的"船离洪泽岸头沙,人到淮河意不佳。何必桑干方是远,中流以北即天涯。"意思是一样的。从前东晋偏安江左,被历来的人看不起,可是东晋还出过王导、谢玄这样的名将相,尚有立国御敌的人才,而今天呢,恐怕连东晋都比不上,字里行间透露出杨万里十分沉重的心情。

爱国诗人陆游似乎没有直接在扬州活动过。宋高宗建炎元年(1127),陆游的父亲陆宰携全家从东京南归,由寿春入淮水通过运河回家乡山阴,中间经过扬州,那时陆游才三岁,不曾留下什么印象。此后陆游没有来过扬州。但不能因此说陆游和扬州没有关系,从种种事实来看,陆游对扬州一直是关心的。南宋绍兴三十一年(1161)十月金主完颜亮陷瓜洲,刘锜于皂角林战胜后退守镇江,与金兵隔江相峙,陆游对此事一直不忘。隆兴二年(1164)陆游在镇江府通判任上,也常察看瓜洲一带,镇江焦山碑林有陆游隆兴二年闰十一月二十九日题名刻石:"置酒上方,望风樯战舰,慨然尽醉。"可以为证。他在《书愤》诗中提到"楼船夜雪瓜洲渡"即指这些活动而言。绍兴三十二年（1162）二月间，陆游有一首《送七兄赴扬州帅幕》诗："初报边烽近石头，旋闻胡马集瓜洲。诸公谁听刍荛策？吾辈空怀畎亩忧。急雪打窗心共碎，危楼望远涕俱流。岂知今日淮南路，乱絮飞花送客舟。"诗中充满对扬州和淮南人民的关切，一片忧国忧民之情，溢于言表。

乾道五年（1169）十二月，差陆游为夔州通判。次年五月，由山阴赴任。陆游写有《入蜀记》记行旅见闻。其记过瓜洲情形说：

> （六月）二十八日，午间过瓜洲，江平如镜。舟中望金山，楼观重复，尤为巨丽。
>
> 二十九日，泊瓜洲，天气澄爽。南望京口月观、甘露寺、水府庙，皆至近。金山尤近，可辨人眉目也。然江不可横决，放舟稍西，乃能达，故渡者皆迟回久之。

这不仅记下了当时瓜洲的美丽景色，也为研究瓜洲地理的历史变迁提供了资料。

正当完颜亮发动南侵的时候，爱国词人辛弃疾开始了他的抗敌事业，并在扬州以北地区和金军作过艰苦的战斗。他对扬州是有感情的。淳熙五年（1178），辛弃疾由大理寺少卿出为湖北转运副使，溯江而上，舟次扬州，他抚今思昔，无限感慨，写下了《水调歌头·舟次扬州，和杨济翁、周显先韵》：

> 落日塞尘起，胡骑猎清秋。汉家组练十万，列舰耸高楼。谁道投鞭飞渡，忆昔鸣髇血污，风雨佛狸愁。季子正年少，匹马黑貂裘。　　今老矣，搔白首，过扬州。倦游欲去江上，手种橘千头。二客东南名胜，万卷诗书事业，尝试与君谋：莫射南山虎，直觅富民侯。

词的上片写他年轻时投身抗战，信心百倍，情绪高昂，下片写老大无成，理想不能实现,心中充满悲愤。这时辛弃疾三十九岁,由于报国无门,空度岁月,觉得自己已经老了。

刘过是和辛弃疾政治立场一致的词人。他在扬州写过一首感怀名作《六州歌头》:

> 镇江淮,一都会,古扬州。升平日,珠帘十里春风、小红楼。谁知艰难去,边尘暗,胡马扰;笙歌散,衣冠渡,使人愁。屈指细思,血战成何事,万户封侯。但琼花无恙,开落几经秋。故垒荒丘、似含羞。　　怅望金陵宅,丹阳郡,山不断,郁绸缪。兴亡梦,荣枯泪,水东流,甚时休？野灶炊烟里,依然是、宿貔貅。叹灯火,今萧索,尚淹流。莫上醉翁亭看,蒙蒙雨、杨柳丝柔。笑书生无用,富贵拙身谋,骑鹤来游。

词的上片着力写"珠帘十里"的扬州在金人侵扰后的一片萧条景象,下片抒写了国事沧桑和个人的身世之感,对只知道"万户封侯"和谋取"富贵"的文官武将们进行了揭露。词的情绪是沉重的。

淳熙三年(1176)的冬至日,二十二岁的词人姜夔漫游大江南北经过扬州。这时,离绍兴三十一年(1161)金主完颜亮南侵占领扬州已有十六年了,但是呈现在人们眼前的,仍是一片劫后的萧条景象。姜夔感触很深,写下了著名的《扬州慢》:

> 淳熙丙申至日,予过维扬。夜雪初霁,荠麦弥望。入其城,则四顾萧然,寒水自碧,暮色渐起,戍角悲吟。予怀怆然,感慨今昔,因自度此曲,千岩老人以为有《黍离》之悲也。
>
> 　　淮左名都,竹西佳处,解鞍少驻初程。过春风十里,尽荠麦青青。自胡马窥江去后,废池乔木,犹厌言兵。渐黄昏、清角吹寒,都在空城。　　杜郎俊赏,算而今、重到须惊。纵豆蔻词工,青楼梦好,难赋深情。二十四桥仍在,波心荡,冷月无声。念桥边红药,年年知为谁生？

这首词一向得到较好的评价。陈廷焯在《白雨斋词话》中称它"写兵燹后情景逼真",特别认为"'犹厌言兵'四字,包括无限伤乱语,他人累千百言,亦无此韵味"。这首词以眼前的荒凉对比往日的繁华,写人民对侵扰战争的痛恨,是比较深刻动人的。不过用了些"豆蔻词工,青楼梦好"等向往杜牧冶游生活的词句,不免削弱了严肃的现实意义。

词人刘克庄于嘉定十年(1217)、十一年(1218)两次来到扬州。一次是任真州录事,一次是随李珏行边。那时正是崔与之在扬州主管淮东安抚司公事。崔很器重刘克庄,曾对刘克庄说:"吾于闽得二士,君与子华(陈铧)也。"因为刘克庄和陈铧都是福建人。刘克庄有一首《清平乐》,注明"顷在维扬陈师文参议家舞姬绝妙,赋此词",陈师文事迹不详,这首词的具体写作时间也不清楚。他另有一首《沁园春·维扬作》,开头有"辽鹤重来"句,可以断定是嘉定十一年重来扬时写的。词云:

> 辽鹤重来,不见繁华,只见凋残。甚都无人诵,何郎诗句;也无人报,书记平安。闾里俱非,江山略是,纵有高楼莫倚栏。沈吟处,但萤飞草际,雁起芦间。　　不辞露宿风餐,怕万里归来双鬓斑。算这边赢得,黑貂裘敝;那边输了,翡翠衾寒。橄草流传,吟笺倚阁,开到琼花亦懒看。君记取,向中州差乐,塞地无欢。

刘克庄笔下的扬州,与姜夔写的有相似之处,但对时事的感叹,要比姜夔来得深沉。他还有一首《昭君怨·琼花》:"后土宫中标韵,天上人间一本。道号玉真妃,字琼姬。　　我与花曾半面,流落天涯重见。莫把玉箫吹,怕惊飞。"写出了他对"曾半面"的琼花的深刻印象,也寄托着对扬州的怀念。

生平不详的词人李好古,写有几首与扬州有关的词。如《江城子》:

> 平沙浅草接天长。路茫茫,几兴亡?昨夜波声,洗岸骨如霜。千古英雄成底事?徒感慨,谩悲凉。　　少年有意伏中行,馘名王,扫沙场。

击楫中流,曾记泪沾裳。欲上《治安》双阙远,空怅望,过维扬。

长江两岸从来是兵争之地,出现过许多英雄。李好古船过扬州,想起自己当年也曾以英雄自许,对江发誓,要击退金兵,收复中流。如今壮心虽在,却无实现的可能,连想为朝廷献计献策也难以办到,只是徒生感慨而已。再如《清平乐》:

瓜洲渡口,恰恰城如斗。乱絮飞钱迎马首,也学玉关榆柳。　　面前直控金山,极知形胜东南。更愿诸公着意,休教忘了中原。

李好古故意把瓜洲比作玉门关,暗示南宋朝廷依恃长江险阻,偏安江南,忘了中原。

文天祥是一位民族志士,也是一位诗人。他有《至扬州》二十首记载了扬州的经历,序云:"予至扬州城下,进退维谷。其彷徨狼狈之状,以诗志其概。"这些诗毫无藻饰,明白如话,直率地记述了道途的苦难和艰危,而字里行间又跳动着一颗报国之心。如:

予夜行衔枚,至扬州西门,惫甚。有三十郎庙,仅存墙阶,屋无矣。一行人皆枕藉于地。时已三鼓,风寒露湿,凄苦不可道。

此庙何神三十郎? 问郎行客忒琅珰。

荒阶枕藉无人问,风露满堂清夜长。

予出真州,实无所往。不得已趋扬州,犹冀制臣之或见谅也。既至城下,风露凄然,闻鼓角有杀伐声,彷徨无以处。

怅怅乾坤靡所之,平山风露夜何其!

翁翁岂有甘心事,何故高楼鼓角悲?

杜架阁以为：制臣欲杀我，不如早寻一所，逃哨一日，却夜趋高邮，求至通州，渡海归江南，或见二王伸报国之志，徒死城下无益。

> 吾戴吾头向广陵，仰天无告可怜生。
>
> 争如负命投东海，犹会乘风近玉京。

予见诸樵夫幸而可与语，告以患难，厚许之，使导往高沙。赖其欣然见从，谓此处不是高沙路，方驻堡城北门贾家庄……

> 樵夫偏念客途长，肯向城中为裹粮。
>
> 晓指高沙移处泊，司徒庙下贾家庄。

又如《贾家庄》：

予初五日随三樵夫黎明至贾家庄，止土围中。卧近粪壤，风露凄然。时枵腹已经两夕一日半。恩三樵夫入城籴米买肉，至午而得食。是夜，雇马趋高沙。

> 行边无鸟雀，卧处有腥臊。露打须眉硬，风搜颧颊高。
>
> 流离外颠沛，饥渴内煎熬。多少偷生者，孤臣叹所遭！

这是诗，也是史。一首诗是一幅画图，描绘了当时严酷的斗争形势，反映了李庭芝率领扬州人民，百倍提高警惕，坚决抗战到底的英雄气概。朴质的诗句，真挚的感情，至今读来仍使人感动不已。

南宋末有位汪元量（1241—1317），是宫廷演奏艺术家，也是一位爱国诗人。南宋德祐二年（元至元十三年，1276）元兵在伯颜的统帅下直逼临安，南宋朝廷称降。三月，元兵将宋母后、幼主、宫女、乐师等一起掳往北方，汪元量亦在其中。他写下了《醉歌》十首、《湖州歌》九十八首等，对元兵的进逼、朝廷的投降、押往北方的沿途情况及怀念故国的心情，作了强烈的表达，有"诗史"之称，《湖州歌》中有几首写经过扬州的事。其二十一云："扬子江头朝

退迟,三宫船傍钓鱼矶。须臾风定过江去,不奈林间杜宇啼。"其二十二云:
"一半淮江半浙江,怒涛日夜自相撞。扬州昨夜军书至,说道淮安未肯降。"其
二十三云:"晚来潮信暂相留,满耳惊涛愁复愁。月殿不知何处在,锦帆摇曳
到扬州。"其二十四云:"九出琼花一夜开,无双亭曲小徘徊。可怜后土空祠宇,
望断韦郎不见来。"写了扬州的战况,写了不堪回首的扬州旧日风光,读之令
人不胜感慨。

汪元量在北方生活了约十二年,经一再请求,被赐以"黄冠"(道士)身
份回到南方,时年四十八岁,南返途中,又过扬州,写有《扬州》一诗:"重到扬
州十载余,画桥雨过月模糊。后皇庙里花何在?炀帝堤边柳亦枯。陂麦青青
嘶乱马,城芜冉冉落群乌。人生聚散愁无尽,且小停鞭向酒垆。"此时是至元
二十五年(1288),元人统治全国的十二年之后,从诗中所写扬州荒凉景象,可
以想见在元人统治下扬州人民的生活。

宋代学人有扬州徐铉(916—991)、徐锴(920—974)兄弟,号大小二徐。
徐铉初仕南唐,后归宋,官至散骑常侍。他是文字学家,曾校订《说文解字》,
在正文中新补十九字,又附《说文》所不载的经典相承及时俗通用字四百零二
个于正文之后,即今流传的《说文》"大徐本"。徐锴也通文字学,著有《说文
解字系传》四十卷,已注意到形声相生、音义相转之理。他还著有《说文解字
篆韵谱》五卷。

他们都是在文化史上有影响的人物。

第六章　元明异彩

　　民族的斗争与融合。群雄并举的风云变幻。马可·波罗眼中的扬州。明代扬州城奠定今天的基础。梅花岭的英魂与瓜洲渡的壮歌。《牡丹亭》的扬州故事。

1. 民族压迫和群雄并起

《马可波罗行记·扬州城》中说："盖在此城及其附近属地之中驻有君主之戍兵甚众也。"蒙古以武力得天下，凡征服之地，都留兵镇戍。按元代兵制，除将精兵集中于中央诸卫，拱卫京师外，在重要之区、要害之地均有重兵屯驻。诸路中，上万户府统军七千人以上，置达鲁花赤一名，万户一员，均为正三品；中万户府统军五千以上，置达鲁花赤一名，万户一员，均为从三品；下万户府统军三千以上，置达鲁花赤一员，万户一员，均为从三品。元代扬州路辖11县，有户249466，人口1471194，当属上万户，驻军之多可以想见。从下面的一些事例中，更可以得到证实。

元世祖至元十六年（1279），诏扬州行中书省选南军精锐者二万充侍卫，并连家一起赴京师。

至元二十年（1283）夏五月，以扬州省军二万赴他军，以海运遇飓风，船被吹散漂没，全军皆溃散。

至元二十八年（1291），诏江淮行省遣蒙古军五百、汉兵千人，从皇子镇南王镇扬州。

成宗大德元年（1297）二月，徙扬州丁户新军屯蕲、黄。

英宗至治二年（1322）十二月，增驻扬的镇南王脱不花戍兵。

以上有调出的，有增进的，调出的当然不止是扬州一地的，但总体来看，扬州的驻兵确实不少，马可·波罗所说并非无稽之谈。他还提到："制造骑尉战士之武装甚多"，驻军多所需武器也多，同样是可信的。从种种事实来看，元代的扬州是一个军事重镇。

自从元灭南宋，丞相伯颜利用招抚来的海盗朱清、张瑄师徒，将从宋室所掠获的库藏宝物，从崇明入海运往京师，引起了元朝廷对海运的兴趣，遂派总管罗璧会同朱清、张瑄监造平底海船六十艘，试运粮四万六千石，从海道运往京师。这次试运的成功,开始了海上漕运的先河,此为至元十九年(1282)。后设"都漕运府",专管海运之事,至元二十一年(1284),正式以海运作为漕运的主要航线。

但元政府并没有放弃内河尤其是运河的航道,仍积极加以修浚,保持畅通,以作为漕运的辅助路线。扬州作为南北水运的枢纽,这里的运道尤为受到重视,多次加以修治。如:至元十六年,曾建闸于上雷塘,目的和宋代一样,节水以济漕运;至元二十一年(1284),因军事运输原因,浚扬州漕河;成帝大德二年(1298),修复淮东漕渠;延祐元年(1314)十二月,遣官浚扬州淮安运河;四年(1317)十一月复浚扬州运河;泰定元年(1324)十月,真州珠金沙河淤塞,诏有司佣民丁浚之。这里所说的"淮东漕渠""扬州、淮安运河""扬州运河",主要指邗沟或称淮南运河。这是因为,元代河运的一条重要路线是自江浙经邗沟入淮河,再由淮河经黄河南道溯流而上。这样,邗沟的地位就非常重要。邗沟的畅通,又给扬州带来了新的气象。《马可波罗行记·瓜洲城》说:

> 瓜洲是东南(按,应为西南)向之一小城,居民臣属大汗而使用纸币,位置在前所言大江之上。此城屯聚有谷稻甚多,预备运往汗八里城以作大汗朝廷之用,盖朝中必需之谷,乃自此地用船由川湖运输,不由海道。大汗曾将内河及湖沼连接,自此城达于汗八里,凡川与川间、湖与湖间,皆掘有大沟,其水宽而且深,如同大河,以为连接之用。由是满载之大船,可从此瓜洲城航行至于汗八里大城。此外尚有一陆道,即将掘沟之土积于两岸,聚而成堤,人行其上。

于此可见当时扬州的一斑。

元朝自建立之日起,就实行民族歧视和民族压迫政策,阶级矛盾也日趋尖锐。到了元朝后期,随着统治集团的奢侈腐化成风,强制占有农民土地的情况也愈来愈严重。他们把收夺来的土地再以苛刻的条件租给农民,用租佃的方法进行残酷剥削。例如,淮南王的家人就在扬州广占田地,时常派人纵骑至各乡"索债征租,驱迫农民,剽掠麦禾"。汉族地主也乘机大搞土地兼并。当时普遍的现象是"大家收谷岁至数百万斛,而小民皆无盖藏","富者愈富,贫者愈贫",民族矛盾和阶级矛盾不断激化,各地人民纷起抗争。发生在扬州地区的是泰州张士诚的起义。

张士诚(1321—1367),小名九四,泰州白驹场亭民,与其弟士德、士信,皆以操舟运盐为业,为人轻财好施,受到同行们的推重。他常卖盐给诸富家,"富家不给值",还要加以羞辱。至正十三年(1353),张士诚率众盐丁起事,陷泰州,据高邮。次年自称诚王,国号大周,建元天佑。又渡江南下,先后陷常熟、平江(今苏州)、湖州、松江等地。至正十六年(1356)改平江为隆平府,成为他的都城。

张士诚等领导的反元斗争,有力地支持了反元主力红巾军的斗争,壮大了声势。在这样的形势下,先为红巾军郭子兴的部下,后又接受小明王韩林儿官职和封号的朱元璋,于本年占领建康,称吴国公。至正十七年(1357),又乘小明王北伐、无后顾之忧的机会,相继攻占了常州、江阴和扬州。攻打扬州的是朱元璋的大元帅缪大亨和元帅耿再成。当时扬州为张明鉴所据。张明鉴原聚众于淮西,专事剽掠。时元镇南王孛罗不花守扬州,招降了张明鉴,授以濠泗义兵元帅,驻守扬州。城中食尽,以至屠杀居民为食,居民们四处逃生。缪大亨兵至,张明鉴乃举城以降,当时城内居民只存十八家。朱元璋设置淮海翼元帅府,改扬州路为淮海府,以李德成知府事。此时元代袭用的宋大城,经过元末的战争,已损毁不可用,乃命张德林于宋大城的西南隅另筑城以守,城周长约九里,门五:东门为宁海(门楼名迎晖,后称大东或先春),西门名通泗,南门名安江,北门名镇淮,东南门名小东(门楼名谯楼)。另有南北二水厅。市河(今汶河路)流贯城中。此即今老城区的旧城部分。

后来朱元璋的军队又南下占有了元军的婺州、处州两据点,这样,就完全巩固了建康这个根据地,取得了战略上的有利地位,更有条件向外扩展。

当时义军已逐步形成割据状态。张士诚为朱元璋所扼,兵不得出,曾于至正十七年(1357)取消国号年号,称降于元,但所掌握的军队和占有的地方不变。至正二十三年(1363)再起兵反元,攻占杭州,又自立为吴王。"当是时,士诚所据,南抵绍兴,北逾徐州,达于济宁之金沟,西距汝、颍、濠、泗,东薄海,二千余里,带甲数十万。"张士诚居平江,世称"东吴";朱元璋先称吴国公,至正二十四年(1364)又称吴王,居建康,世称"西吴"。

至正二十五年(1365),朱元璋全力对付张士诚,命徐达、常遇春攻克泰州,俘获张士诚守将严再兴等。徐达又遣将攻克兴化。十一月,徐达率军攻高邮、淮安等地。又向南进军湖州、嘉兴和杭州,消灭张的主力,然后进围苏州。进围苏州相持了很长时间,战斗非常激烈,至元二十七年(1367)九月终于破城。张士诚妻刘氏积薪齐云楼下,自焚而死。士诚于室中自缢,为人所救。后与被俘的守臣一齐押送建康,不降,自缢而死。

据《明史·陶宗仪传》载:士诚据吴,多收天下名士,东南人士,避地于吴者,往往依之。士诚据苏期间,苏州老百姓对他的印象也不坏,民间有不少夸誉传说,近代史学家陈登原先生论及张士诚时也指出:"一、兵民苦斗于明兵临城之日;二、老妇垂念于张氏亡国之后;三、论其过失,但在舒缓不振,则较之明祖之惨刻贼深,当为彼愈于此。"应该视为公允之论。

这里所说的:"老妇垂念于张氏亡国之后",有两则故事,一为《蒉胜野闻》卷一:"太祖(朱元璋)尝微行京城,闻一老妪呼上为老头儿。帝大怒曰:'张士诚小窃江东,吴氏至今呼为张王;朕为天子,此邦居民呼朕为老头儿,何也?'"一为《菽园杂记》卷三:"高皇帝(朱元璋)尝微行至三山街,见一老妪,问为何许人。对曰'苏人',因问张士诚在苏何如?曰:'至今感德。'翌日高皇语群臣曰:'士诚在苏,初无深仁厚德,何京师百官万人中,无此一妇!'"即苏人对张士诚一直很感戴,朱元璋对此很为愤愤,洪武二十四年,把苏州人大量移至京师,以杜其口,其原因即在此,一个扬州属的人能有如此称誉,亦是很不错的了。

2. 马可·波罗与扬州

1929年,美国友人埃德加·斯诺来中国不久,曾沿着铁路线作了一次长途旅行,期间到过扬州。《我在旧中国十三年》中提到:他在扬州看到了优美的渡桥,看到马可·波罗像……

可惜他提得太简略,没有讲明白他在扬州什么地方看到马可·波罗像,也没说清是什么样的像。然而,这个线索很耐人寻味。在元代来中国的欧洲人中,马可·波罗和扬州的关系,是最为人所熟知的了。

元代,是近代西风东渐之前,可说是中西交通最繁盛的时代。过去的中西交通,主要靠海路,元代疆域广大,陆路也很发达了,这就为中亚交通造成了更大的方便。来到中国的欧洲传教士和商人数量之多,为过去所未有。当

马可·波罗纪念馆

时在地中海区域,正是第四次十字军东侵以后,意大利的威尼斯城邦,垄断了地中海东部的航运和贸易,这就更有利于马可·波罗等的东来。

马可·波罗(约 1254—1324)出身于威尼斯商人贵族家庭。他的父亲尼古拉·波罗和叔父玛窦·波罗都是威尼斯的大商人,在带马可·波罗东来之前曾到中国一次,于大都(即和林,今内蒙古自治区多伦附近)受到了大汗忽必烈的礼遇。第二次携带马可·波罗东来是 1271 年,那时马可·波罗才是个十七岁的少年。

他们从地中海东岸的阿迦城出发,穿过叙利亚和两河流域,横越伊朗全境,北上到阿姆河上游之地,穿过中亚大沙漠,翻过帕米尔高原,再东进经过喀什、于阗(今和田)、罗布泊,到达敦煌、玉门一带。他们在中国境内走过的这段路程,相当于从相反方向走了六百年前唐代高僧玄奘赴印度取经的路程。用了将近四年的时间,于 1275 年 5 月抵达上都,见到了大汗忽必烈。

由于马可·波罗略通蒙古语,又有办事能力,得到忽必烈的器重。除了在京城大都供职,还经常奉命巡视各省或出使外国。他曾穿行今山西、陕西、四川等省,深入到川、藏少数民族地区,前往云南办理某些事务,并到过缅甸北部。据他说曾治理扬州三年。后来奉命出使南洋,到过越南、爪哇、苏门答腊等地。

马可·波罗和他的父亲、叔父在中国生活了十七年,但他们毕竟是威尼斯人,久有归国之思。1292 年,忽必烈决定让他们护送蒙古贵族少女阔阔真到波斯通婚,便道回国。他们完成使命后,便由波斯继续西行,取道两河流域、小亚细亚,经过君士坦丁堡,于 1295 年末回到意大利的威尼斯。这时距他们离家之日,已有二十四个年头了。

他们回到家乡,正值威尼斯和热那亚发生战争。1298 年,马可·波罗自己出钱装备了一艘战舰,自任舰长,参与威尼斯舰队与热那亚作战。结果战败被俘,关进了热那亚监狱。在狱中,马可·波罗把他在中国和其他亚洲国家的所见所闻讲给同狱的小说家罗思蒂谦听,罗思蒂谦用当时通行的法文记录下来,便成了著名的《世界的描述》(又名《世界的印象》),冯承钧中译本称为《马可波罗行记》。该书中称中国为“契丹”,称北京为“可汗的大都”,称南方汉人为"蛮子",称杭州为南方汉人的"行在",反映了当时的实况。

《马可波罗行记》对元代中国的情况有多方面的介绍,对许多名城的繁华景象有生动的描述。说到的扬州是:

> 从泰州发足,向东南(按:应为向西南)骑行一日,终抵扬州。城甚广大,所属二十七城,皆良城也。此扬州城颇强盛,大汗十二男爵之一人驻此城中,盖此城曾被选为十二行省治所之一也。应为君等言者,本书所言之马可·波罗阁下,曾奉大汗命,在此城治理亘三整年。居民是偶像教徒,使用纸币,恃工商为活。制造骑尉战士之武装甚多,盖在此城中及其附近属地之中,驻有君主之戍兵甚众也。

这里提到的扬州的行政建制,居民是偶像教徒(佛教、道教、民间宗教),使用纸币(元代纸币称钞,有中央印制的统一的钞,各路也印有限用于本境钞,扬州这两种钞都通行,由设立的钞库为兑换银两的机关)和恃工商为活、制造兵器及驻军等,应该说都是有史料可印证的,也证明马可·波罗到过扬州,或在扬州生活过。问题是"曾奉大汗命,在此城治理亘三整年",仅仅出于自述,中国史料无任何记载,亦无其他佐证,《中国大百科全书》(中国历史)也说:"他自称曾奉大汗之命治理扬州三年,这一点目前得不到可靠的印证。"所以人们对此不能无疑。

但从当时的种种情势来看,外国人在中国任官的不少,马可·波罗也就并非没有在扬州任职的可能,只是不知他任的是何种职务。

按元代的行政制度和官制,地方最高行政机构是"行省",在元初相当一段时间里(包括马可·波罗在中国期间),行省是中央政府中书省(又称都省)的派出机构,委派中书省宰执官以都省官"行某处省事"系衔,到各地署事,行使中书省职权,简称"行省"。这些派出的行省长官,在中央都属于"宰相"之列。行省"掌国庶务,统郡县,镇边鄙,与都省为表里,凡钱粮兵甲、屯种、漕运、军国重事,无不领之"。其权力之大,地位之高,为历代所罕见。上引《行记》

中提到"大汗十二男爵之一人驻此城中,盖此城曾被选为十二行省治所之一也",正说明了这种情况。马可·波罗没有资格和可能在扬州做江淮行省的长官。行省以下则为路、府、州、县,这四级的官员以各级达鲁花赤为首,依次路有总管,府有知府(府尹),州有知州(州尹),县有知县(县尹),在他们之下有同知,即副职。达鲁花赤为元朝在地方、军队和官衙的最大监治长官,位在当地各级各类的官员之上,掌握最后的决定权力,以保证蒙古大汗的统治。达鲁花赤大多为蒙古人担任,总管、知府、知州、知县是亲民之官,要直接处理地方和民间事务,非熟悉社会民情和语言沟通者不能办,故以汉人担任。副职的同知,则由色目人(蒙古以外的西部各族、西域以至欧洲人的概称)担任,这就形成了互相牵制的局面。分派在各级政府和部门的达鲁花赤,大多无政治经验,不懂汉字汉语(杨志玖先生考证,马可·波罗即不通汉语,他的《行记》中,从未提过方块字),甚至目不识丁,只是形式上的"监管"而已。马可·波罗果真在扬州任过职,并从其"治理此城"的说法来看,有可能担任的是某级的副职同知或达鲁花赤、副达鲁花赤之类。据冯译本附录所载法国伯希和补充英国玉尔的看法,认为"或许他曾做过省、路达鲁花赤的副贰,容或有之,但是现在不能作任何推定"。杨志玖先生也说:"马可·波罗真在扬州做官,应是达鲁花赤或副达鲁花赤,不应是总管。"吕思勉先生在《白话本国史》中,径直说他"仕至扬州达鲁花赤",都是从这方面来考虑的。还可一提的,黎东方先生在《细说元朝》一书中说:"传说,在扬州天宁寺中,有一尊罗汉,相貌很像意大利人。塑造这位罗汉的人,可能是请求了当时任扬州"达鲁花赤的马可·波罗"。这里也提到达鲁花赤,尽管是传说,至少民间这样认为的,还增加了一点亲切之感。所谓"总管"云云,实不可靠,杨志玖先生所说"只是文字翻译的误会"。

　　另外一种可能,马可·波罗担任的是某种临时性差使,《行记》多处提到奉大汗之命至某处某处,在扬州也说是"曾奉大汗之命",不一定是长期职务。亘整三年,也许是夸张之词(《行记》中多有夸张失实之词,如攻取襄阳一事,发生在马可·波罗来华两年之前,他却说参与了此事,不免有掠功之嫌)。据伯希和的又一推断,马可·波罗所干的差使,多半是盐税事务,在扬州担任的职位,也应是有关盐务的官员。伯希和注意到马可·波罗在谈到从涿州到长江这段路程时,有三次离开正题讲到另外三处地方:长芦、海门、真州(仪征),都提到这三个地方是产盐区,而且对它们的情况很熟悉,因此或可证明他是盐务人员,常从真州到扬州的。还应注意到另外一个迹象,即马可·波罗在中国期间很富有,算得上是百万富翁,他的钱是从哪里来的?他东跑西走,主要的活动应是经商,经商的内容,主要应是充当以官钱营运的"斡脱",即是替官家(包括皇室成员)放高利贷的经济人。如果他真的做过盐务官,不排斥是以盐税作放贷的活动。他经常说:"奉命"外出,这里面就透露出几分消息。

总的来说,马可·波罗没有担任过元政府的正式官员(这正是中国历史无记载的重要原因),可能担任过一些临时职务,也是以商人的身份出现,都和商业活动有关。他一再提到政府的派遣,这种派遣也是非正式的,最多只是随员或同行,所以从没有提到他曾持有过作为正式出使凭证的牌符。他最终的身份仍是一个商人,一个"斡脱"。

据《至顺镇江志》所载,有好几个"也里可温人",如马薛里吉思、安震亨、阔里吉思等,或做过镇江路达鲁花赤,或任其他职务,阔里吉思的儿子鲁合台还做过潭州路兼扬州达鲁花赤。元代统称欧洲传入中国的各派基督教为也里可温教。所谓"也里可温人""也里可温国人",系指来自欧洲基督教国家的人。正如史学家陈垣在《元也里可温教考》中所说:"也里可温非国,曰'也里可温国'者,犹云基督教国家人也。"这说明来自欧洲的"也里可温人"在元代地方任职的很多。陈垣在同文中还指出,"何以也里可温人物,镇江独盛?非镇江独盛也,《至顺镇江志》独详也。"即是说,不见于今日所见的史料,未必定无其事,这个可供作进一步的探讨。

这里还应该注意一个问题,尽管马可·波罗在华的活动很频繁,但总的来说,基本是在政府设置的西方人的圈子里安置,活动在民族宗教自成组织的封闭性集团中,与汉人很少交往,所以根本不见对汉人和汉文化的记载,汉人中也无对他们的记载。这也是马可·波罗不见于中国史籍的重要原因。

说到西方宗教即也里可温教的团体,当时扬州也有存在。据《元典章》

记载,延祐四年(1317)正月三十日,有御位下彻彻都·苫思丁起马四匹,前来扬州也里可温十字寺降御香,赐予功德主缎匹、酒等。这个寺的功德主即掌教叫奥剌憨,寺是他父亲建的。为了赐给他缎匹和酒的事,还引起了淮东廉访司的攻讦,曾上书参劾说:"彼奥剌憨者,也里可温人氏。素无文艺,亦无武功,系扬州之豪富,市井之编民,乃父虽有建寺之名,年已久矣。今崇福院传奉圣旨,差苫思丁等起马四匹,赍酒醴二瓶,前来扬州,传奉圣旨恩赐,是乃无功受赏。"为什么会引起淮东廉访司的不满,今不可知,但由此可以说明,奥剌憨一家在扬州生活的时间已经很长了。又由此可知,当时政府有降御香于扬州(当然不仅仅是扬州)也里可温十字寺及赐缎匹、酒与也里可温掌教的故事。1317年距马可·波罗1292年离华已有二十来年,但提到寺主的父亲"虽有建寺之名,年已久矣",说明早就在扬州生活和建寺,很可能马可·波罗在扬州时寺已存在,还可能有所接触往来。《行记》记了镇江的教堂,却没有提到扬州的教堂,少了一条追寻的线索。

冯承钧在《行记》译本"扬州"条的注释中,提到在马可·波罗三十多年后来扬州的圣方济会教士斡朵里克(今译作鄂多力克),著有《鄂多力克东游录》里面写扬州道:

当我在这条塔剌伊河上旅行时,我经过很多城镇,并且来到一个叫做扬州(IAMZAI)的城市,吾人小级僧侣在那里有所房屋。这里也有聂思脱里派的教堂。这是座雄壮的城市,有实足的四十八到五十八土绵的火户,每土绵为一万。此城内有基督徒赖以生活的各种大量物品。城守仅从盐一项上就获得五百土绵巴里失的岁入;而一巴里失值一个半佛洛林,这样,一土绵可换五万佛洛林,但作为对此城百姓的恩典,上述城守蠲免他们两百土绵,以免发生饥荒。

此城内有个风俗:倘若有人想要以丰盛筵席款待他的友人,他就去找一家专为此目的而开设的旅舍,对他的老板说:"给我的若干友人准备一桌筵席,我打算为它花多少钱。"然后老板一如他吩咐的那样做,客人们受到的招待比在主人自己家里还要好。

此城也有大量的船舶。

鄂多力克是西方东来传教的很有名望的人物,他在扬州的活动值得注意,有关扬州的记述,对了解马可·波罗在扬州的背景,和了解元代扬州的社会情况,都很有参考价值。

3. 维扬新筑两城墙

至元二十八年(1368),明军逼近大都,元顺帝北巡上都。八月初二,徐达进入大都,元亡。

明代一开始就很重视学校教育,朱元璋即帝位的洪武二年(1369),即下诏令全国各地府州县卫遍设学校,指出要"以孔子所定经书诲诸生,毋以(张)仪、(苏)秦纵横坏其心术"。很明显的,其目的是为了巩固初建立的明朝政权,以反对春秋战国时期的纵横之术,彻底清除元末以来群雄并起的局面及其尚存影响。应该说,明朝的地方学校比唐宋元诸朝都更加完备,如府学,置教授一人,训导四人,生员名额不少于四十人。县学,置教授一人,训导二人,生员名额不少于二十人。师生的待遇亦较优厚,起初月廪食米每人五斗,后来遍设学田,廪食米加到每月每人一石。为了使更多的人能够入学,于原定额外增加附读生员,名"增广生员",后来又于增广生员外,再增加附读生员,名"附学生员"。不入学的读书士子,称为"童生"。就在下诏的这年,扬州知府周原福按宋元旧制,在城内市河(即今之汶河路)之西(今文昌路)儒林坊重建扬州府学。后于弘治九年(1496),扬州府同知叶元于市河上建造直达府学的文津桥。万历十三年(1585),两淮巡盐御史蔡时鼎又于桥上建文昌阁。十年后阁遭火焚,万历二十四年(1596),江都县知事张宁发起重建,规模更为宏伟,此即今存之扬州地标建筑文昌阁。与此同时,于西门街(今四望亭路)建县学,街口建有类似文昌阁的四望亭,今亦保存完好。

明太祖为了保持朱氏王朝的永久统治,除杀戮功臣、加强皇权外,又怕皇室孤立,遂行分封制,封诸子为亲王,各据津要,作为中央的藩卫。起先诸王不得干预政事,后来渐委重任,边远各王拥兵自重,造成尾大不掉之势,终于酿成"靖难之役",扬州一度成为"靖难"之师的驻军之地。

洪武三十一年(1398)闰五月,朱元璋病死。因长子朱标早逝,由皇太孙朱允炆继位,即惠帝,年号建文。朱允炆为皇太孙时,即感到诸叔王拥兵为患,即位之后,用重臣齐泰、黄子澄削藩之谋,以法挟制诸王,并寻其有罪名者而废之。明太祖第四子燕王(就藩于北平)朱棣,便以讨奸臣变旧制的名义,向南发兵,号其师曰"靖难"。燕王向南用兵,先后打了四年,有胜有负。最后一次是建文三年(1401)十二月,朱棣决计临江一战,再度出师。次年正月由馆陶(今山东馆陶)渡黄河,连陷东阿(今山东东阿南)、东平(今山东东平)、汶上(今山东汶上)及兖州之单县,攻沛县(今江苏沛县),至徐州,三月于淝河又获胜,于是直下泗州、盱眙,克扬州、六合。朝廷之军与之战,皆节节败退。

燕王驻军扬州,为渡江之计。惠帝自知不敌,遣使至江北军中,许以割地求和,燕王不予理睬。六月,朝廷江防都督佥事陈瑄以舟师投奔燕王,燕王借其力,自瓜洲下镇江,达龙潭,陷都城。有的说惠帝不知所终,有的说于宫中自焚而死。燕王于是年即皇帝位,是为明成祖。惠帝的一批近臣和不愿归附的,先后被杀。所谓"靖难之役",以燕王朱棣夺得帝位而告终。

明初新铸铜钱"洪武通宝",因数量不多,不敷使用,乃于洪武八年(1375)印造纸币,名"大明通行宝钞",其币值为"一贯""五百文""四百文"……至"一百文"六等。其比值为:"一贯＝铜钱一千文＝白银一两＝黄金四分之一两。规定"宝钞"与通宝"钱"并行。但"宝钞"发行以后,民间不肯使用,很快就贬值,洪武末期,一贯宝钞只值铜钱一百六十文。成祖时采用按口配盐的方法,令百姓以钞换盐,却收效甚微。最后纸钞价格低落到了只值币值的千分之一二。无已,到宣德时采用"钞关法",即以纸币纳捐,待不值钱的纸币回收作废,再恢复征收银钱。

当时收钞的"钞关",设在运河沿岸的重要城市,如临清州、济宁州、徐州府、淮安府,扬州府即其中之一,而且是一个大关口。按照所订钞关则例,扬州收钞捐的船只有河船、赣船、航船、板船、棹船等三十余种,每一种名称的船因其构造的差异(即载重量)而核定其不同的收费标准。据有关统计,自万历二十年(1592)五月十九日至二十一年(1593)五月二十四日的一年又五天中,扬州钞关共征税11652.90798两,这个数字基本上是可信的。扬州有钞关自宣德始,后一直沿用,至今尚有其名。

在明代诸帝中,武宗(正德皇帝)是最荒唐的一个。先重用太监刘瑾,刘瑾的种种罪恶被揭露伏诛后,又重用太监钱宁、江彬,在他们的导引下,游乐无度。武宗久有南巡之意,朝臣群起谏阻,竟有146人被杖于午门,杖死者11人。但终因君臣的反对,未能成行。正德十四年(1519)宁王朱宸濠反于南昌。武宗假借亲征之名,而得以实现南巡之意,扬州即为其一。

宁王朱宸濠是太祖二子朱权的玄孙,镇南昌,一向作威作福,行为张狂。他见武宗没有储嗣,又游幸无度,人心不安,遂生夺位之念,时时图谋不轨。后为朝臣揭露,谓"宁王不遵祖训,包藏祸心,招纳亡命,反形已具"。朝廷的警觉引起朱宸濠的惊恐,遂取消正德年号,起兵造反,攻下九江、南康,要顺江东下直取南京,一时引起长江南北的震动。但这事很快就为巡抚南疆的王守仁等以"勤王"名义进击,不到两个月即被平定,朱宸濠就擒,并立即向朝廷报捷,武宗"亲征"抵涿州,已收到捷报,但目的是假亲征之名以南游,竟秘而不宣,继续南行,历经临济、济宁、徐州、淮安、扬州而达南京。扬州由此而遭到一场劫难。

武宗是于这年的十二月到扬州的。在这之前,就由武宗的亲信吴经先至扬州。他干的事就是半夜在通衢燃起火炬,遍入人家掠夺寡妇、处女,闹得全城号哭之声一片,有钱的贿以重金,或许可以放过,贫困之家因此自杀的很多。

皇帝到扬州,身边的亲昵人物江彬占民居为都督府(武宗亲征自署的名称是"总督军务威武大将军镇国公"),又遍掠处女、寡妇充实其中,因此自杀的又不少。这期间,还亲到仪真黄昌本家,观看太监张雄所选送往御舟的女子。由此可知,佞幸太监的所为,非仅一己的恶行,乃是迎合了皇帝荒淫无道的需要。此外还索取鹰犬到扬州城西和泰州草场打猎。武宗在扬州九天,回程又待了一天,整个扬州城鸡犬不宁。正德游江南的"游龙戏凤",为不明底里的人所艳称,在扬州人心目中,这是难忘的劫难,领略到了帝王的"德政"。由于武宗的胡作非为,正德十六年(1521),年仅三十一岁,便病死于专贮掠来妇女的"豹房",咎由自取。

明代,扬州经历了一个较长时期的防倭抗倭斗争。倭是当时对日本的通称。明代初期,日本正处于分裂割据的南北朝时期,一些封建主为了获得财富,便组织武士、浪人和不法商人,结成武装团伙,到中国沿海一带进行走私贸易和劫掠骚扰,中国称之为倭寇。后来倭寇又与中国的一些亦商亦盗的集团,如徽州人许栋、汪(王)直、徐海、闽人李光头等相勾结,其势更为嚣张。在明英宗正统以前,由于有较强大的海防,常给来犯的倭寇以打击,所以倭患还不十分严重。正统以后,明政权逐渐腐败,边备废弛,没有足够的防御力量,倭寇也就逐渐猖獗。至嘉靖年间,情况更甚,成为中国最大的边患。

扬州在这方面受害很是严重。如:

嘉靖三十三年(1554)正月,倭寇自太仓抢掠苏州,又转向江北,逼近通州和泰州。

三十四年(1555),倭寇进犯淮扬各地,扬州卫千户洪岱、文昌龄率兵至通州,与倭寇相遇,战死。倭寇复由瓜洲、新港、通州三路进逼扬州,先到蔷薇港,后至霍家桥,老百姓纷纷出逃,渡船难以承载,便沿河北走,恰与北路来的倭寇相遇,被杀及溺死者有数千人,又纵火焚掠。扬州都指挥张恒,千户罗文爵、曾沂等仓皇领兵列营于教场拒之,倭寇鸣角突进,张恒等兵溃俱死。

三十五年(1556),倭寇掠瓜洲,有担盐夫百余人遇倭,齐以扁担奋击,倭不能敌,放下器杖而逃,被击伤者甚多。

同年,倭寇复至扬州。扬州府同知朱裒与高邮卫经历晏锐率千户贾勇等引兵出击,败倭人于沙河,并歼其头领,夺回所掠牲畜甚众。后寇兵又大量而至,逼近城东门,朱裒与晏锐督兵奋击,战败兵溃,朱与晏被掳至井巷口,遇害。

在抗击倭寇进犯江北期间,著名古文家、理学家唐顺之,以金都御史巡抚淮扬,在巡视海防时,卒于广陵舟中。

这时的扬州,由于人口的增长,特别是商业和手工业的发展,市肆作坊已扩展至原旧城的东郭外。倭寇来犯,对东郭外的商业区和手工业区多有洗劫。嘉靖三十五年(1556),扬州知府吴桂芳接受了副使何城和举人杨守诚的建议,紧接东郭筑一外城,把商业区和手工业区包入城内,免遭寇扰。工未竣而吴桂芳调任,复由新任知府石茂华接手办理。这座城由原旧城东南角循运河而东折向北,复折而向西,至旧城东北角止,约十里,称为"新城"。新城设有七座城门:南有二门,名抱江门(即钞关)、南便门(又名徐宁);北有三门,名拱宸门(又名天宁)、广储门、便门(又称便益);东有二门,名通济门(又名缺口)、利津门(又名东关)。旧城东门外,即新旧城之间有护城河,增建了南水门,名"龙头关"。在建筑新城的过程中,倭寇曾薄城下,遥见兴筑的新城岸高池深,城楼巍然,不敢再向前逼近了。后来虽有袭扰,均被击溃。

汤显祖所作《牡丹亭》云:"边海一边江,隔不断胡尘涨。维扬新筑两城墙,酾酒临江上。三千客两行,百二关重壮。维扬风景世无双,直上层楼望。"说的虽是宋代故事,借的却是当时扬州的背景。嘉靖筑新城事,成了戏剧家写作的材料。

明代扬州城址,也就是直到中华人民共和国成立前的扬州城址,虽然建国后拆城筑路,但至今仍清晰可辨。

4. 梅花岭上仰千秋

明朝末年,社会矛盾激化,首先在陕西爆发了农民大起义。明思宗朱由检崇祯十七年(1644)三月十八日,李自成领导的农民军进占北京外城;十九日晨崇祯在煤山吊死,农民军胜利开进北京,明政权宣告灭亡。

在李自成占领北京以后,驻守山海关的明总兵吴三桂投降了清朝,向清摄政王多尔衮"乞师"共同镇压农民起义军。久已怀有灭明之心的满洲贵族立即引兵入关。李自成大顺永昌元年(1644)五月一日,清军进占北京,九月,清顺治帝从沈阳迁来北京,定北京为清朝的首都。清的入关和定都北京,使民族矛盾上升为主要矛盾,斗争形势发生了新的变化。在全国掀起的抗清斗争史上,扬州人民和史可法坚守孤城,誓死不降的精神,占有光辉壮烈的一页。

史可法(1601—1645),字宪之,号道邻,祥符(河南开封)人,崇祯时进士。当李自成农民军攻入北京,崇祯已死的消息传到南京,任南京兵部尚书参赞机务的史可法正督师浦口。诸大臣议立新主,史可法是不同意立福王朱由崧的,但以马士英、刘孔昭为首的官僚集团和地方军阀实力派压倒了史可法一派,拥立福王即位于南京,建立起南明小朝廷,改元弘光。弘光是一个极端腐化昏聩的角色,终日沉湎酒色,高唱"万事不如杯在手,一年几见月当头",根本不能担当抗清的重任。马士英、阮大铖等则把弘光作为傀儡,一手把持朝政,对清妥协,打击异己,卖官鬻爵,置民族危机于不顾。史可法和他们在政见上有分歧,又是力主抗清的,便被排挤出南明朝廷,以兵部尚书兼东阁大学士衔督师江淮,实际上是让他受制于江北四镇。所谓江北四镇,即靖南侯黄得功驻庐州,辖滁州、和州、全椒、来安、含山、江浦、六合、合肥、巢县、无为州十一州县,经理光、固一带招讨事;广昌伯刘良佐驻临淮,辖凤阳、颍上、颍州、寿州、太和、定远、六安、霍邱九州县,经理河南陈、汜一带招讨事;兴平伯高杰驻泗州,辖徐州、萧县、砀山、丰县、沛县、盱眙、五河、虹县、灵璧、宿州、蒙城、亳州、怀远十四州,经理河北、河南一带招讨事;东平伯刘泽清驻淮安,辖山阳、清河、桃源、宿迁、赣榆、盐城、安东、邳州、睢宁十一州县,经理山东一带招讨事。

他们各占地盘,"赋入不以上供,恣其所用,置封疆兵事一切不问。与廷臣互分党援,干预朝政,排挤异己,奏牍纷如,纲纪尽裂","一切军民皆听统辖,州县有司皆听节制","每镇额兵三万人,岁供本色米二十万,折色银两四十万,悉听各属自行征取"。这样的部队,史可法是调动不了的,他名为督师,实是无师可督,处于无可作为的境地。史可法上书福王,指陈利害,毫无效果。看出清兵将欲南下,史可法又直言以闻,马士英却大笑不止:"乃史公妙用也。岁将暮,防河将吏应叙功,耗费军资应稽算,此特为序功、稽算地耳。"

清朝是看出了史可法的处境的,也想利用他的声望,顺治元年(1644)六月,摄政王多尔衮遣南来副将韩拱薇等致书史可法,告诫史可法"取舍从违,应早审定。兵行在即,可西可东,南国安危,在此一举"。史可法答多尔衮书云:"法处今日,鞠躬致命,克尽臣节而已。"明确表示要以身殉国。

1645年春,多铎统领清兵大举南下,因明总兵李成栋逃遁,清兵进入重镇徐州。在这样危急的情况下,福王政权内部还是闹得不可开交,江北四镇互相攻杀。三月,形势更为恶化,拥兵最多的高杰为降清的明将许定国设计杀死,淮河防线不守。同时,驻扎在武昌的左良玉起兵东下进攻南京,声言要"清君侧",杀掉马、阮为东林党人复仇。马、阮宁可不抗清兵也不能让左良玉得逞,从前线调回黄得功、刘良佐来打内战。左良玉途中病死,儿子左梦庚被黄得功打败,遂率部投降了清军。清军实力大增,很顺利地迫近扬州。四月十五日,清军在许定国的引导下开始包围扬州城。有大臣向弘光提出"淮扬最急",应立即调兵增援,马士英厉声说:"有议守淮者斩!"吓得弘光也不敢作声,史可法的告急文书更被扔在一边了。

史可法在各镇不听调动、得不到任何增援的情况下,亲率四千人坚守孤城。多铎五次致书劝降,史可法不予启封,以示誓死不降。史可法是早就下了必死的决心,城陷前四天,给家里人写了一封遗书:

太太

杨太太

夫人万安。北兵于十八日围扬城,至今尚未攻打,然人心已去,收拾不来!法早晚必死,不知夫人肯随我去否?如此世界,生亦无益,不如早早决断也!

太太苦恼,须托四太爷、大爷、三哥大家照管。焰儿好歹随他罢了。书至此,肝肠寸断矣!

四月廿一日法寄

据黎士宏《书殉扬州事》所载,这封信当时无法送出,而是由"(史)德威持遗书走城中旌忠寺寄藏"。这封信昭然坦示了史可法的心迹。

在孤立无援的情况下坚持了十天,四月二十一日,总兵李栖凤、监军副使高歧凤拔营出降清兵。二十五日,清兵又炮击城西北隅,扬州遂陷入清军之手。城破的那天,扬州知府任育民衣冠齐整地坐在大堂上,不屈被杀,全家投井而死。史可法为诸将所拥而行,至小东门与清军遭遇,史可法瞠目喝道:"我史阁部也!"遂被执至多铎处。多铎尊之为先生,婉言劝降,史可法说:"城存与存,城亡与亡,我头可断,而志不可屈!"终于慷慨就义。与史可法同时殉难有姓名可考的还有扬州府同知曲从直、王缵爵,江都知县周志畏、罗伏龙,

两淮盐运使杨振熙,盐饷知县吴道正,江都县丞王志端,幕客卢渭等。都督刘肇基率残部四百余人与城内人民一起,继续与清军巷战,直至矢尽人亡,全军俱没,无一降者。

史可法抗清,是与人民反对民族压迫的行动和愿望相一致的,因而深受人民的爱戴。史可法殉难后,大江南北还盛传史公未死,皖北义士冯宏图、侯应龙以史可法的名义为号召,在霍山起兵抗清,一度造成很大的声势。有一

史可法墓

个做过史可法幕僚的人厉韶伯,体貌与史可法很相像,也曾用史可法的名字聚众数百人反清,并一度攻下安徽的几个城市。可见史可法的名字在当时有很大的号召力和鼓舞作用。

史可法生前曾说过:"我死,当葬梅花岭上。"史可法死后,副将史德威遍寻尸体不可得,乃将他生前的衣冠葬于梅花岭。

后来,清统治者也表彰史可法。"豫王入南京,五月二十二日癸卯,即令建史可法祠,优恤其家。"乾隆年间,又在史可法墓建祠立碑,追谥为"忠正",大加表扬。这是从统治需要出发的,激励清廷的臣僚要像史可法忠于明朝那样忠于清王朝,这和人民的怀念有性质上的差别,不能一概而论。

史可法墓和史公祠保存完好。他的高风亮节,将如冰雪梅花,永世流芳。

5. 郑成功屯兵瓜洲渡

明末清初,郑成功所领导的海上义师,长期以厦门、金门和台湾为根据地坚持抗清斗争,多次出击福建和江浙沿海,有力地支持了南明永历政权。

郑成功(1624—1662),原名森,字大木,原籍福建南安。南明隆武帝对他很赏识,赐以国姓朱,取名成功,人称国姓爷。隆武帝败死以后,其父郑芝龙降清,母亲为清兵所辱自杀。郑成功悲愤交加,联合诸多亲友,在鼓浪屿设明太祖神位,歃血订盟,誓复明室。据厦门、金门二岛为根据地,招贤练军,纵横海上,屡给清兵以重创。清兵无奈,要他父亲派人去招抚劝降,一律被郑成功严词拒绝了。

1658年(南明永历十二年,清顺治十五年),郑成功联合从浙东天台来会师的另一位抗清志士张煌言的部队,并以张为监军,调集全部兵力十多万,大举北伐,一路攻克了浙江的乐清、宁海等沿海城市。正要向长江口进发之际,突然遇上狂风巨浪,军队受到损失,只好暂时退往舟山。

经过一番整顿,第二年六月,军队再次大举北上。初八日至丹徒,十二日泊焦山,并在这里遥祭太祖陵。接着以张煌言为前军向瓜洲进发。当时清军于江上设木城,又在金山、焦山之间以铁锁横江,称"滚江龙",以阻舟船通过。郑成功命水师提督罗蕴章募善泅水者砍断"滚江龙",木城亦被摧毁,夺得谭家洲大炮数十门,清兵的防御工事全部瓦解。十七日,郑部将领甘辉、翁天佑等直捣瓜洲。破瓜洲后,郑成功豪情满怀,作《出师讨满夷自瓜洲至金陵》诗云:"缟素临江誓灭胡,雄师十万气吞吴。试看天堑投鞭渡,不信中原不姓朱。"郑成功遂南渡赢取镇江,二十二日于镇江银山大破清江宁巡抚蒋国柱、提督管效忠派来的援兵,清镇江守将高廉、知府戴可进献城投降。克镇江后,中军提督甘辉进言:"瓜、镇为南北咽喉,但坐镇此,断瓜洲则山东之师不下,据北固则两浙之路不通,南都可不劳而定矣。"这个战略设想是对的,但郑成功没有采纳,率舟师直迫江宁(今江苏南京),一时大江南北四府三州二十四县相率归顺。郑派张煌言以偏师去芜湖,守住这个位于江宁之西的重镇。自己则拥"战舰数千,部众十余万",由凤仪门登陆,连屯八十三营,安炮布雷,设梯竖栅,团团围住江宁,截断江路。

郑成功的强大攻势和节节胜利,在清廷朝野引起极大震动。清朝镇守江宁的是两江总督郎廷佐,是个十分狡猾之徒,见形势紧急,便采用了一个缓兵之计,派人送信对郑成功说:"我朝定制,守城者过三十日,城失则罪不及妻孥。今官眷在京,乞宽三十日之限,即当开门迎降。"郑成功在胜利面前失去警觉,竟然答应了这个要求。"功允其请而厚赏之,复谕之曰:'本藩攻此孤城,不过一脚尖耳。既然来降,姑准其宽限者,盖欲取信于天下也。若至期不降,攻入之时,寸草不留。'"他身边的将领也觉得"此乃缓兵之计,不可凭信,可速攻之",郑成功却未以为意。于是,官兵大多以为得城在望,便放松警惕,卸甲宴饮游弋,以致营垒空虚。而在这时,西南的永历帝已败退滇边,清朝撤回南下的军队驻守长江,各路援军也陆续进抵江宁附近。清军经周密部署,内外响应,发动突袭,郑部被杀死、淹死者无数,大将甘辉、张英等众多将领阵亡,郑成功勉强率残部后撤,最后又回到厦门。张煌言在芜湖孤立无援,收复的州县又相继失去,最后只带了两名随从,辗转逃回浙江天台。

郑成功此役虽以失败告终,仍不失为抗清史上的光辉一页。郑军所到之处,"归附者接踵而至",扬州一带也无不如此。郑成功退出之后,清廷追查归附之人,牵连极广。时诗人王渔洋为扬州推官,负有处理的责任。他是主张从宽的,而一些大吏却力主从严,造成哀鸿遍野的局面。康熙元年(1662)春,王渔洋与一班诗人修禊红桥,作《浣溪沙》二首,有句云"断鸿无数水迢迢"。在留连风景之时,为何出现这样不协调的词句?钱仲联先生说:二词俱写扬州红桥一带风景,"绿杨城郭是扬州",名句传诵一代,吊古之余,又杂以新愁。钱先生说出了词外之意。

6. 扬子江头月满船

萨都剌像

元、明时期,有好几位文学史、戏曲史上的名家在扬州生活过,或到过扬州。

关汉卿(生卒年不详),元大都(今北京)人,著名戏曲家。大概在元世祖至元二十年(1283)后,关汉卿六十岁左右,曾南下漫游,到过扬州。他在散曲《赠朱帘秀》中写道:"十里扬州风物妍,出落着神仙。"七十岁左右,他创作了名剧《窦娥冤》,提到窦娥的父亲是"两淮提刑肃政廉访使"。有论者提出,此剧系取材于流传于淮扬一带的冤狱故事。

萨都剌(1272—?),字天锡,号直斋,元代回族人,世居雁门(今山

西代县），是中国文学史上著名的少数民族诗人之一。元泰定帝泰定四年
（1327），五十六岁的萨都剌以三甲进士及第，是年秋授镇江录事司达鲁花
赤，于赴任途中路过扬州。萨都剌有《过江后书寄成居竹》诗，云：“扬州酒
力四十里，睡到瓜洲始渡江。忽被江风吹酒醒，海门飞雁不成行。”成居竹，
名原常，是隐居在扬州的一位不求仕进的人，萨都剌过扬州与他相见，过江后
又作了这首诗相寄。还有一首《赠弹筝者》：“银甲弹冰五十弦，海门风急雁
行偏。故人情怨知多少，扬子江头月满船。”据考这也是赠给当时扬州一位
精于弹筝的沈生的。

顺帝元统二年（1334），萨都剌除燕南照磨，再过扬州，与一个叫王伯循的
同渡扬子江，写有《同御史王伯循济扬子江，时除广东佥事，余除燕南照磨》和
《题扬子驿》诗。顺帝至正六年（1346）秋，七十五岁的萨都剌赴江南诸道行
台御史职，又过扬州，这次离前次来已相隔十二年之久了，他回忆起上一次的
情况，将前两首诗的诗句重加组合，写成《过广陵驿》一律：“秋风江上芙蓉老，
阶下数株黄菊鲜。落叶正飞扬子渡，行人又上广陵船。寒砧万户月如水，老雁
一声霜满天。自笑栖迟淮海客，十年心事一灯前。”寄托了他自己的身世之感
和对扬州的深厚感情。

元代散曲名篇《高祖还乡》的作者睢景臣（生卒年不详），字景贤，扬州
人。自幼读书勤奋，酷嗜音律。曾写过《屈原投江》等三个杂剧，可惜都失传
了，保存下来的只有三个套数和断句四句。在套数中最传诵人口的是《高祖
还乡》。锺嗣成在《录鬼簿》中说“维扬诸公俱作《高祖还乡》套断，惟公（指
睢景臣）《哨遍》，制作新奇，诸公皆出其下”。它“新奇”就新奇在无视帝王
的尊严，不去写汉高祖的如何了不起，而揭露他过去是个泼皮无赖，而现在却
又装腔作势的可笑嘴脸，极富有讽刺意味。这样的作品在封建时代是不可多
得的，在元散曲中更是非常突出的。扬州人的睢景臣，不愧是元散曲作家中最
有光彩的代表之一。

明代散曲家王磐（约1470—1530），高邮人。最出名的小令为《中吕·朝
天子·咏喇叭》：“喇叭，唢呐，曲儿小腔儿大。官船来往乱如麻，全仗你抬身价。

军听了军愁,民听了民怕,那里去辨甚么真共假?眼见的吹翻了这家,吹伤了那家,只吹的水尽鹅飞罢。"小令的内容似与扬州无关,但他的家乡是邮驿传舍之地,来往官员的喇叭、唢呐的声势应是见惯的,对人们的不堪其扰也深有体会,故小令同是对那些装腔作势和自造声势的人的入木三分的讽刺,历来受到推重。

明代大戏剧家、《牡丹亭》等"玉茗堂四梦"的作者汤显祖(1550—1616),也曾到过扬州。明神宗万历二十六年(1598),四十九岁的汤显祖因对官场失望,向吏部告归,弃去浙江遂昌县知县,回江西临川老家隐居。这年三月他路过扬州,在扬州与遂昌吏民作别,有《戊戌上巳扬州钞关别平昌吏民》诗云:"富贵年华逝不还,吏民何用泣江关?清朝拂绶看行李,稚子牵舟云水间。"还有《广陵夜》云:"金灯飒飒夜潮寒,楼观春阴海气残。莫露乡心与离思,美人容易曲中弹。"他的友人谢山子于万历二十八年(1600)四月,以刑部主事言事罢官,侨居广陵,他也写有《口号送谢山子再如广陵》二首。汤显祖对扬州的印象是深刻的,无怪乎他在《牡丹亭》里把一部分场景放在扬州处理了。最有趣的是有这样一个传说:扬州有个女子叫金凤钗,读《牡丹亭》成癖,一心一意要嫁给汤显祖。后来打听得汤显祖年未壮已有了家室,且在京师待试。这位金小姐考虑了一阵,仍"愿为才子妇",并寄书以达意。几经周转,等到汤显祖南宫报捷,感女之意,赶到扬州时,这位金小姐已死去一个月了。临死时遗言说:"汤相公非常贫贱者,今科贵后,倘见我书,必来见访。惟我命薄,不得一见才人,虽死目难瞑。我死,须以《牡丹亭》曲殉,无违我志也。"汤显祖感其知己,亲为出资经营葬事,庐墓月余方返(见蒋瑞藻《小说考证》卷四引《三借庐笔谈》)。这个故事与汤显祖的生平全然不合,决非实有其事,但也可见《牡丹亭》当时就在扬州有较广泛的流传,特别为女性所爱读。

为汤显祖所推崇、中国文学史上最有个性和特色的作家之一的袁宏道(1568—1610),在他的集子里有一卷诗叫《广陵集》,系三十岁时的作品,其中有一部分诗歌就写于仪征和扬州。他的弟弟袁中道在《居游柿录》中说:"戊戌年(万历二十六年,1598),中郎(袁宏道)以病改吴令,入补官,寄家此地(指仪征),予亦客焉。僦张氏(张白榆)之宅以居,自正月至七月始入都。"袁中道说明了一个事实,但是把年代搞错了。袁宏道寄家仪征和中道来住,系在万历二十五年(1597),次年袁宏道才入京。这中间当然也常游览别地,扬州就是经常来往的地方之一。《广陵集》中有《扬州晓泊》诗:"薄雾随风尽,寒霜对酒销。芋魁腾晓市,蟹子趁归潮。往事琼花观,新沟扬子桥。虽然富罗绮,未必似前朝。"又有《赋得迷楼》:"古寺行宫是,荒台迹近真。枫枯能作语,钗老化为人。夜蜡烧天泪,秋蛾幻月新。当年倘不乐,难道不成尘。"记下了他在扬州的行踪和所感。其他如《花烛诗为顾小侯所建作,时所建婺妇已五年》《小集吴嗣仙斋头》《广陵曲戏赠黄昭质,时昭质校士归》《集乔光禄斋头》《饭王太古馆中》,记下了他在扬州的交游。特别有一首《即事》诗:"野树凋青叶,寒江扫白波。讹音东事变,重语北船过。衢橘连霜买,卢姬尽日歌。扬州饶嫁婆,箫鼓夜来多。"这可以说是当时扬州一幅风俗画。万历二十六年"戊戌,伯修(袁宏道之兄)以字趣(促)先生(袁宏道)入都,始复就选,得京兆校官",此时袁宏道才离真、扬北上。他有《广陵别景升、小修》七律:"搔头几日见新丝,二月河桥上马时。长短官街惊梦鼓,高低杨柳胃肠枝。江烟一担充行李,流水三叉各路歧。北地南天千万里,青巾白帕几人知。""高低杨柳胃肠枝",他依依不舍地和友人与弟弟告别,又何尝不是对扬州怀着依依惜别之情呢?

明末别具一格的著名文学家、史学家张岱(1597—1679),对当时的扬州社会有很生动的描写。明亡以后,张岱抱着"国破家亡"之痛,避乱于浙江剡溪山,他除了撰写明史著作《石匮书》,还"遥思往事,忆即书之",写下了《陶庵梦忆》《西湖梦寻》诸作品。《陶庵梦忆》有几则是写扬州的。《扬州清明》写扬州清明日,"城中男女毕出,家家展墓。虽家有数墓,日必展之"的情况,极为热闹,"自钞关、南门、古渡桥、天宁寺、平山堂一带,靓妆藻野,袨服缛川……四方流寓及徽商西贾、曲中名妓,一切好事之徒,无不咸集"。据他说,这样的场面,"惟西湖春、秦淮夏、虎丘秋,差足比拟",而那些地方"皆团簇一块,如画家横披",唯有扬州"鱼贯雁比,舒长且三十里焉,则画家之手卷矣"。

《暖红室汇刻传奇·牡丹亭》版画

在繁华的背后,不是没有悲惨。《二十四桥风月》中写了扬州妓女的生活,说她们"沉沉二漏,灯烛将烬,茶馆黑魆无人声……诸妓敛钱向茶博士买烛寸许,以待迟客"。等不到客人,则"笑言哑哑声中,渐带凄楚。夜分不得不去,悄然暗摸如鬼。见老鸨,受饿、受笞俱不可知矣"。观察和描绘得极为细致深刻。另有《扬州瘦马》也把"牙婆驵侩"专为"瘦马"拉线撮合的畸形现象写得活灵活现。

张岱的这些作品,是那一个时期扬州多方面社会生活的缩影,有一定的历史认识价值。

第七章　康乾盛世

"广陵繁华今胜昔"。盐业与漕运。盐商与扬州。康熙与乾隆的南巡扬州。人文荟萃绿杨城。"红桥修禊"一代佳话,冶春诗咏后世流传。文化昌盛,流派纷呈。雕版印刷显奇葩。别具特色的扬州社会文化生态。

1. 再度辉煌

明末清初,由于较长时间的全国大规模战争,人民大量死亡或流离失所,生产设施遭到极大破坏,水利失修,灾荒频仍,整个社会经济处于十分凋敝的状态。即以扬州一带而论,顺治九年(1652)五月,因风雨交加,黄、淮并溢,会同高邮、宝应二湖一道倾泻,造成"江(都)、高(邮)、宝(应)、泰(州)以东无田地,兴化以北无城郭室庐"。顺治十五年(1658),黄河倒灌洪泽湖,沿岸决堤30余处,崩塌300余丈,"扬(州)属皆被水,漂溺无算"。在这种情况下,扬州人温饱尚不可得,何论繁荣。康熙以还,采取了一系列减免田赋、开垦荒田、摊丁入亩与治理河道以利灌溉和通漕等措施,社会经济有了显著恢复,乾隆时达到鼎盛。当时的扬州富渔盐之利,居交通冲要,是中国中部各省食盐供应的基地和南漕北运的咽喉,逐步发展为全国著名的商业城市。

"两淮盐运使但监造"铭文

两淮是最大的盐区,两淮盐业的活动中心在扬州,盐业遂成为促进扬州商业繁荣的一大因素。但这也有一个过程。清初,盐业的破坏是严重的。和全国各盐区一样,一是没有制盐的人,两淮制盐灶丁多死亡逃散,"灶突烟寒","荡场荒芜";其次是没有制盐的设备,卤池、盐池、亭场及各种工具遭破坏,"废煎日久",无法生产;三是不少承运商死亡逃散,无"贸易之商",盐的流通就困难了。

盐的生产和运销,关系到国计民生和军需国用,清政府对此极为重视,大力恢复场盐生产,并加强了对盐业的管理。

清代对食盐的运销,主要是采取官督商办的纲引制度,即政府控制食盐的专卖权,招商认引,按引领盐,划界行销,承包税课。所谓"纲",就是把全国划分为长芦、两淮、奉天等十一个产盐区,每个产盐区规定若干个行盐区,如两淮产盐区其行销区即为江西、湖南、湖北、安徽、江苏、河南。引是户部统一印发的特准榷盐运销的许可证。一般的手续是,承办的盐商先向盐运使司请领"支单"(亦称"照单""皮票"),持向盐场购盐,储于官仓,经检查后,再凭官方所发盐引按额取盐销售,这中间要按引缴纳税银,名盐课。经过这样的手续出售的引盐为官盐,否则即为私盐。引作为榷盐的计量单位,其数量不一,一般为一百斤至五六百斤。盐商因资金的大小和经营能力的不同,分总商和散商。总商是行业的头领,又是政府和商人之间的中介人。

两淮一带"煮盐之场较多,食盐之口较众,销盐之界较广,故曰利最夥也"。扬州的盐税与清政府的财政收入关系很大。"损益盈虚,动关国计"。乾隆时,两淮每年的赋税占全国商业总税收的一半,其中主要是盐税。据有关统计,顺治年间,全国盐税收入仅50余万两,乾隆十八年(1753)已达700万两以上,其中两淮盐税占了很大的比重。正因如此,清政府对扬州盐务十分重视,派在这里的两淮巡盐御史(盐政)、两淮盐运使,都选亲信要员充任,如康熙的亲信、《红楼梦》作者曹雪芹的祖父曹寅和舅祖李煦,曾一年一度轮流担任两淮巡盐御史。当时的巡盐御史署在扬州九巷附近(后称"皇宫",即原新华中学旧址,现改为"皇宫广场")。两淮盐运司因职权重,任务繁,更设十九房承办公事。所以当时人称:"书吏之冗,莫过于两淮运司衙门;公事之杂,亦莫过于两淮运司衙门。"说明当时扬州盐务之繁忙。

盐商由于垄断盐源,左右盐价,从中牟利,所以获利甚丰。据乾隆年间统计,两淮产盐在当地每斤值钱十文,加上税银七文,每斤成本值十七文,而运销到湖北等地,每斤卖"五六十文不等"。长江下游的贫困人民,因买不起盐而"积日累旬,坚忍淡食"者颇不乏人。盐商们的富有是惊人的,当时住在扬州的盐商,"富者以千万计","百万以下者,皆谓之小商",成为垄断专利的全国最大商业资本之一。扬州的盐商以徽人为多。民国时编的《歙县志》说:"两淮八总商,邑人恒占其四",占了一半的比重;不在总商之列的,人数更多,成为庞大的徽商集团。徽商在扬州活动最早,根基也最深,非其他地方商人可比。"徽人在扬州最早,考其时代,当在有明中叶,故扬州之盛,实徽商开之,扬,盖徽商殖民地也。故徽郡大姓,如汪、程、江、洪、潘、郑、黄、许诸氏莫不有之,大略皆因流寓而著籍者也。"就是说,有些徽州大姓已落籍扬州了。徽商经营的不仅是盐,还有茶叶、木材、典当业等,但在扬州,主要是业盐,徽商几成为盐商的代称,其致富人数之多,财富之巨大,亦为他商所不可比拟。固然,其中也有大官僚利用扬州以业盐牟利的,如康熙年间,刑部尚书徐乾学曾把十万两银子交给大盐商项景元从事投机贸易活动。这个项景元很有实力,康熙四十四年(1705)南巡扬州时,还破格受到接见。另一个扬州大盐商安麓村,是大学士明珠家仆的儿子,后台很大。不过这些只是少数。

盐商的大量钱财,用于扩大再生产的不多,这一方面是他们还不可能意识到扩大再生产对资本积累的重要性;另一方面在闭关自守的情况下,也没有先进产业需要大量资金的投入。所以他们的财富的流向,一是购买田地,作为固定资产;二是报效朝廷,谋求更好的地位;三就是供自己挥霍消费。

盐商对朝廷财政上的困难和特需费用,从来支持不遗余力。康熙时因治河经费不足,扬州盐商"集众输银三百万两以佐工需";乾隆五十一年(1786),镇压台湾林爽文起事,扬州盐商江广达自动捐银二百万两,"以备犒赏";嘉庆年间,镇压川陕白莲教起事,因军饷匮乏,扬州盐商鲍漱芳积极向朝廷"输饷",为此得了盐运使的头衔。盐商在皇帝身上也不惜工本。乾隆十六年(1751)首次南巡,扬州盐商捐二十万两银子为之修建行宫(当为三汊河塔湾行宫)。另一次乾隆南巡(疑为第三次)过扬州,游大虹园(今瘦西湖一带)时,指着一处秀丽的景色对侍从说:"这里很像京里的'琼岛春阴'(按即北海),可惜就少一座白塔!"八大总商之一的江春听到这个信息,花了一万两银子买动了皇帝的侍从,得到了白塔大致的图样,立即"鸠工庀材,一夜而成"。第二天乾隆再次游园,见到白塔,大为惊异,以为是假的,到面前一看,果然是砖石所成,皇帝不得不吃惊地说:"盐商之财力伟哉!"这是至今还屹立在瘦西湖莲性寺里的那座白塔。一夜而成,不免夸张,可能的情况是乾隆来时没有,待南巡回京再过这里,已是一塔高耸了。扬州人传说这个塔最初系用盐堆成的,后来才改为砖砌。传说也有一定的道理,盐商的钱来自盐,说塔用盐堆成,无疑是说用钱堆成的。所以皇帝说:"盐商之财力伟哉!"正是这个江春,"高宗六巡江南,春扫除宿戒,懋著劳绩,自锡加级外,拜恩优渥,不可殚述"。他做总商达四十多年,还有布政使秩衔,和他的这些行动关系很大。

还可注意到,《全唐诗》在扬州刊刻,巨型玉山"大禹治水图"(亦称"大禹开山图")在扬州雕琢,而且交给两淮盐政和盐运使来办,除扬州工匠艺人的高超技艺外,利用盐商的财富也是重要原因。

邓之诚先生说:"康、乾南巡,供张营建,所费不赀,及平日贡献报效,一皆责之于商,而商则挪移国课,以博欢心。"以博欢心,正是为了维护他们自身的利益。

盐商们豪侈之惊人,清代文献多有记载,且从《扬州画舫录》中摘录数则:

有某姓者,每食,庖人备席十数类。临食时,夫妇并坐堂上,侍者抬席置于前,自茶面荤素等色,凡不食者摇其颐,侍者审色则更易他类。

或好马,蓄马数百,每马日费数十金。朝自内出城,暮自城外入,五花灿著,观者目眩。

或好兰,自门以至于内室,置兰殆遍。

或以木作裸体妇人,动以机关,置诸斋阁,往往座客为之惊避。

有欲以万金一时费去者,门下客以金尽买金箔,载至金山塔上,向风飏之,顷刻而散,沿江草树之间,不可收复。

又有三千金尽买苏州不倒翁,流于水中,波为之塞。

有喜美者,自司阍以至灶婢(看门的至烧火丫头),皆选十数龄清秀之辈;或反之而极,尽用奇丑者,自镜之以为不称(照镜子还觉不够丑),毁其面以酱敷之,暴于日中。

有好大者,以铜为溺器,高五六尺,夜欲溺,起就之。

乾隆时还有个总商叫黄潆泰的,其庖人"家中畜母鸡百余头,所饲之食皆参、术等物,研末掺入","每枚纹银一两,价尤未昂"。黄潆泰每天早上先"饲燕窝,进参汤",然后食这种母鸡生的蛋两枚。

大造园亭,在盐商中更是蔚然成风。如乾隆中有"四元宝"之称的黄晓峰四兄弟,各有自己的私家花园,老大为易园,老二为十间房花园,老四为容园等。老二黄履暹还在北郊建别墅四桥烟雨、水云胜概,并改"扬州虹桥为石桥"。无怪乾隆惊叹地说:"扬州盐商,拥有厚资,其居室园圃,无不华丽崇焕。"

以上种种,有的可谓匪夷所思。邓之诚先生指出:"服饰、器用、园亭、燕乐,同于王者,传之京师及四方,成为风俗,奢风流行,以致世乱,扬州盐商与有责焉。"

事物也不可一概而论。盐商大多文化素质较高,有"儒贾"气,其中博学饱识之士颇不乏人。日本学者佐伯富在《盐和中国社会》一文中,列举了下列一长串名单:李容、童岳荐、汪玉坡、汪元坡、黄至筠("个园"主人)、黄锡庆等善于绘画;孙枝蔚、吴嘉纪、吴绮、吴之麟、吴尊楣、张恂、方溥、查士标、周兆兰、刘有纶、李师勉、程增、申甫、洪锡预、江兰、江芯、江士相、江春、黄楫、汪焜、汪玉坡、汪元坡、汪棣等长于诗文;郑钟山、郑鉴元、许承宣等以文学扬名;程调鼎、程晋芳、汪士梅、许彪、杨义、吴苑、吴蔚起、罗光荣等以学者著称。尽管遗漏的不少,如马氏兄弟等,有些已不能算作盐商,但总的来说已是人才济济了。这些人大都有文集传世,孙枝蔚的《溉堂集》、吴嘉纪的《陋轩集》、程晋芳的《勉行堂文集》、马曰琯的《沙河逸老小稿》等,都很有名。前面提到的大学士明珠家仆之子的安歧,精于收藏和鉴赏,所著《墨缘汇观》,已成为鉴赏家必备之书。不少盐商肯把手中的资财用于文化事业。应该说,盐商对清代扬州文化贡献不小。这些人物和活动已成为扬州文化史上不可或缺的一页。

马曰琯(1688—1755)、马曰璐(1697—1766)兄弟,祖籍安徽祁门,因业盐定居扬州,视扬州如故乡。他们家有街南书屋,内有"小玲珑山馆""看山楼""觅句廊""透风透月"等建筑,"家多藏书,筑丛书楼贮之"。乾隆三十七年(1772)修四库全书,诏征江浙藏书家秘本,马家后人马曰璐之子呈送的书籍有七百七十六种,朝廷为奖励他们,特赐《古今图书集成》一部,艺林深以为荣。全祖望的《困学纪闻三笺》,厉鹗的《宋诗纪事》《南宋院画录》《辽史拾遗》等,都利用马氏藏书撰成。王士禛的《渔洋感旧集》、朱彝尊的《经义考》等大部头著作的刻印,也是马家给予了财力上的支助。"扬州二马",人盛称之。

盐商对扬州的教育事业,积极赞助。显著的例子是,雍正末年,马曰琯独力重修扬州著名书院之一的梅花书院。乾隆初,汪应庚捐资五万余金重修扬州府学,又捐银一万三千余两置学田一千五百亩,"以待学宫岁修及助乡试资斧"。嘉庆时,洪箴远捐资在扬州十二门各设义学一所。当时扬州的安定书院、梅花书院,仪征的乐仪书院,均隶属于盐官,以其财赋之余培育人才,教师的待遇亦较他处为优。盐官的财赋来自盐商,扬州的书院靠盐商的财力支撑。

盐商对扬州的社会公益事业,也尽力不少。如汪应庚除建造舟船以济行旅外,还兴修平山堂,建造平远楼,于院墙外勒石"淮东第一观","天下第五泉"等,对文物作了有力的维护。又于蜀冈上植松十万余株,作为蜀冈一景的"万松岭",即源于此。总商鲍肯园,因扬州康山以西至钞关北抵小东门一段,地势低洼,街道容易积水,不利行人,特改砖路为石路,抬高地面,街道积水得以解决。总商罗琦曾改筑东关大街,以利通行,并在东关城外筑石码头。再如江藩,对"扬城街衢,或输己资,或劝义助,力为整治以便行旅,人皆颂德以祝"。即有的是自己出钱,有的是广泛集资,对扬州街道进行了较大规模的改造,改变了城市道路的面貌,得到人们的称颂。

此外,如救济贫困、赈粮施粥、施舍药物等,盐商也多有善行义举。光绪《两淮盐法志》载:"乾隆七年……淮南商人汪应庚以扬水灾捐赠银六万两,两淮商人黄仁德等公捐银二十四万两。"《扬州画舫录》载:黄履暹"有十间房花园,延苏医叶天士于其家,一时座中如王晋三、杨天池、黄瑞云诸人,考订药性。于倚山旁开青芝堂药铺,城中疾病赖之。刻《圣济总录》,又为天士刻《叶氏指南》一书"。叶天士是清代大名医,黄把他请在家中,集研究、治疗、施诊为一体,并刻医书以广传播,值得称道。

一面是"衣服屋宇,穷极华靡;饮食器具,备求工巧;俳优伎乐,恒歌酣舞;宴会嬉游,殆无虚日;金银珠贝,视为泥沙",一面是扶持文化,提倡教育,热心公益,盐商们就是这种亦"儒"亦"贾"的混合体。

应该指出,盐商的富有与煮盐灶户和运盐船民的贫困乃至灾难形成了极大的反差。乾隆三十五年(1770)十二月十九日,仪征盐场一场大火,焚毁船只一百三十余艘,烧死溺死船民一千四百多人。学者汪中怀着对船民的深切同情,写下了《哀盐船文》。文中说:"是时盐纲皆直达,东自泰州,西极于汉阳,转运半天下焉。惟仪征绾其口。列樯蔽空,束江而立,望之隐若城郭,一夕并命(殒命),郁为枯腊,烈烈厄运,可不悲邪!"

盐商们无尽的消费,推动了扬州有关行业的发展,当时商业组织中,除了垄断两淮盐业的八大总商之外,尚有因之而兴起或为之服务的其他"豪商大贾,鳞集麇至,侨寄户居者,不下数十万"。他们以手中的商业资本,在这里进行着各式各样的商业活动,使有两淮"京都"之称的扬州,呈现出特殊的繁荣。

有趣的是,乾隆三十年(1765)第四次南巡至扬州,看到扬州的奢靡,"谆拟欲申明禁",想加以禁止抑制,但"虑碍翻殃谋食群",即考虑到一加明禁,好多靠这种消费谋生的人就要失去饭碗了,只有作罢。消费促进了就业,也养活了一批闲人,这里面确有依存关系。

刺激扬州经济发展的另一大因素是漕运。自唐以来扬州就是漕运的重要传输中心。宋时,"十一路百川迁徙贸易之人,往往出其下,舟车南北日夜灌输京师者居天下之七"。清代的情况有过之而无不及。漕运关系到朝廷的国用开支,通漕又与治河相关,康熙帝听政不久,就把治河、漕运与平三藩列为最重要的三件大事,"书而悬之宫中柱上",以示时刻不忘。康熙的六次南巡,主要为考察治河工程。如首次南巡,见高邮、宝应等处,田庐多在水中,乃登岸步行十余里视察。在任用靳辅治河期间,为了不让黄河夺路而使运河中断,先后在江都修筑漕堤,于高邮设置滚水坝,于山阳、邵伯建减水坝,疏浚淤塞河道。又于运河沿岸修长堤,减少了黄、淮泛滥的侵害,使运河漕运畅通无阻。漕、盐、河为"东南三大政",扬州"地兼三者之利",条件更为优越。漕运除运送钱粮供应京师外,一个很大的好处是带动了南北商品的流通,处于漕运中心地位的扬州,成为最繁盛的商品交易市场和集散地。

朝廷为了"恤丁伍而通商贾",实际是为了减少或抵付漕运的运费,准许漕船加带一定数量的"随船土宜",可以免征税钞。随着商品流通的日益扩大,"随船土宜"的数量也越来越多。据当时的情况,由南往北带的大多为手工业品,如丝、棉织品、纸张、竹木藤器、铜铁器、杂货、油、酒类、干鲜果品和食物等;由北而南,大多为农产品和农副产品。这些"随船土宜","沿途下卸,客商买卖",有的不准带过黄河,"令其于淮扬一带卸卖"。运丁将货卖给商人,商人再批销或零星出售,扬州就成了热闹的商品交易市场。

大宗的市场除盐的集散外,要算粮食的集散流通。乾隆早期,扬州每年粮食税的收入占税务总收入的 32.7%,可见其数量之大了。

各种专业性的市场也蓬勃兴起。如缎子街(后称"多子街")是绸缎铺集中之地,品种有八团、大洋莲等,颜色有蓝、珠、墨、库灰、泥金黄、樱桃红等,花样翻新,竞奇斗艳。翠花街以首饰店集中而得名,"翠花街一名新胜街……皆珠翠首饰也"。罗湾街则是出售日用箩筐、竹篮的专门商区。它如新衣街(彩衣街)之专做服装,皮市街之专卖皮革,打铜巷之专卖铜器,夹剪桥之专卖刀剪等,名目繁多,应有尽有。

随着外地商人在扬的日益增多,南北货交易的日益频繁,为了互通声气、联络乡谊和进行商业竞争,各地纷纷在扬州建立会馆,如南河下的湖南会馆、江西会馆、湖北会馆,花园巷的安徽会馆,达士巷的绍兴会馆,新城仓巷的嘉兴会馆,以及山西会馆等,都是比较著名的,建筑也很华美。这些会馆各有其商业特色和经营范围,如浙绍主要经营绸布,湖南经营湘绣,湖北经营木业,江西经营瓷器,岭南经营南糖,安徽经营盐业,山西则为钱业(钱庄)。由于南北商人活跃于扬州,加强了南北货的交流,而南北货又与人们的日常食用相关,许多有名的商业街道就是这样形成的。

另外,山东、河南等省送往江南的农产品,江南和长江流域运往北方的产品,其船来往都要经过扬州,每天达二百艘左右,这也使扬州更为繁闹。基于这样的情况,有一位外国学者甚至这样说:"退一步说,基于 18 世纪普遍的繁荣,以及内陆水运系统作为贸易路线的重要性,即使没有盐商存在,扬州也将在这一时期兴旺发达。不过,他们的出现更增强了这座城市惊人的活力。"这是颇有见地的。

与此相适应,扬州出现了"会票"。"会票"即"汇兑"。"有客来扬州贸易,其原籍亦有扬州客,彼此捎带银两殊多未便,立票会兑,相沿已久"。这是因南北货商业的发展而通行的信用汇兑。

大量的消费,带来了服务性行业的发达,茶肆、酒楼、客栈、浴室,随处皆有。茶肆多集中在北门桥一带,有扬州市肆"甲于天下"之称。酒楼多集中于红桥(虹桥)附近,供应有通州雪酒、泰州枯酒、陈老枯酒、高邮木瓜酒、五加皮酒、宝应乔家白酒、绍兴老酒、高粱烧酒等南北名酒。孔尚任在诗中曾说道:"东南繁华扬州起,水陆物力盛罗绮。朱橘黄橙香者橼,蔗仙糖狮如茨比。一客已开十丈筵,客客对列成肆市……"这是康熙时的情况。到乾隆时,愈加繁盛,听听那些"醉仙居""吃吃看"的街道名称,就可想见当时的情景。

吃,确实丰富了扬州饮食文化的内容,也更加显示了淮扬菜的特色。盐商对饮食的考究和精致的品尝本事是出了名的。当时盐商家中雇有身怀绝活的"家厨",《扬州画舫录》说:"烹饪之技,家庖最胜,如吴一山炒豆腐,田雁门走炸鸡,江郑堂十样猪头,汪南溪拌鲟鳇,施胖子梨丝炒肉,张四回子全羊,汪银山没骨鱼,汪文密蛼螯饼,管大骨董汤、鳖鱼糊涂,孔切庵螃蟹面,文思和尚豆腐,小山和尚马鞍乔,风味皆臻绝胜。"别看有些菜很平常,但选料、烹制颇有讲究。一则故事说,有个穷书生娶了个盐商的婢女为妻,书生要妻子炒一盘寻常菜韭黄肉丝,妻子笑笑说,怕你这个穷书生吃不起。原来按照她看过的做法,是要选用十只猪的面肉切成丝的。后来总算做成了,那书生连喊好吃,把自己的舌头都吞下去了。看起来这是笑话,也可见选料之精。皇帝是吃惯了山珍海味的,但乾隆在扬州吃了张东官做的冬笋炒鸡,称赏不已,特赏了厨师两个银锞。所以当时有身份的人家请客,必定向每个盐商家借一位家厨,每位各做一份拿手好菜,享受这样的酒宴,真是难得的口福了。

当时扬州对吃的气氛也有讲究。朱彝尊《红桥》诗云："行到红桥转深处，绿杨如荠酒船来。"游湖品佳肴是一大乐事，故有专办酒宴的"沙飞船"，"画舫在前，酒船在后，橹篙相应，放乎中流；传餐有声，炊烟渐上，羃羃柳下，飘摇花间，左之右之，且前且却，谓之行庖"。"行庖"即是边游边做边吃，别有一番风味。乾隆盛称"广陵风物久繁华"，"广陵繁华今胜昔"，正是指以上情况而言。郑板桥诗中所说的"千家养女先教曲，十里栽花算种田"，则是这个消费城市的另一个侧面，"养女"不是指亲生女儿，而是"养瘦马"之类，调教了卖给人家作婢妾。这种风气明代已然，张岱《陶庵梦忆》中有过记述。其实在他之前，明代地理学家王士性在《广志绎》中早已提及："广陵蓄姬妾家，俗称'养瘦马'，多谓取他人子女而鞠育之，然不啻己生也。天下不少美妇人，而必于广陵者，其保姆教训，严闺门，习礼法，上者善琴棋歌咏，最上者书画，次者亦刺绣女工。至于趋侍嫡长，退让侪辈，极其进退浅深，不失常度，不致憨憨起争，费男子心神，故纳侍者类于广陵觅之。""扬州出美人"，这大概是原因之一。这种出现在特定历史时期和特定地区的特殊现象，至清仍然不减。前人的说明可以作板桥诗的注脚，这里面有无数的辛酸。清代扬州繁荣而又称"畸形"者，不可忽视此类现象。

两淮盐商，乾隆中叶已见衰落。道光时屡次抄没各大盐商资财，以抵积欠税课，盐商更难以立足。加上陶澍改变盐法，盐商无利可图，遂一蹶不振了。盐商的衰败，加上其他种种因素，清代扬州的繁荣也就"与时俱往"了。

附录：康熙、乾隆六次南巡莅扬活动简况

康熙二十三年（1684）

九月二十八日离京南巡。十月初一日登泰山。十月十八日达江苏宿迁。视察河务，召见河道总督靳辅。二十二日过高邮、宝应等处。见民间田庐多在水中，乃登岸步行十余里视察水势，召当地生员耆老详问致灾原因。是日到扬州，登览诸名胜，于平山堂题"怡情"额。于天宁寺题"萧闲"二字。到镇江游览金、焦二山，为金山题"江天一览"额。十月二十六日，达苏州，游虎丘等

地后回銮。路经无锡游惠山。至江宁,祭明孝陵。十一月初六日泊舟邵伯镇。十一月十九日达曲阜,诣孔庙。二十八日回京。

康熙二十八年(1689)

正月初八日离京。皇长子允禔随行。十六日抵济南,次日到泰山。二十三日达宿迁,召集两江总督博拉达、河道总督王新命等视察河务。二十四日在清口渡黄河。改水路南行。二十八日舟过扬州,民间结彩欢迎。下诏云:"顷在扬州,民间结彩盈衢,虽出自爱敬之诚,不无少损物力。其前途经过郡邑,宜悉停止。"于平山堂接见石涛,石涛作《海晏河清图》。二月初二日达苏州。八日抵杭州。十一日至绍兴谒禹陵。又返杭游岳庙、西湖、孤山。二十七日自杭回銮。舟至丹阳后,改陆路达江宁谒明孝陵。又自江宁至金山。三月初三日舟泊扬州宝塔湾(按即三汊河塔湾行宫)。北行达宿迁,再召河臣,视察河务。后由宿迁沿运河乘舟直抵天津,次日改陆路回京。

康熙三十八年(1699)

二月初三日自京大通桥登舟,沿水路南下。皇太后、皇太子、三子、五子、八子、十三子、十四子随驾。舟至山东阳谷县后,分舟而行,康熙仅乘一舟,昼

高旻寺大雄宝殿

夜前行,往阅黄河以南高家堰、归仁堰等处堤防。回清口迎皇太后船渡江,后复视察下河以北堤防。三月初一日乘轻舟再视洪泽湖边高家堰、归仁堰。又返清河县接皇太后渡黄河。初三日,船队达淮安。初七日至扬州。游小五台,赐名香阜寺。后至镇江、苏州、杭州。二十九日自杭回銮。初十日至江宁,驻江宁织造曹寅署。十三日谒明孝陵,题"治隆唐宋"字。二十一日抵扬州府。谕于成龙等:运河东岸石工残缺、土工堤内积水,须用心防护。在黄运交汇之清口,又乘小舟视察河务。沿运河北上通州回京。

康熙四十二年(1703)

正月十六日离京。皇太子、四子、十三子随行。二十四日达济南。次日登泰山。二月初二达宿迁渡黄河,视察河务。水路南下至扬州,于扬州向河道总督张鹏翮指示河工善后方略。赐三汊河行宫塔庙为高旻寺,赐天中塔"云表天风"额。渡江至镇江、常州、苏州、杭州。十六日自杭州回銮,途经江宁。三月初六舟抵宝应,登岸视察河工。十四日达天津附近杨村,次日回京。

康熙四十四年(1705)

二月初九日率皇太子、十三子等离京。次日于张家湾登舟南下。十七日抵天津。二十二日进入山东,直达黄运交口清河县,视察河工。三月十一日泊扬州府城北高桥。后至镇江、苏州、杭州回銮。经江宁,率众皇子及大臣谒明孝陵。闰四月初一日,驻扬州宝塔湾(即三汊河塔湾行宫)。初三日,因随行官兵俱欲在扬购买土产,从请在扬州逗留二日。游法海寺,赐名莲性寺。赐高旻寺联额。初五日,因江宁织造曹寅、苏州织造李煦各捐银二万两修塔湾行宫,给曹寅通政使衔、李煦大理寺卿衔,其捐修之商人另行议叙。经清口、宿迁时,再度登岸视察河务。四月二十九日回京。

康熙四十六年(1707)

正月二十二日离京。皇太子、长子、十三子、十五子、十六子随驾。二十五日于静海县杨柳青登舟。在桃源、清河等处视察河堤及洪泽湖西北之淄淮套地区。二十七日至扬州府,折西达江宁谒明孝陵。再去苏州、松江、杭州回銮。四月二十四日抵扬州,赐颁高旻寺墨宝金佛。二十九日离扬州。回途再视河务。五月初二回京。

乾隆十六年(1751)

正月十三日奉皇太后南巡自京师出发。陆路经直隶、山东至清口。二月初八日渡黄河,到天妃闸,阅下埽。次日阅高家堰堤。十四日驻跸扬州高旻寺(塔湾)行宫,两淮盐商迎接圣驾,争妍斗艳,极尽铺张奢华之盛。游香阜寺,游天宁寺,游舍利禅院赐名慧因寺。游大明寺,有诗。游吉祥庵,赐名智珠寺。游福缘庵,赐名福缘禅林。游高旻寺。十六日驻跸金山江天寺行宫,次日游焦山。二十一日抵苏州。五月初一日抵杭州。初八日绍兴祭大禹陵。二十四日抵江宁,二十七日祭明孝陵。四月初六日驻高良闸,至蒋家坝阅视堤工。初九日驻顺河集。此后行陆路,十九日至泰安府,至岱庙行礼。五月初四日回京。

乾隆二十二年(1757)

正月十一日奉皇太后二次南巡离京。二月初五日渡黄河,至天妃闸,阅木笼。后至扬州,时天宁寺(西园)行宫于乾隆二十一年(1756)建成,此后南巡,均邀驻跸。行宫前建登舟码头,码头上下岸,建上下买卖街(后称丰乐上街与下街),极一时之盛。为嘉奖盐商捐资修行宫,谕各加顶带一级,纲盐食盐每引赏给十斤。游香阜寺。游莲性寺。游功德山。游高旻寺。十三日渡江,驻金山寺行宫。十八日抵苏州,次日至灵岩山,凡三日。二十七日抵杭州。三月初六日奉皇太后回銮。十九日于明孝陵奠酒。奉皇太后临视织造机房。二十八日阅视洪泽湖河工。四月初一日驻顺河集。初五日阅视孙家堰堤工。次日渡河。初十日祭孔子。二十六日返京。

乾隆二十七年(1762)

奉皇太后第三次南巡,正月十二日离京。二月初四日驻顺河集。初八日渡黄河,阅清口东坝、惠济闸。十三月日驻扬州天宁寺行宫,并接见哈萨克使臣策伯克。十四日,为嘉奖盐商办理南巡差务,"踊跃急公",命"再加恩自壬午纲为始,纲盐食盐每引加赏十斤,不在原定成本之内"。游香阜寺。游慈因寺。游救生寺,赐名宝筏寺。游莲性寺。为天宁寺题"大观堂"额。游"砚池染翰",赐"九峰园"额。游"红桥修禊",赐名"倚虹园"。游"荷浦薰风",

赐名"净香园"。游"四桥烟雨",赐名"趣园"。游"蜀冈朝旭",赐名"高咏楼"。

乾隆三十年（1765）

正月十六日奉皇太后四次南巡离京。二月十二日渡黄河。十六日驻扬州天宁寺行宫。有《自高桥易舟至天宁寺行馆即景杂咏》四首,其一云:"三月烟花古所云,扬州自昔管弦纷。还淳拟欲申明禁,虑碍翻殃谋食群。"末句注云:"尝谓富商大贾出有余以补不足,而技艺者流藉以谋食,所益良多,使禁其繁华歌舞亦诚易事,而丰财者但知自啬,岂能强取之以赡贫民,且非王道所宜也。化民移俗,言之易而行之难,率皆类此。"游香阜寺。游莲性寺,赐《大悲心陀罗尼经》一卷。游大明寺,赐名"法净寺",题"蜀冈慧照"额。游功德山,御书"天池"额。游上方寺。游高旻寺。为天宁寺题"省方设教"额。游"竹西芳径"。游"石壁流淙",赐名"水竹居",赐后轩为"静照轩"。赐御临苏轼、巨然《海墅图诗卷》一轴。游"倚虹园",赐"致佳楼"额,并御临黄庭坚书《寒山子庞居士诗卷》一轴。游"净香园",赐"怡性堂"额,赐御临董其昌《仿杨凝式大仙帖卷》一轴。游"九峰园"。二十日渡长江。闰二月初五日阅视杭州绕城石塘。十九日奉皇太后回銮。三月初七日诣明孝陵奠酒。十一日渡江,驻金山寺行宫。二十日祭淮神、河神,阅高家堰堤。四月十二日驻德州,二十一日回京。

乾隆四十五年（1780）

正月十二日离京。二十六日驻灵岩寺行宫（在山东）。二月十八日渡长江。次日游焦山,驻金山行宫。二月二十三日抵杭州,三月十三日自杭回銮。三月二十三日至江宁。四月初一日渡江。次日驻扬州天宁寺行宫。游慧因寺。游莲性寺。游高旻寺。在此前一年赐天宁寺《钦定古今图书集成》一部,赐题"文汇阁""东壁流辉"额,此次题"静吟轩"额。游"趣园",赐御临米芾《西园雅集图记》一卷。游"倚虹园",赐临怀素草书《千字文》。游"净香园",赐御临董其昌《畸墅诗帖》一卷。游"九峰园",赐御书墨刻及藏香。游江春别业"青琅玕馆"。游康山,赐御临董其昌"康山草堂"额并赐联。初九日阅视高家堰堤工。二十九日驻德州。五月初九日回京。

乾隆四十九年（1784）

正月二十一日离京。皇十一子、十五子、十七子随驾。三十日驻德州。二月初六日至泰安谒岱庙行礼。初九日至曲阜谒孔庙。十八日驻顺河集。二十一日，降旨将《四库全书》另抄三部，分贮扬州文汇阁、镇江文宗阁、杭州文澜阁。二十二日渡黄河。三月初一日渡江。初六日抵杭州。十五日幸尖山观涛。二十五日自杭回銮。闰三月初七日抵江宁，遣官祭明孝陵。初九日诣明孝陵行礼。十三日渡江。游慧因寺。游上方寺。游高旻寺，赐墨宝佛像。在此前二年，曾赐天宁寺、高旻寺、康山《端石兰亭》各一卷。二十一日渡黄河。二十四日驻顺河集。四月二十一日回京。

2. 绿杨城郭名士多

清代的扬州，与经济上的繁荣枹鼓相应，文艺学术也极一时之盛。

不夸张地说，清代开一代风气的学术、诗文名家，大都在扬州活动过；清代几部最有影响的戏曲、小说的作者，都与扬州有着千丝万缕的联系。扬州的社会生活，对他们的思想和创作产生了深刻而独到的影响。

明末清初浙江海宁人谈迁（1593—1657），是一位著名的爱国史学家，他的五百万字的《国榷》，是一部明朝的编年史，按年按月按日记载着从元天历元年（1328）至南明弘光元年（1644）三百多年的重大史事，有很高的史料和学术价值。但这部史书的初稿，顺治四年（1647）八月的一个夜里被窃。一位秀才花了二三十年心血、修改六次才编好的书稿被偷走，是十分伤心的事。谈迁并没有灰心，打起精神从头干起。顺治十年（1653），他北上京师搜集史料，七月间抵扬州，逗留了七八天，游览了瓜洲、福缘庵、文峰塔、兴教寺、琼花观、梅花岭、天宁寺、红桥、法海寺、大明寺、司徒庙、观音山、雷塘等名胜古迹，这在他的《北游录》中有较详细的记载。如记瓜洲云："旧瓜洲村为扬子江之沙碛。沙渐长，其状如瓜子，接扬子江，居民萃焉。唐为镇，今立城，称要地。"记兴教寺(今扬州市田家炳中学)云:"有唐扬州察访使杜佑,景云三年改处置使,题名八角石柱。"这一唐代石柱今存扬州博物馆。记"琼花观"云:"敕修本汉后土祠。门以内无双亭,石台隆然,枯株尺余,云故琼花也。"他还说了两个故事。一是关于琼花的:全椒县西四十里琼花池,相传王母侍女许飞琼所植。隋大业初,炀帝徙江都,闻花之美,移扬州后土祠中。春时盛开,后妃聚赏之。一是关于琼花观的:后土祠有井,宋贾涉守扬州,有黄冠乘云而下,入井中。因缒死囚下视,见一洞,署曰玉勾;复使入,则水漫不可寻矣。这些都增加了琼花和琼花所在地的神话色彩。值得注意的是谈迁对城隍庙古银杏的描述:"壬寅,雨。众禳于城隍庙。从旧城安江门入,庙内银杏树围可四人。"这株银杏就是今天屹立在扬州文昌中路的那棵参天古树,远在三百多年前,在谈迁眼中就和今天所见的一样了。这些记载,对研究扬州文物史实有一定参考价值。

谈迁还写了好几首有关扬州的诗,如《瓜洲》云:"百万云屯江上兵,佛狸当日驾长鲸。谁知一带湖前水,建业依然是故京。"《督师史相国墓》云:"忧来有目瞑重泉,白气如虹牛斗边。德祐庭芝惟死宋,望诸乐毅不忘燕。长城万里何当坏,文梓千株只可怜。墓上尚虚翁仲石,恐教遗恨到祁连。"《蜀冈》云:"南龙曲曲暗生云,蜀地根源吴地分。偶听山僧语旧事,沿山曾驻北来军。"《二十四桥》云:"斜阳古道接轮蹄,明月扶疏属柳西。桥上行人桥下水,落花尚自怨香泥。"谈迁不以诗名,但这些诗感情深沉,饱含对改朝易代的感慨,不同于一般的诗作。

清初有一位杰出的诗人吴嘉纪(1618—1684),字宾贤,号野人,泰州东淘人。家境清寒,靠自学而成,一生没有做过官,过着极为贫困的生活。东淘是当时两淮的重要盐场之一,居民大多是靠煮盐为生的穷灶户,他们在官商的重重盘剥下,挣扎在艰难困苦之中,加之他自己也常受牵连,被迫逃亡,因而对盐民的苦难有深切的体会。他的诗篇中,对盐民生活的反映最为真实而深刻。如《绝句》云:"白头灶户低草房,六月煎盐烈火旁。走出门前炎日里,偷闲一刻是乘凉。"这样的诗句,非身临其境,不能表现得如此真切。陆廷抡在为吴嘉纪《陋轩集》作的序言中说："数十年来,扬郡之大害有三:曰盐策,曰军输,曰河患。读《陋轩集》,则淮海之夫妇男女,辛苦垫隘,疲于奔命,不遑启处之状,虽百世而下,了然在目。甚矣,吴子之以诗为史也!虽少陵赋《兵车》,次山咏《舂陵》,何以过?"评价甚高。

吴嘉纪是一位足不出州里的人,只频繁往来于扬州,和几位志趣相投的朋友往还。他的集子里,歌咏扬州风物和在扬州的赠答唱和之作占有很大比重。如《答栎下先生》:"穷冬伏枕何人问?栎下先生寄我诗。远问只愁身便死,怜才几个泪沾颐。吟成梁甫徒增慨,老遇钟期不厌迟。冰雪溪头扶病起,为君珍重夕阳时!"栎下先生即著名学者周亮工,有《赖古堂集》。据汪楫在《陋轩诗序》中说:"辛丑岁(按,顺治十八年,1661),周栎园先生在广陵,见野人诗,推为近代第一。复闻野人病……恐遂不及见野人,属余为书招之,赠一诗,与书俱往。"《答栎下先生》即吴嘉纪应周亮工之招来扬州的答谢之作。再如《送孙八游金陵》,是康熙二年(1663)在扬州送诗人孙枝蔚游南京的;《上巳集汪叔定季角见山楼》《七夕送王阮亭先生》,是康熙四年(1665)上巳在扬州游汪氏爱园登见山楼和七夕在禅智寺送别王士禛而作;《流民船》则描写了康熙九年(1670)五月淮扬大水,十二月淮扬大雪,连阴三十余日,严寒积冰,饥民数万的凄惨情景。其他如《过史公墓》《扬州杂咏》等,都从不同的角度反映了扬州的历史和现实。值得注意的是下面两首诗。一为《一钱行赠林茂之》,诗云:

> 先生春秋八十五,芒鞋重踏扬州土。
>
> 故交但有丘茔存,白杨催尽留枯根。
>
> 昔游倏过五十载,江山宛在人代改。
>
> 满地干戈杜老贫,囊底徒余一钱在。
>
> 桃花李花三月天,同君扶杖上渔船。
>
> 杯深颜热城市远,却展空囊碧水前。
>
> 酒人一见皆垂泪,乃是先朝万历钱。

林古度,字茂之,是一位有民族气节的诗人。康熙三年(1664),八十五岁的林茂之来扬州,与吴嘉纪相见。据王应奎《柳南续笔》说:"侯官林茂之有一万历钱,系臂五十余载,以已为万历时所生也。泰州吴野人为赋《一钱行》以赠之。"在这首诗里,吴嘉纪以高超的艺术手法,通过这枚前朝钱币的富有戏剧性的描写,表达了深沉的故国之思。

还有一首叫《过兵行》,诗云:

> 扬州城外遗民哭,遗民一半无手足。
> 贪延残息过十年,蔽寒始有数椽屋。
> 大兵忽说征南去,万里驰来如疾雨。
> 东邻踏死三岁儿,西邻房去双鬟女。
> 女泣母泣难相亲,城里城外皆飞尘。
> 鼓角声闻魂已断,阿谁为诉管兵人?
> 令下养马二十日,官吏出谒寒栗栗。
> 入郡沸腾曾几时,十家已烧九家室。
> 一时草死木皆枯,昨日有家今又无。
> 白发夫妻地上坐,夜深同羡有巢乌。

诗中写的是扬州屠城十年后的情况。诗中没有也不可能正面描写清兵南下血洗扬州的情状,但十年后惨烈如此,便不难推想十年前屠城之酷令人发指。这正是这首诗能给人以震撼的地方。

吴嘉纪一生不为时人所知,晚年得到周亮工、王士禛的誉扬,才稍稍引起人们的注意,可惜不久便去世了。

吴绮(1619—1694),字茜次,号听翁,扬州人。任京官多年,康熙五年(1666)出知浙江湖州府。居官清介,人称其尚风节、多风力、饶风雅,为"三风太守"。罢归无田宅,购废园以居,求诗文者以花木为润笔。与施闰章、徐乾学、吴伟业、宋琬、周亮工等诸名家过从甚密,吴伟业赠诗有"官如残梦短,客比乱山多"之句。他所作的《扬州鼓吹词》,写扬州风物最为传神,连妇孺皆能习诵。

有一位安徽太和人石庞,系清初戏曲作家,善制曲。他在扬州的具体活动不详,但他有一组散曲《广陵端午》,很为生动。"听东西喧嚷乱如麻,男女喜喳喳。折这是扬州道上越繁华,恰便是端午新夏。""竹西楼,虹桥坝,酣歌醉语,知是谁家。""排列着肉和鲊,饮香醪杏花……吃香泉露芽,有冷冰冰水粉儿凉似西瓜。"恰似一幅当时扬州端午的风俗画卷。

在扬州诗酒活动名声最大的要数王士禛了。王士禛(1634—1711),字贻上,号阮亭,别号渔洋山人,山东新城(今桓台)人。顺治十五年(1658)进士,十六年(1659)选扬州推官。在扬州期间,"昼了公事,夜接词人",主持风雅。康熙元年(1662)他与在扬州诸名士作诗酒之会于红桥,有《浣溪沙》二首,前序(或称《红桥游记》)云:

出镇淮门,循小秦淮折而北。陂岸起伏多态,竹木蓊郁,清流映带,人家多因水为园,亭榭溪堂,幽窈而明瑟,颇尽四时之美。挐小艇循河西北行,林木尽处,有桥宛然,如垂虹下饮于涧,又如丽人靓妆袨服,流照明镜中,所谓红桥也。游人登平山堂,率至法海寺。舍舟而陆,径必出红桥下。桥四面皆人家荷塘,六七月间,菡萏作花,香闻数里,青帘白舫,络绎如织,良谓胜游矣。予数往来北郭,必过红桥,顾而乐之。登桥四望,忽复徘徊感叹。当哀乐之交乘于中,往往不能自喻其故。王谢冶城之语,景晏牛山之悲,今之视昔,亦有然耶?壬寅季夏之望,与箨庵、茶村、伯玑诸子偶然漾舟,酒阑兴极,援笔成小词二章,诸子倚而和之,箨庵继成一章,予亦属和。嗟夫!丝竹陶写,何必中年?山水清音,自成佳话。予与诸子聚散不恒,良会未易遘,而红桥之名,或反因诸子而得传于后世,增怀古凭吊者之徘徊感叹,如予今日,未可知也。

词云:

虹桥修禊

　　北郭清溪一带流,红桥风物眼中秋,绿杨城郭是扬州。　　西望雷塘何处是,香魂零落使人愁,淡烟芳草旧迷楼。

　　白鸟朱荷引画桡,垂杨影里见红桥,欲寻往事已魂销。　　遥指平山山外路,断鸿无数水迢迢,新愁分付广陵潮。

　　大家纷纷唱和,成《浣溪沙》无数。后来王士禛等从这些词中选出十首辑为《倚声初集》,注云:"红桥词即席赓唱,兴到成篇,各采其一,以志一时胜事。当使红桥与兰亭并传耳。"这些词,尤其是王士禛的词,确实流传广泛。近代词家朱孝臧有词云:"消魂极,绝代阮亭诗。见说绿杨城郭畔,游人争唱冶春词,把笔尽凄迷。"可见其词影响之一斑。

　　按季节说,这次不能叫"修禊"(修禊应为三月三日),但人们仍以修禊目之,一直流传下来,保障河(今瘦西湖)有"红桥修禊"的景点,即因此。

　　康熙三年春,王士禛又与林茂之、杜濬、孙祖望、孙豹人等修禊于红桥。王士禛有《冶春绝句》二十首,其中如"今日东风太狡狯,弄晴作雨遣春来。

江梅一夜落红雪,便有夭桃无数开";"红桥飞跨水当中,一字阑干九曲红。日午画船桥下过,衣香人影太匆匆";"东风花事到江城,早有人家唤卖饧。他日相思忘不得,平山堂下五清明"等等,都是广为传诵的名诗。

王士禛对他在扬州作推官的这段生活很怀念,特别对写出"绿杨城郭是扬州"这样的诗句颇为自得。四十年后,在《送张杞园待诏之广陵》一诗中,还念念不忘地说:"茱萸湾上夕阳楼,梦里时时访旧游。少日题诗无恙否,绿杨城郭是扬州。"确系真情实感。

后来效仿王士禛的,有乾隆时任扬州两淮盐运使的卢雅雨。这时,"一字阑干九曲红"的红桥已建成为拱形石桥,所以卢雅雨修禊的地点写作"虹桥",以示桥如长虹悬跨湖上。卢雅雨作有七律四首,广为征和,据说依韵和诗的有七千人,编次得三百余卷。

《聊斋志异》作者蒲松龄,与扬州也有一段因缘。康熙九年(1670)秋:"家贫不足自给"的蒲松龄,应同邑友人、宝应知县后又兼署高邮州事的孙蕙(字树百)之聘,离家乡山东淄川南下,到宝应做幕宾。北方人来到南方,对一切风物都感到新鲜,除应付公事外,常陶醉于宝应、高邮、邵伯、扬州的美景中。《射阳湖》《早过秦邮》《泛邵伯湖》《泊舟》等诗,都反映了这种心情。他曾随孙蕙两次来过扬州,大概因公事而来,没有多作停留。一次是康熙十年(1671)元宵节后,一个风雪之夜,他们赶往扬州。蒲松龄有《元宵后与树百赴扬州》二首。其一曰:"沽三白酒供清饮,携岕山茶佐胜游。分赋梅花漾轻桨,片帆风雪到扬州。"其二曰:"我到红桥日已曛,回舟画桨泊如云。饱帆夜下扬州路,昧爽归来寿细君。"他们在雪夜的舟中喝酒、饮茶、赋诗,清晨赶到扬州,办完事后,落日时分到红桥转了一下,接着便连夜回宝应了。还有一次也是夜里来扬州的,天气不错,蒲松龄有《夜下扬州》诗:"梦醒帆樯一百里,明月江树密如排。舟中对月拥窗坐,烟舍村楼尽入怀。"舟中一觉醒来,扬州已经在望,眼前一片清新晨景,顿感心胸大开。这次仍是匆匆而来,匆匆而归。

南游期间,蒲松龄对谈狐说鬼的兴趣不减,所谓"途中寂寞姑言鬼,舟上招摇意欲仙"。《聊斋志异》中有几篇描述发生在扬州一带的故事,很可能是这期间收集的素材。

《长生殿》的作者、一生不得志的戏剧家洪昇（1645—1704），字昉思，曾数度来扬州。康熙七年（1668）春，二十四岁的洪昇由家乡杭州赴北京国子监肄业，途经扬州。这次大概是他初见长江奇观，大开了眼界。他在《晓渡扬子江》结句中说，"不睹江山奇，谁知天地大"，说明他面对大江，顿有胸襟开阔之感。康熙十一年（1672），洪昇游罢开封返杭，路过瓜洲，写有《更漏子·题瓜洲旅壁》，词云："曙星稀，残月坠，鸡唱远村烟霁。沙草滑，马行难，披裘冲晓寒。　　纱窗静，罗帏冷，忆得闺人独醒。归去也，尚愁多，长留可奈何？"一种旅途落魄悲愁之状溢于言表。康熙十三年（1674）春，洪昇再度赴京谋求生计，过扬州，有《扬州道中》曰："春雨朝来歇，新花堕作泥。东风催客泪，独马过隋堤。龙舸苍波远，迷楼蔓草齐。兴亡不可问，落日又乌啼。"道出了身世之感和兴亡之思。康熙二十五年（1686）春，洪昇由京返里省亲，又过扬州，拜访了暂住扬州的诗人汪鹤孙，并把自己所作的新乐府送给汪看。汪有《洪昉思见访维扬出所制新乐府见示》云："暂驻行骖把酒卮，探囊披锦读新词。应嫌梦得才情少，但解灯前唱竹枝。""对酒当歌意自真，比来狂态更无伦。平生何事称同调，本色文章澹荡人。""朱邸论交竟若何，闭门还听雪儿歌。自翻新调教摹写，俗本偏嫌衬贴多。""凤昔穷研在词赋，壮心徒耗苦难成。直拟低头拜东野，岂论年长合称兄。"对洪昇的文章才情称赏不已。洪昇还与诗人孙豹人宴饮甚欢。洪昇有一首《挽孙豹人先生》，是得悉孙去世后写的，诗云："庾亮楼中共举杯，玉箫金管醉还催。一江风雪人才到，二月莺花讣已来。"意思是说，一同欢宴的场景还历历如同昨日，想不到分别不久孙就逝世了。诗中的"庾亮楼中共举杯"，就是回忆本年与孙在扬州畅饮的事。

康熙二十七年（1688），洪昇再次赴京，又在扬州停留。这时他的友人倪匡世寓居扬州。倪辑有《诗最》一书，趁洪昇来扬的机会，请他审定了其中的第七卷。同时在扬州的还有杭郡文人徐旭旦，撰有《灵秋会》杂剧，也请洪昇为之校订。临行前，洪昇有诗留寄汪舟次，题曰《将入都门过维扬留寄汪舟次检讨》。

　　洪昇此次进京,第二年就发生了因演《长生殿》而遭祸的事。《长生殿》是洪昇用十多年时间,三易其稿,于康熙二十七年(1688)定稿的一部名剧。作品的主要内容,用洪昇自己的话说,是"借《太真外传》谱新词,情而已"。这部剧写成后,马上风行开来。康熙二十八年(1689)八月,洪昇招伶人于宅中演《长生殿》,许多名士都前往观赏。这时正是孝懿皇后去世不久,犹未除服,这就让厌恶此剧的大学士明珠抓到了把柄,由给事中黄六鸿出面,劾洪昇等于"国恤"期间张乐,犯"大不敬"罪。康熙本来就不满此剧,遂系洪昇于刑部狱,不久狱决,革去洪昇的国学生籍,参加观看的朱典、赵执信、翁世庸革职,查慎行、陈奕培也革去国学生籍。赵执信晚年有诗云"可怜一夜《长生殿》,断送功名到白头",即指此事。事发后,受到处罚的人大都先后离京,洪昇因种种原因,直到康熙三十年(1691)方回到杭州。此后生活日益潦倒,没有再来过扬州。

　　当时著名的戏剧家、《桃花扇》的作者孔尚任,与洪昇并有"南洪北孔"之称,但与扬州的关系远比洪来得密切。

　　孔尚任(1648—1718),字聘之、季重,号东塘、岸堂,自称云亭山人,山东曲阜人,是孔子的六十四代孙。康熙二十二年(1683)冬,康熙南巡回京的途中,顺便到曲阜去祭孔,孔尚任以监生的身份充任诗礼堂讲书官,为康熙讲了《大学》。皇帝很满意,回京之后任孔尚任为国子监博士,孔从此走上了仕途。

　　孔尚任任国子监博士的第二年,康熙因江南扬州、淮安一带连年大水、灾情严重,派兵部侍郎孙在丰到当地治河,命孔尚任随同前往。孔尚任本以为通过这个机会,可以施展他的"经济之才",哪知此时河道总督靳辅正与漕运总督慕天颜因意见不合发生冲突,各自上疏相互攻讦,把来了不久的孙在丰也缠夹在内,结果一起被免了职,河工也停顿下来。孔尚任担了个留守的差使,前后在这一带三年多,奔走于南京、扬州、真州、泰州、兴化、海安之间,而以在扬州的时间为最长。他虽参加治河未成,却有机会了解到淮扬一带的风土人情和民生疾苦,又凭吊了许多历史遗迹,增强了他对南明之亡和抗清斗争的认识,为他后来创作《桃花扇》打下了基础。

　　孔尚任来后不久，便发觉那些挂着"水部"头衔的官员们整天宴饮无度，根本不把治水的事放在心上；那些驻淮、扬的开府大吏，也只知设宴观剧，尽情享受。面对如此情景，孔尚任忧心忡忡，在《淮上有感》中说："皇华亭下使臣舟，冠盖逢迎羡壮游。箫鼓欲沉淮市月，帆樯直蔽海门秋。九重图画筹难定，七邑耕桑户未收。为问琼筵诸水部，金尊倒尽可消愁？"诗的语言辛辣，情绪相当激愤。

　　像孔尚任这样关心民瘼而又不愿和一般官吏同流合污的人，是不会受到官场欢迎的，于是到处受冷遇。在《记陈庵》一文中，他写到这样一件事：初到泰州，地方官为他安排办公地点和宿处，供应一切生活用具，而且不到十天，就换了几次新的。渐渐地不那么热情了，东西用坏了才有人来换；渐渐地厌烦起来了，东西坏了也没有人换；最后很为厌恶了，撤掉安排的场所，拿走所有的用具，使他无安身之处，他只好住到一个叫"陈庵"的地方去。从这件事可见其处境之艰。他自己的生活也越来越困难，不得不卖掉心爱的马，甚至穷到"大约离唱莲花落不远"（按，指乞讨）的程度。

　　孔尚任在这段时间里，天天看到的是官场的华堂琼筵，却看不到一点治水的影子，心情很沉重。后来他在《待漏馆晓莺堂记》一文中说："今来且三年矣，淮流尚横，海口尚塞；禾黍之种未播于野，鱼鳖之游不离于室；漫没之井灶场圃，漂荡之零棺败椁，且不知处所。而庙堂之上，议论龃龉，结成狱案；胥吏避匿，视为畏途……"除了这些职务上不顺心的事，孔尚任也有另外一面的生活，那就是踏访名胜古迹，抒发自己的情怀。他在扬州游过红桥："红桥一曲绿溪村，新旧垂杨六代存。酒旆时摇看竹路，画船多系种花门。曾逢粉黛当筵醉，未许笙歌避吏尊。可惜同游无小杜，扑襟丝雨乍消魂。"登过平山堂："庆历遗堂见旧颜，晴空栏槛俯邗关。密疏堤上千丝柳，深浅江南一带山。文酒犹传居士意，烟花总待使君闲。行吟记取松林路，每度春风放艇还。"拜谒过梅花岭："梅枯岭亦倾，人来立脚叹。岭下水滔滔，将军衣冠烂。"这些诗有的清新自然，如《红桥》《游平山堂》；有的借题发挥，如《梅花岭》。诗的意思很清楚，治水不力，水已漫到梅花岭下，埋在墓中的史可法的衣冠已被泡烂了。此类作品,在孔尚任的诗作中颇为突出。

孔尚任在这里还结识了不少友人,像冒辟疆、汪琬、邓汉仪、许漱雪、宗定九、杜濬、吴绮等,都是一代文士。和他们在一起,孔尚任才能暂时忘记官场的丑恶。

顺便一提,大画家石涛于康熙二十六年(1687)在扬州参与过孔尚任的秘园雅集。

康熙二十九年(1690),孔尚任回到北京,先后任国子监博士户部主事、户部广东司员外郎。康熙三十八年(1699),《桃花扇》写成。《桃花扇》中写到扬州的地方不少。此剧演出很成功,却引起了康熙的注意,命"内侍索《桃花扇》甚急"。孔尚任一时手中没有现成的本子,"乃于张平州中丞家觅得一本,午夜进之直邸"。孔尚任不久就被免官了,或与康熙不满《桃花扇》有关。

再说说著名小说家吴敬梓与扬州的关系吧。读过吴敬梓《儒林外史》的人都知道,小说中不少人物的活动和情节的开展都以扬州为背景,提到的许多街巷和寺院如五城巷、三义阁、子午宫、兴教寺、古木兰院等,至今扬州仍有保留或有踪迹可寻;使用扬州一带的方言俗语,如"局住"(揪住),"生疼"(非常疼),"只顾羊卵子,不顾羊性命","一斗米养个恩人,一石米养个仇人"等,至今还常出于扬州人的唇齿间,这一切并非偶然。沈大成在《全椒吴征君诗集》序中说:"故征君全椒吴敏轩(按,吴敬梓,字敏轩,安徽全椒人)先生自其家移家白下,出游江淮间,留扬最久。"吴敬梓自离开家乡全椒,除了定居南京,就数在扬州的时间最长,他对扬州的风土人情有深刻的了解。

吴敬梓很爱扬州风物。雍正十三年(1735),吴敬梓寓扬州,有一次将游平山堂为风雪所阻,有《将往平山堂风雪不果二首》,表达了对平山堂的向往。其一曰:"平山堂畔白云平,文藻偏能系客情。不似迷楼罗绮尽,只今惟有暮鸦声。"其二曰:"空怀迁客擅才华,不见雕阑共绛纱。却忆故山风雪里,摧残手植老梅花。"

吴敬梓常逗留于扬州,还由于这里有他的亲友,他可以得到生活上和精神上的支持。乾隆十九年(1754),五十四岁的吴敬梓最后一次做客扬州,住在琼花观街他的族人吴一山家。他在扬州交游颇广，往来最密切的，是住在徐凝门的金兆燕。金兆燕是吴敬梓的表兄金矩的儿子，为吴敬梓的晚辈。他们不分风晨雨夕，常嬉游于琼花观等处。金兆燕在《甲戌仲冬送吴文木先生旅榇于扬州城外登舟归金陵》诗中说："……我居徐宁门，君邻后土祠。昕夕相过从，风雨无衍期。峨峨琼花台，郁郁冬青枝。与君攀寒条，泪下如连丝……"

这期间到扬州来看过吴敬梓的有淮安程晋芳。程是盐商，却雅好学问，又富藏书，他曾"罄其资购书五万卷"，又"视朋友如性命，救人之患，周人之急"，是一个好客不俗的人。他与吴敬梓有很好的交谊，十多年前曾请吴敬梓到他淮安家中做过客。但这时的程晋芳因盐务失败，生活已很贫困。两人在扬州相遇，吴敬梓十分同情地说："子亦到我地位，此境不易处也。"他们相知甚深，感情十分诚挚。

这一年的十月二十八日，吴敬梓儿子吴烺的同事嘉兴人王又曾船过扬州。王对吴仰慕已久，在京时又听吴烺说他父亲就住在扬州族人家，便登岸前往拜访，果然找到了。下午吴又到王的舟中回访。"乘暮谒客归，呼尊醽一卮。"吴敬梓回来后，还喝了点酒，不料醉卧后忽患痰涌，来不及救治就逝世于琼花观街的族人家中。

据说吴敬梓去世前几天，与友人酣饮大醉，高诵唐张祜"人生只合扬州死"诗句，结果竟然死在扬州，不能不说是一种巧合。程晋芳在《哭敏轩》中所言"生耽白下残烟景，死恋扬州好墓田"，即指此事。

不过吴敬梓并没有葬在扬州。吴去世的第二天，由王又曾报告了两淮盐运使卢见曾，在卢的帮助下，买棺而殓之，归葬于南京。关于他的葬地，一说在清凉山麓，一说在凤台门（今南京中华门）外，还有待进一步查证。

据金和的《儒林外史》跋可知，吴敬梓去世后，金兆燕官扬州学府教授时，曾将《儒林外史》梓以行世。金任扬州学府教授在1768年至1779年之间，那么这个本子当刻于1779年以前，这是《儒林外史》最早的一个扬州刻本。可惜这个版本至今尚未发现，不能不说是一大憾事。

还可一提的是，《儒林外史》最早的评本是"卧闲草堂"评本，也是现传

《儒林外史》的祖本。"卧闲"为谁,现在尚不清楚,从评中熟悉吴敬梓的创作意图和熟悉扬州的习俗来看,即使不是扬州人,至少也是久居扬州的人。

有专家提出《红楼梦》的作者曹雪芹来过扬州,这尚是猜测多于实证。例如有一种说法,扬州园林"水竹居"就与怡红院极为相似,这应是曹雪芹某次来扬州得到的启发,按"水竹居"的名字为乾隆三十年(1765)第四次南巡御赐,其建成在这之前不久。而《红楼梦》现存最早的传抄本"甲戌本"(乾隆十九年,1754)《脂砚斋重评石头记》十六回残本,已提到大观园中的景点名(如"潇湘馆春困发幽情")说明书中的园子早已建好了,再说不论曹雪芹死于壬午除夕(1762)还是癸未除夕(1763),他生前是见不到"水竹居"的。这种说法并不符合事实。但也不能说《红楼梦》中就没有扬州的影子,这和他的家世有关。

谈曹家和扬州的历史渊源,要从曹雪芹的祖父曹寅说起。自康熙四十三年(1704)任命江宁织造曹寅和曹寅的舅爷、苏州织造李煦隔年交替做两淮盐御史,曹家就和扬州有了直接关系;直到康熙五十一年(1712)曹寅逝世,前后来往于扬州达八年之久。当时的巡盐御史衙门在原扬州新华中学所在地,今已不存。

曹寅是康熙颇为信任的人物,他在扬州干过几件大事,如奉命刊刻《全唐诗》《佩文韵府》等。而声势最大的要算"接驾"。《红楼梦》第十六回赵嬷嬷说:"嗳哟哟,好势派! 独他家接驾四次,若不是我们亲眼看见,告诉谁谁也不信的。"这说的是"江南的甄家",其实是曹家的影子。康熙六次南巡,曹寅接驾四次,特别是康熙四十四年(1705)第五次南巡,曹寅既以江宁织造的身份在南京接驾,又以巡盐御史的身份赶到扬州接驾。这一次他和李煦各捐银两万两,李灿捐银一万两,修缮三汊河塔湾行宫(遗址在今扬州邗江区三汊河畔高旻寺内)。当时的盛况是:"行宫宝塔上灯如龙,五色彩子铺陈,古董书画无计其数,月夜如昼。"这真如赵嬷嬷说的"把银子都花的淌海水似的","别讲银子成了土泥,凭是世上所有的,没有不是堆山塞海的,'罪过可惜'四个字竟顾不得了"。也即张符骧在《竹西词》里尖锐指出的,"五色云霞空外悬,可怜锦绣欲瞒天","三汊河干筑帝家,金钱滥用比泥沙"!

曹寅于康熙五十一年（1712）监刻《佩文韵府》期间病逝于扬州廨所。曹寅病重时，康熙曾派驿马星夜送药，药未至而曹寅已殁。曹寅死后，留下历年五十余万两银子的亏空，由李煦继任巡盐御史代为补完。

这一切，应是少年曹雪芹耳熟能详的。了解了这一些，对曹雪芹在《红楼梦》里写贾雨村游扬州"智通寺"巧遇冷子兴，写"贾夫人仙逝扬州城"，"林如海捐馆扬州城"，写贾宝玉对林黛玉讲扬州黛山林子洞里的小耗子，写薛宝琴的《广陵怀古》，还有其他等等关于扬州的事情，就不足为奇了。

清代有一本篇幅不大但影响不小的书《浮生六记》，作者沈复和他的夫人陈芸虽是苏州人，他们一生的悲欢离合，却大多上演在扬州这个舞台上。

乾隆四十八年（1783），沈复的老师蒋思斋应聘扬州，沈复便随之同来。第一次来扬州，沈复的心情是愉快的，他尽览了园林之胜。《浮生六记·浪游记快》说：

> 癸卯春，余从思斋先生就维扬之聘……渡江而北，渔洋所谓"绿杨城郭是扬州"一语已活现矣。平山堂离城约三四里，行其途有八九里。虽全是人工，而奇思幻想，点缀天然，即阆苑瑶池、琼楼玉宇，谅不过此。其妙处在十余家之园亭合而为一，联络至山，气势俱贯。其最难位置处，出城入景，有一里许紧沿城郭。夫城缀于旷远重山间，方可入画。园林有此，蠢笨绝伦。而观其或亭或台，或墙或石，或竹或树，半隐半露间，使游人不觉其触目，此非胸有丘壑者断难下手。城尽以虹园为首。折而向北，有石梁，曰"虹桥"……荡舟过，曰"长堤春柳"。此景不缀城脚而缀于此，更见布置之妙。再折而西，垒土立庙，曰"小金山"。有此一挡便觉气势紧凑，亦非俗笔……过此有胜概楼，年年观竞渡于此。河面较宽，南北跨一莲花桥。桥门通八面，桥面设五亭，扬人呼为"四盘一暖锅"……桥南有莲心（性）寺。寺中突起喇嘛白塔，金顶缨络，高矗云霄，殿角红墙松柏掩映，钟磬时闻，此天下园亭所未有者。过桥见三层高阁，画栋飞檐，五彩绚烂，叠以太湖石，围以白石阑，名曰"五云多处"，如作文中间之大结

构也。过此名"蜀冈朝旭"……将及山,河面渐束,堆土植竹树,作四五曲,似已山穷水尽,而忽豁然开朗,平山之万松林已列于前矣。

此文写得生动而具体,不仅可以想见当时园亭之多而精,匠心独运,也可为今天的园亭建筑提供可贵的参考材料。

沈复第二次来扬州为乾隆五十五年(1790),是随父沈稼夫同来的。沈稼夫要纳妾,做儿子和媳妇的不敢不依,结果弄得婆媳失和。后来沈稼夫又迁怒于媳妇,逐出陈芸,沈复夫妇只好离家别居。

嘉庆六年(1801),窘困不堪的沈复至扬州贡局司事代理笔墨。第二年十月,陈芸携婢子阿双来扬州,在先春门外赁临河之屋两椽以居。她们刚到,沈复的职务就被裁掉了,陷于进退两难之中。在穷愁的重压下,陈芸患血疾,不久婢子阿双席卷而逃,从此陈芸一病不起,于嘉庆八年(1803)三月殁于扬州。陈芸死后,沈复求得友人的帮助,又尽卖室中所有之物,亲为入殓,葬于扬州西门外之金桂山,俗呼郝家宝塔的地方。金桂山亦作金匮山、金龟山,在扬州西郊不远处,现已不存。

有人说,沈复、陈芸夫妇不同凡俗的性格的形成,受到《红楼梦》的影响,这只能是一种臆测了。

3. 清代扬州学派

扬州学派是清乾、嘉间形成的一个有独创精神的学术派别。当时考据学派盛行,不少考据学家在整理、校订、训释古代文献上做出了很大成绩。其中一些扬州学者,继承、借鉴吴学(惠栋)、徽学(戴震)的治学方法而有所创造发展,独树一帜,形成了历史上著名的扬州学派。

其声名卓著者如高邮王念孙(1744—1832)、王引之(1766—1834)父子。王念孙曾师从戴震,于文字、声韵、训诂方面尽得其传。代表作《广雅疏证》十年成书。他在序中说："窃以诂训之旨，本于声音。故有声同字异，声近义同，虽或类聚群分，实亦同条共贯。"又说："训诂之旨，存乎声音，字之声同声近者，经传往往假借。学者以声求义，破其假借之字，而读以本字，则涣然冰释。"这些精辟之论，为清人研究训诂的一大发现，使训诂成为中国语言学科中有系统、有理论、有严谨方法的学问，成为此后研究的准绳。所著《读书杂志》，对《逸周书》《战国策》《管子》《淮南子》《史记》《汉书》等多部古籍的文字、音训、句读作了精审的考订，胜义环生，为世所重。闻一多视其为研究古典案头必备之书。

王引之得其父之传，精于名物训诂及校勘之学。所著《经义述闻》，其中十之三为其父所述，十之七为己之所得，对十多种经书元典，训诂名物，校勘字句，阐释经义，破读假借，订正讹误，旁征博引，多有发明。《经典释词》一书专门解释古书虚词，综合各种古书中的用例参互比证，得其确解，并已能联系到语法范畴。

扬州汪中（1743—1794），字容甫，出身孤苦，无力读书，靠在书铺里做伙计得以偷空自

高邮王念孙、王引之父子
（选自《清代学者象传》）

学。二十岁时补了一个秀才。他绝意进取，过着以文为生的清苦生活，对先秦古籍，三代、两汉学制，以及文字、训诂、度数、名物等方面都有深刻的研究。他有几部著作都已佚失，所存《述学》六卷，是他一生治学的总结。不仅在治经史上有前人所未及的见解，且敢于大胆驳斥封建礼教和迷信，在当时实为难能可贵。并世学人如王念孙、刘台拱都推崇他的学识，认为他"讨论经史，榷然

疏发,挈其纲领","识议超卓,唐以下所未有"。汪中还是一位文章高手,《哀盐船文》一问世,就被誉为"惊心动魄,一字千金"。他的文章根柢经史,陶镕汉魏,自铸伟词。其辞旨之美,当时的学者没有一个能和他相比的。乾隆六十年(1795),应邀赴杭州检校文澜阁《四库全书》,十月下旬着手检校,十二月中旬即殁于杭州,享年五十一岁。他尚有《尚书考异》《春秋述义》《广陵通典》《容甫先生遗诗》等传世。他的儿子汪喜孙,幼年丧父而能发奋自立,在学问上自有造就。《述学》内、外篇为汪中手订,补遗别录则是汪喜孙搜遗篇残简补辑而成,还撰有《汪容甫先生年谱》等。

汪中墓在东郊上方寺之西北处,今尚存。

宝应刘台拱(1751—1805),博究群书,尤精于《三礼》《论语》《荀子》《汉书》。以汉儒的训诂整理旧籍,很有成就。他著述不多而质量甚高,友人如段玉裁、王念孙、汪中等都叹服他的精博。王念孙在《刘端临遗书序》中称他"于天文、律吕、六书、九数、声韵之学莫不该洽。穷治诸经,于《三礼》尤粹。精思卓识,坚确不移"。刘宝楠是刘台拱的侄辈,从小即受教于台拱。他精研群经,对《毛诗》《三礼》均有著述。后来尽心于《论语正义》的撰述,只完成了十四篇,以下是他的儿子刘恭冕续成的。刘宝楠以经学知名,也工于诗,在学者而兼诗人中,他算一个名家了。

扬州焦循(1763—1820),字里堂,奉母家居,在北湖筑雕菰楼,读书著述于其中。为学宗戴震,也从训诂入手以求通达义理。于《论语》《周易》《尚书》《毛诗》《左传》《礼记》都有补疏,而一生精力尤专注于《周易》。所著《雕菰楼易学三书》,清除了两千年来特别是宋以来对《周易》的许多误解,为从来治《易》者所不及,王引之称之为"凿破混沌,扫除云雾,一一推求,至精至实"。焦循晚年撰《孟子正义》,试图以易学的通变理论解释《孟子》,构建自己的思想体系。他还精于数学,著有《加减乘除释》,对中国古代数学在运算规律方面进行了理论总结。焦循对戏剧也很有研究,著有《剧说》和《花部农谭》。《剧说》辑录了唐、宋以来散见于各书的戏曲资料,以及有关戏曲的遗闻轶事、戏曲故事的来源演变等,采用书籍一百六十多种,是一部很有参考价值的戏曲史料。《花部农谭》则是对当时盛行于扬州的地方戏作了颇有见地的评说。焦循将昆曲和花部作了比较，认为昆曲虽极谐于律而病在繁缛，花部音调慷慨，激发人心；昆曲虽文辞典雅而难于理解，花部词意直质，妇孺都解；昆曲内容多男女猥亵，花部多忠孝节义，足以动人。有此"三长"，他特爱好地方戏曲。这些独特的见解，对地方戏曲的发展起了有力的推动作用。

仪征阮元（1764—1849），字伯元，号芸台。一生虽为达官而不废学问，于经史、小学、天算、舆地、金石、校勘都有很深的造诣。他的训诂之学得之同郡前辈王念孙，阐明义理则与族姊夫焦循相近。所到之处，喜以经术文章倡导后进。他组织编纂的《经籍籑诂》，把古书所见每字的训释编录一起，检一字而众义俱在，实为训诂资料的总汇，极为实用的工具书。他组织汇刻《十三经注疏》并自撰校勘记；汇刻《皇清经解》，在很大程度上总汇了乾嘉汉学在训诂、校勘、解经等方面的成果，被誉为"乾嘉学派的集大成者"。他还编写了一部科学史性质的著作《畴人传》，收入自黄帝至清代中叶的天文学家、数学家243人，附西方天文学家和数学家37人，计280人，这是前所未有的，也是眼

阮元家庙及宅第　　　　　　　　　　　阮元像

光远大的。他论及撰写目的时说："综算氏之大名,纪步天之正轨,质之艺林,以谂来学……乃儒流实事求是之学。"阮元明确提出研究科学"乃儒流实事求是之学",是经世致用的突出表现。

为传播学术,阮元极好为人出书,并世学者如钱大昕、汪中、刘台拱、孔广森、焦循、凌廷堪的遗作都是他一一为之刊布。此外,他对地方文物遗址的维护,也做了许多切实的工作。

阮元的著作,有《揅经室集》传世。有关阮元的遗迹,除阮氏家庙外,位于北郊中雷塘的阮元墓,至今完好。

仪真刘文淇(1789—1854),以博通经史知名于江淮间,与宝应刘宝楠齐名,有"扬州二刘"之称。他把主要精力用在《左传》旧疏考正和《左传》旧注疏证上,欲实事求是地阐明左氏大义。这是一项规模很大的工程,历经四十年,仅完成旧疏考正,旧注疏证只有一个框架。后来他的子孙刘毓崧、刘寿曾相继纂述,也仅止于襄公四年,三世均未完成。1959年,由科学出版社出版的《左传旧注疏证》,起隐公五年,尽襄公五年,虽是一部未完稿,但对研究《左传》仍有极大参考价值。

刘文淇除潜心研究《左传》外,还据《左传》《吴越春秋》《水经注》等文献考证扬州形势,著有《扬州水道记》,有较大参考价值。

刘氏的故居"青溪旧屋",在东圈门街,尚完整保存。

扬州学派中有成就的人物众多,很难一一列举。作为扬州学派后人的刘师培,对扬州学派有一段带有总结性的话:"戴氏弟子,舍金坛段氏(按,指段玉裁)外,以扬州为最盛。高邮王氏传其形声训诂之学,兴化任氏传其典章制度之学。王氏作《广雅疏证》,其子引之申其义,作《经传释词》《经义述闻》,发明词气之学……仪征阮氏,友于王氏、任氏,复从凌氏廷堪、程氏瑶田问故,得其师说。阮氏之学,主于表微……贯纂群言,昭若发蒙,异于饾钉猥琐之学。甘泉焦氏,与阮氏切磋……发明大义,条理深密。虽立说间邻穿凿,然时出新说,秩然可观,亦戴学之嫡派也。"说得很有道理,但只着眼于他们是徽学戴震的传人,忽视了扬州学派的独创精神,未免以偏概全。

倒是已故当代学者张舜徽先生说得全面："清代学术,以为吴学最专,徽学最精,扬州之学最通。无吴、皖之专精,则清学不能盛,无扬州之通学,则清学不能大……扬州诸儒,承二派以起,始由专精汇为通学,中正无弊,最为近之。"诚通达之论。

扬州学派的实事求是、通经致用的精神,至今仍为严肃的学者所遵奉,并光而大之。这一份宝贵的文化遗产,是中国学术史上的瑰宝,更是扬州文化史上的骄傲,对我们建设古代文化与现代文明交相辉映的扬州,仍有积极的继承借鉴意义。

4. 清代扬州画派

清代康、乾之际,扬州吸引并聚集了一大批知名书画家。据《扬州画舫录》所载,生活在扬州的画家前前后后有四百多人。其中令人耳目一新的,是以"扬州八怪"为代表的扬州画派。

据《瓯钵罗室书画过目考》载,"八怪"为金农、黄慎、郑燮、李鱓、李方膺、汪士慎、高翔、罗聘八人。此后的记载,也有将华喦、高凤翰、陈撰、闵贞、李葂、边寿民等列入的。"八"不一定是实数,有这么一批"怪"画家就是了。

这批画家大多出身于封建社会下层,有的曾做过地方官,有的终生布衣,都比较接近社会现实。当时画坛上,占正统地位的"四王吴恽",即王时敏、王鉴、王翚、王原祁及吴历、恽寿平等,功力深厚,却因循守旧,造成了一种重模仿轻创造的风气。"八怪"们不满意这种画风,他们继承了徐渭、朱耷,特别是石涛的独创精神,打破束缚,各抒所长,形成了自己独特的风格。由于他们的画风和正统画派形成鲜明对比,因而被目为"八怪"。

说"八怪",不能不先说石涛。石涛(1642—约1718),本姓朱,名若极,是明王室的后裔,在同室操戈、国亡家败的日子里出家为僧。他是一位大画家,一生"搜尽奇峰打草稿",在山水画上创造了一种新境界。他多次来到扬

金农《梅花册页》

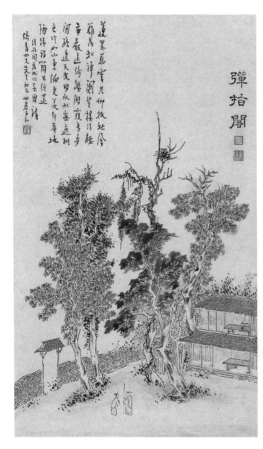

高翔《弹指阁图》

郑燮《竹石图》

州,晚年更定居扬州,以卖画为生。病逝后葬于蜀冈平山堂后。

石涛是一代大画师,主要活动地又在扬州,他对"八怪"的影响是直接而巨大的。无怪乎有人说,"石涛不到扬州,就无扬州画派",这有一定道理。

"八怪"师法石涛,是遗貌取神,他们各有自己的面貌,不为一种格局所拘。金农原精书法,吸取《西岳华山碑》《国山碑》等内在精神而加以潜心创造,别具神采。五十多岁时才开始作画,常以淡笔干笔作花卉小品。尤善画梅,其神韵如他自己题画所说:"冷香清艳,令观者有月地云阶之想也。"黄慎早年画工笔人物,中年变为泼墨挥写,用笔淋漓酣畅,颇得力于他草书的功底。仙佛而外,常取材民间生活,乞丐、渔民、纤夫皆入其画。郑燮最工兰竹,清秀挺劲,有萧爽之趣。人们评他的画是"笔情纵逸,随意挥洒,苍劲绝伦"。他的字杂用篆隶行楷,自称"六分半书"。李鱓画设色清雅,纵横不拘绳墨,有"水墨融成奇趣"的特色,风格清新。李方膺工画梅,松、菊、兰、竹等亦所擅长。他画梅独具匠心,"触目横斜千万朵,赏心只有两三枝",十分凝练。汪士慎也以画梅著称,兼画山水、兰、竹等,随意点染,清妙多姿,风神颖异。高翔善画山水,亦能画肖像,所作清疏雅洁,意趣简淡,格调高远。罗聘山水、人物、花卉、蔬果无一不精,《鬼趣图》尤为著名,借鬼讽世,正如有人题《鬼趣图》云:"肥瘠短长君眼见,与人踵接更肩摩。请君试说阎浮界,到底人多是鬼多?"罗聘在扬州的住处"朱草诗林"在弥陀巷内,现今还保存着。其他如华嵒、高凤翰、陈撰、闵贞、边寿民等都各以自己的艺术特色,在清代画坛上占有重要的地位。

"八怪"圈子外的画家,如扬州人禹之鼎善画人物,尤工肖像,亦能山水花鸟,名重一时。扬州人袁江、袁耀叔侄善画极工整严谨的界画山水楼阁,在继承传统技法的基础上有所发展,意境高远。袁江在雍正中曾供奉内廷。他们的画风与"八怪"诸人迥异,把界画推向极高的水平,不应忽视。

5. 清代扬州戏曲

扬州是戏曲发源地之一。表演艺术离不开跑码头。四方辐辏、人文荟萃的扬州,正是演员们转益多师获得艺术肯定的地方。元代著名女杂剧艺术珠(朱)帘秀,早年在大都活动,后来在扬州演艺,她在杂剧演出上独树一帜,被目为"外则曲尽其态,内则详悉其情,心得三昧,天然老成",使人忘记了她"背微驼"的缺陷。关汉卿《南吕·一枝花·赠朱帘秀》中说:"十里扬州风物妍,出落着神仙",就是写她在扬州的这一段生活。

清代扬州的戏曲盛极一时。据《扬州画舫录》记载:两淮盐务例蓄花、雅两部。雅部即昆山腔;花部为京腔、秦腔、弋阳腔、梆子腔、罗罗腔、二簧调,统谓之乱弹。说明扬州当时除了有称为"雅部"的昆曲外,更聚集了来自各地的称为"花部"或"乱弹"的地方戏。扬州也有自己的地方戏,据《画舫录》记载:郡城花部,皆系土人,谓之本地乱弹。多为城外邵伯、宜陵、马家桥、僧道桥、月来集、陈家集人,自集成班,戏文亦间用元人百种,而音节服饰极俚,谓之草台戏,此又土班之盛也。若郡城演唱,皆重昆腔,谓之堂戏。本地乱弹只行之祷祀,谓之台戏。迨五月,昆腔散班,乱弹不散,谓之火班。可见当时昆曲只能在郡城里唱堂戏,而各种花部戏曲则能深入民间,为广大群众所欢迎。

扬州戏曲演出之盛,特别表现在迎驾盛典中。乾隆每次南巡到扬州,扬州的官商们便集中所有花、雅两部戏曲,从高桥起,到迎恩桥止,在数里长的河两岸搭起戏台,奏乐演戏,每次大约要二三十个戏班子来承担这项任务。此外还设有固定的大戏台,专门模仿内廷的排场,迎合皇帝的意趣。这种模仿内廷演出的大戏,对民间戏曲也有影响。

当时扬州昆曲,有商人徐尚志征苏州名优组成的老徐班、洪充实的大洪班、江广达的德音班等。江广达后又征花部为春台班,德音班为内江班,春台班为外江班,专备接驾之用。

　　清乾隆时四大徽班进京,也与扬州交通有关。北京、上海艺术研究所编著的《中国京剧史》中说:"乾隆时期,北京和扬州为一北一南两大戏曲中心。扬州位于长江与运河的会合点,水运繁盛,商业发达,又是盐商的集中地。因之各地戏曲艺人纷纷流向扬州。乾隆皇帝六下江南都以扬州为驻跸之所,地方官员、商绅大事铺张迎驾活动。于是这里的戏班最多,水平最高,戏曲演出也最兴盛。"这是实际的情况。徽班进京之初,高朗亭声名最著。高原籍扬州宝应,演戏水平高,亦有管理才能,掌三庆班三十余年,人称"青蚨主妇"。

　　扬州曲艺,素有传统。出生于苏北泰县的明末清初大说书家柳敬亭,最初就在扬州说书。他在说书艺术上有很高的造诣,他在扬州的活动,直接推动了扬州评话艺术的发展。清代中叶以来,扬州说书行业大为兴盛,书场"各街巷皆有之力"。据《扬州画舫录》等资料记载,那时扬州的说书名家有数十人之多。最著名的有说《飞跎传》的邹必显,说《清风闸》的浦琳,说"靖康南渡故事"的叶霜林等。《飞跎传》是艺人自创的书,《扬州画舫录》说:"邹必显以扬州土语编辑成书,名之曰《扬州话》,又称《飞跎子书》。""飞跎"是扬州俗语,清代扬州学者焦循的解释是:"凡人以虚语欺人者,谓之'跳跎子',其巧甚虚者,则为'飞跎'。"现在扬州还把言不着实、买空卖空者称为"跳空心跎子"。从它的名称,可以知道这是一部带有滑稽性质的讥时讽世的书。邹必显在书中描摹世情,非常生动。乾隆时,扬州人董伟业在《扬州竹枝词》里说:"空心筋斗会腾挪,吃饭穿衣此辈多。倒树寻根邹必显,当场何苦说《飞跎》。"可见其入木三分,很受欢迎。邹必显死后,还有人继续说这部书。白沙惺庵居士《望江南百调》中特别提到:"扬州好,书场破愁魔。说到飞跎回味美,听来皮癞发科多,四座笑呵呵。"确是历久而不衰。

　　上引的《望江南百调》中提到的"皮癞"即"皮五辣子",是浦琳《清风闸》一书中的主人公。《清风闸》也是艺人自己的创作。浦琳,字天玉,少年孤贫,白天以乞食为生,晚上睡在火房里。后来邻妇给他做媒,使他婆了一个"香奁甚盛"的意想不到的老婆。有一次,住在大东门钓桥南的一个开茶炉的老妇,教给他赌博的窍门,百无一失,使他积了一些钱,租了房和老妇做邻居。老妇有个侄子以评话为生,就在她家里说书,浦琳耳濡目染,也就学会了说书的技艺,"乃以己所历之境,假名皮五,撰为《清风闸》故事。养气定辞,审音辨物,揣摩一时亡命小家妇口吻气息,闻者欢哈喁噱,进而毛发尽悚,遂成绝技"。他是以自己的经历创作了《清风闸》的,也有忏悔劝世的意思。据说他说到紧要处,"听之者靡不动魄惊心,至有敛觑泣下者",可以想见其技艺之高和入人之深。晚年他乐善好施,常以自己少年时代的苦况劝说他人,乡里称为长者。他的两个弟子张秉衡、陈天恭皆有名。陈天恭被誉为"追武前人"的说书人之一,大概他很能传浦琳之神。

叶霜林是乾隆时的一位寒儒,善书法,说书只是他的业余爱好。他是以严肃的态度对待说书的,焦循在《剧说》中写道:"吾友叶霜林尝云,古人往矣,而赖以传之者有四:一叙事文,一画,一评话,一演剧。道虽不同,而所以摹神绘色,造微入妙者,实出一辙。"他把评话艺术和其他艺术提到一样高的位置,因而能"竭尽精力,演说其技",取得精湛卓越的成就。他擅长说靖康南渡故事,以说其中的"宗留守交印"为最工,能把宗泽临终前抚膺悲愤,张目呜咽,大呼"渡河"的激昂慷慨的爱国之情表演得如在目前,使场上"声泪交下,座客无人色"。可是他不是职业艺人,只对少数熟悉的朋友表演,不能面对更多群众,其影响也就受到局限。

这里要特别提一下广陵琴派。

古琴是中国一种古老的乐器。在清代,扬州的琴家驰名远近,形成了广陵琴派。

代表人物有徐常遇,清初人,著有《澄鉴堂琴谱》。他的长子徐祜,三子徐祎,年轻时曾于北京报国寺"拥弦角艺,四座倾倒",京师称为"江南二徐"。他们被康熙"召见畅春苑,祜、祎对鼓数曲",可见他们的名声之大。徐祺也是扬州名琴家,他"每以正琴为己任",遍访各地知音之士,"名震都下,为昭代之首推"。他积三十年研究编成的《五知斋琴谱》,除题解后记外,还有许多旁注,对理解乐曲很有好处,深受琴家的欢迎。吴灯曾学琴于徐常遇的孙子徐锦堂,又和当时云集扬州的各地名手在一起"讲术研习,调气炼指",练得一手好琴艺。他吸收《律吕正义》和《琴旨》的精粹,编琴曲二十八首,名《自远堂琴谱》,是广陵琴派鼎盛时期有代表性的谱集。问樵和尚为扬州建隆寺方丈,学琴于吴灯的弟子先机和尚。他"精于琴理,夏日炽热,随手成曲,名《碧天秋思》,满座生凉"。他热心参加外地的演奏活动,收的弟子也很多。秦维瀚编有《蕉庵琴谱》,是广陵琴派的晚期琴谱。由于广陵琴派代有传人,至今仍是琴坛上一个有影响的流派。广陵派琴家一脉相承地保持了自身固有的特色,以清幽、恬雅、舒畅、洒脱为琴曲的美学标准,注意内容和感情的表现,节奏跌宕多变,指法细腻灵活,操缦谐婉自如。广陵派既吸取了虞山派恬淡清雅的情味,又别开蹊径,尽情地抒发乐曲的意趣,在奔放豪爽中蕴含节制凝蓄,在活泼洒脱中寓有恬静幽逸,从而形成了恬逸洒脱的独特风格。此外,广陵琴派在传统曲谱的加工、发展方面也有创造性的成就。

6. 清代扬州雕版印刷

扬州的书籍刻印事业,早在中国印刷术发明不久的中唐时期即已开始了。中唐诗人、著名的《莺莺传》(即《会真记》)的作者元稹,是大诗人白居易的好友,他曾为白居易的诗集作序,序中谈到白诗的流传情况说:

> 然二十年间,禁省观寺、邮候墙壁之上无不书,王公妾妇、牛童马走之口无不道。至于缮写模勒,炫卖于市井,或持之以交酒者,处处皆是。

并于其下注云:

> 扬越间多作书模勒乐天及余杂诗卖于市肆之中也。

清代学者赵翼指出:"'模勒'即刊刻也,则唐时已开其端欤!"近人王国维更进一步论证："夫刻石亦可云模勒,而作书鬻卖,自非雕版不可。"当时元、白诗很风行,社会的需要量很大,为了适应这一情况,扬、越间就有人把他们的诗篇雕成书版印刷出卖。元稹的序写于"长庆四年冬十二月十日"(825年1月2日),这说明,至迟在一千一百多年前,扬州就以刻印元、白诗闻名了。那时,"剑南两川及淮南道皆以版印历日鬻于市。每岁司天台未奏颁下新历,其印历已满天下"。那时的扬州是淮南的重镇,刻印历书的风气当然也是很盛的。

宋代,中国的雕版印刷进入到一个新的发展时期。在遍于全国的刻书业中,扬州占有相当的地位。确实的资料载明,北宋大科学家沈括的不朽名著《梦溪笔谈》的最早刊本,为南宋乾道二年(1166)扬州州学教授汤修年主持刻印的扬州州学刊本。汤修年,字寿真,丹阳人,绍兴二十四年(1154)登进士第,终扬州教授。这个小小的州学教授和当时的那些刻印工们,对《梦溪笔谈》做出的贡献是难以估量的。到现在还存在这个本子的明代复刻本,可以说,它是此后各种刊本《梦溪笔谈》的祖本。

元、明以来,扬州刻书事业一直没有停顿过,如明嘉靖三年江都郝梁万玉堂刊宋何无适、程希编《诗翼》,黄裳先生藏其残本,甚赞其"纸墨之光莹,刻工之劲秀",为精善之本。至清代而大为兴盛,其刊刻的规模之大与质量之精,为前代所未有。著名的如《红楼梦》的作者曹雪芹的祖父曹寅,于康熙四十四年(1705)以江宁织造兼巡视两淮盐务监察御史期间,曾奉旨刊刻《全唐诗》,由翰林院庶吉士俞梅、侍讲彭定求、编修沈三曾、杨中讷、潘从律、汪士铉、徐树本、车鼎晋、汪绎、查嗣瑮等十人同事校刊之役。曹寅于是年五

扬州诗局本《全唐诗》

月在扬州天宁寺设刊刻《全唐诗》书局,从校补、缮写到雕刻、印刷、装潢,无不精益求精。全书九百卷,收两千两百余家诗人的作品四万八千多首,仅一年多就成书,进度是很快的。康熙看了样本后朱批道:"刻的书甚好。"这部唐诗总集的确刻得好,是版本家公认的清代精刻本之一,堪称是中国雕版史上的一部杰作,反映了当时扬州书写、刻印艺人的高度技术水平。

在刊刻《全唐诗》的同时,曹寅还刊刻了《楝亭五种》和《楝亭十二种》。《楝亭五种》内有《类篇》十五卷,《集韵》十卷,《大广益会玉篇》三十卷,《重修广韵》五卷,《附释文互注礼部韵略》五卷;《楝亭十二种》包括《都城纪胜》一卷,《钓矶立谈》一卷,《墨经》一卷,《法书考》八卷,《砚笺》四卷,《琴史》六卷,《梅花》十卷,《禁扁》五卷,《声画集》八卷,《后村千家诗》二十二卷,《糖霜谱》一卷,《录鬼簿》二卷。《楝亭十二种》,一称《楝亭扬州诗局十二种》,又称《楝亭丛刻》。这些书篇有的是学术著作,有的是技艺经验的记录,"然皆宋、元人遗制,世不经睹,先生发潜阐幽,沾逮来学,有足多矣"。其刻印之精,决不在《全唐诗》之下,素来为人们所珍视。

"扬州八怪"之一的金农,既是工书画的名家,又是善诗文的好手。当时诗坛上王士禛的神韵说盛行,金农能不为时俗所染,作诗自出机杼,倾泻胸臆,而又深于比兴,格调奇逸,有相当高的思想性和艺术性。这些诗篇,有助于对当时政治现实的了解,也有助于对他书画作品的欣赏和研究。雍正十一年(1733),金农自编其诗为《冬心先生集》,同年十月镂版于"广陵般若庵"。全集为吴郡邓弘文仿宋本字画录写,每卷后雕有篆书"雍正癸丑十月开雕于广陵般若庵"字样。此集字体挺秀,刀法劲健,实是镂版中的上乘作品。

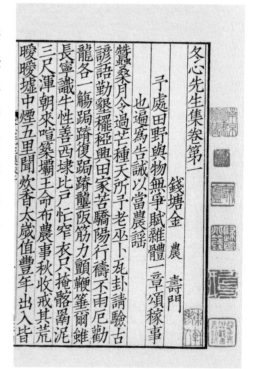

《冬心先生集》书影

另有《冬心斋砚铭》一卷,也是吴郡邓弘文仿宋本字画录写,惜未具镂刻时地,但从两书体制来看,如出一辙,想为同时期所刻印。上二书近来由上海古籍出版社列为"清人别集丛刊"之一,据南京图书馆和北京图书馆所藏原刊本影印发行,深为读者爱赏。

五代王定保的《唐摭言》,备载唐代科举制度、文人风貌以及诗人文士的遗闻轶事等,为治文学史的重要参考资料。但清以前仅有节刊本,全书全靠抄本流传,至卢见曾《雅雨堂藏书》中始以全录本付梓。稍后江都秦恩复《石研斋四种》亦收入此书,雕刻十分精美。秦恩复,号敦夫,乾隆五十二年进士,授编修。嘉庆中主讲杭州诂经精舍,曾助阮元校刊《全唐文》。《寄心庵诗话》说:"敦夫先生精校勘,延顾千里于家,共相商榷,多搜古本刊之,号为'秦版'。"他的刻本与卢本同称为《唐摭言》的最足本,可靠性亦较高,为后来的刊本所依据。

被鲁迅先生称为"乃秉持公心,指摘时弊,机锋所向,尤在士林;其文又戚而能谐,婉而多讽,于是说部中乃始有足称讽刺之书"的《儒林外史》,最初仅以抄本流传,最早的刻本是扬州搞出来的。可惜的是,这个本子到现在还没有发现。否则,对研究《儒林外史》的本来面目,可以有一个最原始的版本资料了。

清光绪时,江宁、苏州、扬州、杭州、武昌官书局合刻二十四史,通称"五局合刻本",扬州在通力合作,完成这一篇幅浩大的历史著作的刊刻工作中,又做出了新的贡献。

值得一提的是,太平天国时期,扬州的书籍刻印事业也不曾中辍。太平军占领扬州后很重视扬州的印刷技术,曾在扬州刻印了大量的书籍、文件和《三字经》等通俗宣传读物。当时调到天京(今南京)的刻书艺人以扬州人为最多。初期天京刻印书籍、文据的主要是"扬帮"艺人,而其中又以扬州杭家集(今广陵杭集镇)人占的比重最大。后来刻书人手不够,又有不少六合人被扬州人带到天京,学会了刻印业务。这对扬州刻书业的发展,起了推动作用。

扬州刻经处所刻版片

明、清以来，扬州的佛经刻印也很具规模，尤以晚清为著。首倡者为郑学川（1826—1880），出家后法名妙空，号"刻经生"，江苏扬州人，他与浙江杭州许云虚、安徽石埭杨文会、扬州藏经院妙湛，同时发心刻印佛经。先后十五年，创办苏州、常熟、杭州、如皋与扬州刻经处五所，以扬州总其事，成为一刻经系统。

扬州刻经处以东乡砖桥法藏寺为刻藏经版之处，妙空一生刻经近三千卷。临终尚手持未刻完工之《大般若经》（六百卷）嘱咐弟子继承其事。他自己的著作汇刻有《楼阁丛书》。

抗日战争时期，法藏寺前部被日军所焚，幸后院经版未损，由主持定一迁至砖桥广庆庵继续印刷。解放战争时期，经版运至扬州东关街无量寿佛院，后又迁至宛虹桥藏经院。藏经院原为妙湛及其继承者观如所立江北刻经处之一，自同治至民国以后，计刻经一千零十八卷，新中国成立后仍有存书流通。续刻好的六百卷《大般若经》，后将经版移送南京金陵刻经处。

此外刻经的还有宛虹桥众香庵法雨经房，刻印的佛经也流通国内外。

由于江北刻经处、金陵刻经处以及众香庵同时发起刻经，所以三处版式基本一样，为册页线装本，版高 17 厘米，宽 12.5 厘米，半页十行或九行，每行二十字，一律为仿宋体。校对精审，刻印精良，装帧精美，为宗教界、学术界所重，称"扬州刻本""砖桥刻本"。

由于清代扬州雕刻印刷所存史料甚少,为避免湮没,兹将《扬州藏经院流通教典记》附录于下:

扬州藏经院流通教典记

达摩渡江,不立文字,此上乘禅也。孔子曰:"中人以上,可以语上也;中人以下,不可语上也。"然则教典何可少哉?大迦叶有言:"如来舍利,非我等事",且结集三藏,无使佛法速灭。以此知,传佛心印必备文字之阶梯矣。书本藏经,径山初有其版,遭粤寇之乱,毁于兵火。同治初元,有妙空大师者,俗家郑姓,名曰学川,真州名诸生也。以茂才异等,贯彻禅理,遂弃儒服,而着僧衣,愿力宏深,誓续刻全藏。而同志清梵老人、善成老人、镜之老人,洎许观察槃身、杨君文会并本院主持妙湛法师,佐助其劳。刻未十有六七,而首创诸君相继逝世。其高弟观如,克缵师志。经二十余年,所刊诸经论总若干部。凡一点一画,一字一句,罔非先师心血所寄,用底厥成,盖有功于教典甚巨。光绪二十五年观公示寂,清规扫地,板几摧烧为薪矣。于是张午桥观察、李维之观察、程处士余庆诸君,竭力以持其后,复请观公同学贯通法师住持本院,劝募善信,共得番饼一千四百二十元,为印造诸经之费。募资既集,诸君子咸对誓曰:"此次续刻经典,皆我同学所当,无书即有款,无款即有书,必书款相符然后能垂久远而无弊。苟涉差谬,为司其事者之责,亦足为同学羞。诸佛诸天,实闻此事。"盖诸君子所以卫禅宗而广教典者如此。今中外失道,匪独释家日就败坏,即儒先懿训,亦无而振兴之者。而扬郡一隅,独能借正觉为扶翼政教之具,使彼词邪说有惮而不敢狂,其因缘之奇,殆有非偶然者。耕心用是欢喜赞叹而记其颠末,并列布施姓名如左,俾司其事者览缔造勤苦而无敢怠荒焉。光绪二十六年二月既竟,复三改而书之成,勒诸石。时值甲寅秋九月也。净宗学人正定王耕心撰,真州陈重庆缘起碑记,江都冷迎曦镌。

第八章　近代变迁

鸦片战争、太平天国与扬州。辛亥革命中的扬州仁人志士。扬州光复的形形色色。共产党组织对北伐的贡献。北伐后的扬州建设。沦陷的苦难与抗战的卓绝。盼望新的曙光。近代扬州文化的新萌芽。

1. 太平军在扬州

清乾隆年代,已是清王朝由盛而衰的转折点。嘉庆、道光两朝,国势日益下降。而这时期的西方资本主义,正处于迅速上升阶段,英国便成为世界第一个资本主义强国。资本主义的发展,必然要加强对外掠夺,寻找殖民地市场。处于封建主义统治下的落后的中国,成了资本主义侵略的最好对象。

清政府所采取的闭关自守的政策,乾隆时尚能支持,所以乾隆在给英王乔治三世的上谕中曾说:"天朝物产丰盈,无所不有,原不借外夷货物,以通有无。"这种闭关自守的政策,虽然一度抵制了西方资本主义的入侵,但也阻碍了中国人对外部世界的了解,窒息了生机。随着清王朝的衰弱腐朽,已无法维持闭关自守的局面,最终被外国的鸦片和大炮打开了大门。

1840 年开始的鸦片战争,揭开了中国近代史的帷幕。历史的风浪,在扬州及扬州地区激起了强烈的反响。

第一次鸦片战争期间,1842 年 6 月,英军攻陷吴淞口,继而进入长江,封锁了长江北岸大运河入口处的瓜洲。

7 月 21 日,进攻镇江。英军封锁瓜洲、攻破镇江后,大肆屠戮,烧毁由瓜洲至仪征江面上的所有盐船,火光延绵百余里。南北运输线被割断,造成了英军进一步要挟的条件,如他们所说的:"此(镇江)中国漕运咽喉,扼以要挟,必可如志。"

面对英军的步步进逼,扬州府属瓜洲、仪征一带的盐民和当地农民一道,奋起反抗。他们袭击和焚毁了英军的船只无数,使得英军十分狼狈。

正当盐民们英勇抗击的时候,清政府却害怕得罪英人,连忙用"招抚"的办法阻止人民的反抗。道光帝的"招抚"上谕说:"仪征滨临大江,枭徒乘间窃发,现在招集头目,尚听约束,仍当妥为弹压,毋任滋生事端。其事平之后,应如何设法解散之处,着斟酌妥办。"义民成为"枭徒",抗英竟然有罪,这就是清统治者所采取的与民心相背的态度。

这次英军只到了扬州江边的瓜洲，没有到扬州城里，但仍然要讹诈一番。英军对扬州发了布告说："大英统领水陆军门巴（加）、郭（富）谕扬州府城绅士商民人等知悉。照得该士民人等宣称，情愿交款求免战等由，据此，本军门等查扬州府城议应纳缴赎银五十万元，倘果如数纳足，本军门等准该城必不侵占……"当时扬州有个开书画店叫江寿民的，因热心修桥赈恤的事，有"江善人"之称，在扬州很有些名气，他也主张以重金贿赂英人，以使扬人免祸，于是扬州的官员和盐商们，立即由江送去白银三十万五千两。其实，英军并没有力量也没有胆量深入内地，输银求免是上了英人恫吓讹诈的当，使他们不费事地得了几十万两银子。

这年 8 月 5 日，英军进到南京下关。8 月 29 日，在英军的威胁下，清政府和英国侵略者签订了《南京条约》。条约规定开放广州、福州、厦门、宁波、上海五处为通商港口，割让香港，赔款二千一百万元，还规定了进出口税须同英方"秉公议定则例"。《南京条约》及其后的一系列不平等条约，给中国人民带来了深重的灾难，从此中国一步步沦为半殖民地半封建社会。

鸦片战争以前，人民已难以忍受残酷的封建剥削。战后，大量的赔款又转嫁到劳动人民身上，再加上外来资本主义的压迫，逼得人民无法生活下去。在阶级和民族的双重压迫下，1851 年初，终于爆发了中国近代史上著名的太平天国运动。仅经过两年多的战斗，太平军于 1853 年 3 月进入南京，建立了太平天国政权，改都城南京为天京。

为了拱卫天京，阻止南北两岸清军的合击，打开北上进军道路，由江北军主将李开芳、林凤翔，指挥曾立昌率军渡江，于 1853 年 3 月 13 日占领江浦，继续东发，21 日占仪征，随即逼近扬州，在城外桃花庵、福缘庵击败清方盐知事张翊国的军队，于 4 月 1 日进入扬州城。

太平军未经战斗就进入扬州，有两个原因。一是扬州有个叫李仲梅的，早与太平军有联系，向太平军报告了扬州城内的虚实情况，使太平军知道了内情，有所准备。二是上面提到的那个江寿民起到了曲折的作用。原来他自认为上次对付英国人的主意起了效,也想用同样的主意对付太平军。恰好有太平军的间谍入城打探,江与此人相识,借此机会,便邀官员绅商与此人会谈,愿以四十万两犒师,要求太平军只是"穿城过",进城不扰民,不得杀人淫掠,清方官员则暂避出城。待事过之后,太平军固可谓攻克扬州后继续北进,清方亦可上报以失而复得论功。江并愿身留太平军中以为人质。双方妥协后,两淮盐运使刘良驹、前运使但明伦、知府张廷瑞、江都县令陆武曾等都先行出城,率兵未援的漕运总督杨殿邦也同意这个协议,暂时扎营外江。一切妥当,李开芳、林凤翔乃于 4 月 1 日先遣数百人入城,后太平军陆续开到,果然秋毫无犯。其指挥总部即驻在盐政衙门内。江并动员富户以十余万金及猪羊鸡鸭劳军,设盛宴数百席招待,一时倒也相安无事,民人并不躲避。原来双方都各以为得计,一方是以钱买安,一方是将计就计。但很快就翻了脸,漕运总督驻兵城外,见太平军有增无减,并无退意,欲责太平军违约,而太平军方见清军继续开到,包围孤城,几欲陷于绝境,乃追究江寿民用空城计诱使太平军陷入重围的罪责,将其加以鞭打,并伤残其双耳,令其登城以退清兵。后江于所拘之贞善堂中自缢而死。于是太平军重闭各城门,士兵充斥城内,令居民分入男女馆,城中所有金钱财物全运往天京。清方官员因先行退避未曾遭难,只有副将朱占鳌等数人战死。

据扬州不久,北路军奉东王杨秀清之命,李开芳、林凤翔长驱北伐,只留曾立昌率一部分军队留守扬州。这时,扬州已被清军琦善、陈金绥、雷以诚和浙闽总督慧成的军队包围。清兵在扬州四乡各地砍伐坟树,弄得城外方圆五六十里都是光秃一片。甘泉县令谢范卿乘机敲诈勒索,逼着人民拿银子兑换十万两不值钱的钞票,雷以诚又兴出种种苛捐杂税榨取银两。扬州附近一带人民被逼得倾家荡产,哀声遍野。在重重包围下,城里的太平军积极防御,坚守扬州。他们在城垛上铺了木板,称为跑马楼,架起瞭望台,观察动静;又修筑战壕、土城等防御工事;在江面上横贯铁索,架起木桥,阻止清军水师的攻击。由于防守坚固,屡攻不成。琦善曾用一万六千斤的大炮轰塌了城墙,太平军立即防堵加固。清军多次偷袭扒城,均被太平军击退。7 月间,清军总兵双来强攻北城,太平军杀伤无数,双来也被打死。在清兵加紧包围中,太平军多次出击,巩固了城防,坚守了阵地。在此期间,扬州的太平军还配合瓜洲、仪征一带的兄弟部队,打击清军。坚持到第九个月,因为粮道断绝,难以再守,加之要集中力量保卫天京,便决定撤出。清军见到扬州城里粮食已尽,命令把城里的太平军全部消灭,一个不留。东王杨秀清见局势紧急,命令夏官副丞相赖汉英率领大军救援。12月24日,赖汉英率援兵赶到扬州,在南门外桂花庄打败了清兵游击冯景民的部队,使得东西北三方的二三万清军不敢动弹。

25日和26日,太平军在各街巷鸣锣宣告撤走,老百姓愿意随军而去的,可出徐凝门登舟。扬州四万多人中,大部分都跟太平军走了。

据当时人的记载,太平军退出后,城内衙署馆局各皆完好,连显宦阮元的住宅亦无恙。倒是琦善的清兵进城后,"逾时,城中烟火蔽天……其实皆大兵所放也。……院署并多子(今甘泉路)、新盛、左卫(今广陵路)暨辕门(今国庆路)一带高固新屋,全行烧毁,即以快乘火打劫之心愿。"

这次战争对扬州的破坏,史志上只笼统说"毁于咸丰间"。实际有两种情况,太平军所毁者,多为文化景观、寺庙等;清兵所毁者,多为富庶之区,两种破坏同时存在。

太平军第一次撤出扬州,曾在瓜洲留下一个桥头堡垒。第二年冬,开始大规模向北出击,打死了带有千余人的清兵头子都启森。接着又大败清兵江北大营钦差大臣、江宁将军托明阿,打死清兵团勇一千多人,打死打伤押队官二三十人,使清军几乎全军覆没。

1856年4月4日,太平军第二次向扬州进军。太平军渡江北来的活动,江南清兵在4月2日已有觉察。清朝巡抚吉尔杭阿很快就写了封信告诉托明阿。那一天正好是清兵头目雷以諴过生日,将军以下的官员,都到雷营祝寿。营盘里挂灯结彩,鼓乐喧天。为了不致打扰将军们的豪兴,吉尔杭阿通报的消息就没有很快下达。这给了太平军一个极好的机会。4月3日拂晓,太平军渡过长江,到达北岸,清兵措手不及,被打得四处逃散。当天太平军就到了扬州南乡,在土桥、朴树湾一带驻扎下来。第二天,太平军又连破虹桥、三汊河一带清营,四十三营清兵全部溃散。太平军迅速占领了扬州南城外一带地方,紧逼城郊。在大部队进城的头一天,太平军张逢春部下一百多人,已突破龙头关先进了城,到埂子街时,正好遇上带领了一百多人巡夜的知府世焜。张逢春部痛击清军,俘虏了带箭中枪的知府大人。5 日,在张逢春的接应下,太平军开进南门。这次太平军在扬州只留了十二天。为了不打乱战略部署,于 17 日又有计划地撤出。太平军第二次进扬州,获得了大量的粮食补给。

1858 年 9 月的天京保卫战中,太平军集中李秀成、陈玉成的主要兵力,在浦口击败了清军的江北大营,于 1858 年 10 月 9 日,在李秀成的指挥下,绕道天长,拿下仪征,第三次进入扬州。从此,扬州、六合、天长一带一百多里,连成了一片。

太平军三下扬州,牵制和分散了清军的江南大营。待到清兵张国梁的部队路远迢迢渡江北来,太平军已有计划地撤退。清兵得到的只是一座空城。

太平军撤离扬州后,为了配合保卫天京的军事斗争,拖住清兵江北大营的兵力,同时又为了解决天京保卫战中的粮食补给,仍旧在扬州一带流动作战。活动地点除了扬州附近的扫垢山、雷塘、瓦窑铺、司徒庙一带,还深入到扬州府属高邮县的菱塘桥、小兵牌,甘泉县的公道桥、送驾桥,仪征县的陈家集以及六合、天长一带,纵横一二百里,经常给清兵以出其不意的袭击。在天京失守前,太平军没有中断过在扬州一带的活动。

太平军很重视使用知识分子。当时扬州有个叫朱葵生的,参加太平军的活动后,太平军知道他是一个知识分子,就叫他学习太平天国的文书制度,留他做“先生”,经办笔墨文书。仙女庙一个姓闵的文士,参加太平军后,就专管文书案卷。特别有一个叫党晴斋的,是个盐商,也是个念书人。太平军第一次进城,他老婆正坐月子,一听说“红头来了”,党晴斋吓得先跑了,太平军在他家里住下后,党家的一个丫头告诉太平军说:“后面有少奶奶坐月子!”太平军当即就给了一个小旗子插起来,表示前后隔绝。谁知丫头到后面说了一句红头在他们家住下了,党的老婆大吃一惊,加之坐月子体虚,就死掉了。太平军马上为她办制丧衣,买来棺材,把她埋葬在堂屋里。太平军撤走后,党晴斋回到家里,看到太平军军纪竟是如此严明,很受感动。太平军第二次进城,他就没有逃跑,但还不敢露面,饿着肚皮躲在花台下一个地窖子里。后来被太平军发现,叫他出来抬水。当知道他是个念书人,就派他当先生,管书信。有一天,忽然来了四个人,叫党晴斋上马,他弄不清是怎么回事,心里很慌,到了三汊河,见到了两位太平军王爷,其中一位非常客气地对他说"党先生大才,我们很需用。"这时,他才弄清了说话的是燕王秦日纲,另一个是陈玉成。党晴斋看到太平军如此器重知识分子,便长期积极参加太平军的活动,一直到天京失守,他才不得已回乡靠卖字为生。

1868 年 1 月 5 日,太平天国遵王赖文光率领的东捻军经过扬州东北湾头的瓦窑铺。赖原是率部回救天京的,走到半路,天京已失陷了。他的军队遭清兵的包围,损失很大。后来,他汇合了一部分捻军,经过整顿,开始打运动战。赖文光率领的东捻军在扬州出现,即遭到清军的围剿。正当赖文光命令部下在万福桥拉开大布做渡桥,打算西去安徽时,不幸受伤被俘。扬州一带传说,赖是因为一个女将探觅渡口,到时没有回来,他亲自去查访,为清兵炮火击伤被俘的。也有说赖文光的马中枪而死,赖才被捉住的。赖文光被俘后,表示:惟死以报国家,以全臣节。1 月 10 日,赖文光被杀。赖文光的部下在抵抗清兵的战斗中全部牺牲。这一战,成了太平军在扬州的最后一战。

太平天国之所以由盛而衰,以致完全失败,正如张舜徽先生所说:"天王本既耽于逸乐,也就放松了军事、政治方面的重要决策和坚强领导。"天王"不在艰苦朴素方面严于律己,却在安富尊荣上贪图享受,这便直接影响到和他周围曾经同甘共苦的人……都有不同程度追求享乐的情形。"由骄奢淫逸发展到争权夺利,是极其自然的事,这是切实之论。

清同治七年(1868),扬州发生过一起教案。先是法国天主教传教士于扬州设育婴堂,不时有教堂残害婴儿的消息传出,后又听说被虐死的婴儿有四十多口,引起扬州人的极大不满。这时又有英国传教士戴德生来扬州强行租赁房屋,开设教堂,遂激起民众的公愤。

戴德生(1832—1905),英文名James Hudson Taylor,出生于英国约克郡巴因斯力山区的一个基督教家庭,从小受到严格的宗教教育,十七岁受洗为基督徒,怀有到海外传教的心愿。他读了一本在中国传教的牧师麦都思所作的《中国》,对中国开始有所了解,并对书中提到的以行医方式传教的做法产生兴趣,于是到一个医师诊所去当助手,后又到伦敦一家医院进修。1854年3月,即咸丰四年二月,由英国的中国布道会批准,由利物浦乘船到上海,见到了他仰慕已久的麦都思牧师。他当时是个小人物,语言不通,所得津贴连住房都租不起,但他还是坚持下来,靠教习英语和替人看病谋生。其时正是小刀会占领上海县城,他竟闯入县城求见小刀会将领陈阿林,试图说服小刀会接受西方的调停。后又欲往太平天国的天京,因船工拒绝而作罢。他多次到浙江传教,为了便于接近中国人,他剃去四周的头发,将留下的中间一撮染成黑色,再装上一条假辫,穿起中国的服饰,一边行医,一边布道。后来在宁波与一位在教会女塾教书的玛利亚·戴尔小姐结婚,主婚人是中国人所熟知的赫德。

咸丰十年,戴德生因患肺病回国休养。这期间,他以十英镑存入伦敦一家银行,注册成立了"中华内地会",以这个名义,募集到数千英镑的捐款,吸收了二十余名自愿传教人员,于同治五年(1866)四月再度来到中国。

"中华内地会",系利用中外不平等条约给予传教士的特权,到中国腹地"树立十字架的旗帜"。但这个会主要不在于吸收教徒,而在于以最快的速度将基督福音传播到中国各地。他要求会员在生活、言语、衣着等方面尽量中国化,以便和中国人打成一片。在活动方式上,规定会员进入到一个新的省份后,先在省城建立布道站,然后迅速向周围的府、县扩展,再深入到乡村活动。每一个点建成后,交由后来的教士去巩固,会员们另作新的开拓。可以说,中华内地会在华的传教事业中,起了先遣和播种的作用。这说明他是个很有心计的人。他拓展的地盘很广,而主要在江浙一带,扬州是他所要开辟的新据点之一。对于这种行径,扬州人是火上浇油。同治七年七月间,扬州官绅会商驱逐洋人,民众亦向教堂投掷石块,击破门窗。其时正是府学考试期间,众考生立即投身其中,张贴揭帖(类似现在的大字报),反对洋教,后来反教群众冲入戴德生往所,捣毁家具并欲焚烧房屋,一教士和一家眷受伤。这就是轰动一时的扬州教案。

得到这个信息,英驻上海领事麦华陀赶往镇江,要求两江总督查办,并赴扬州,提出种种苛刻条件,后竟率战舰四艘,前往南京要挟。迫于英人的压力,时任两江总督的曾国藩允将扬州府、县官员撤职,赔偿损失,还在教堂门口立碑,申明保护外国教会。此教堂在扬州北皮市街,尚有遗迹可寻。

扬州教案旧址

这个戴德生于光绪三十一年(1905)五月初一在长沙视察教务时突然病故,死后遗体葬于镇江。

光绪十七年(1891),扬州还发生过一次不大的教案,满街张贴揭帖,揭露传教士欺压中国人民的罪行,四月间聚众五六千人包围了教堂,后被清政府派兵镇压驱散。

教案的发生,传教士的侵略工具性和部分教士在华的恶劣行径,是主要原因。与中国传统思想的冲突和社会上因反感而产生的误传,也起了激发作用。

2. 光复与民国

辛亥革命是一场推翻帝制,结束长达两千余年的王朝统治历史,实现民族共和的革命。尽管这一革命的任务远未完成,并且是不彻底的,正如孙中山先生所说"革命尚未成功,同志仍须努力",但其划时代的意义仍不可估量。

在这一革命过程中,扬州的先驱者们,也做出了光耀史册的牺牲和贡献。

熊成基

熊成基(1887—1910),字味根,江苏扬州甘泉(今扬州市)人。十九岁入安徽武备练军学堂,后学堂停办,赴江宁投军,因其聪颖好学,志趣不凡,被介绍到江南炮兵学堂肄业。其间,学习勤苦,成绩优异。毕业后任江南炮兵排长,复调赴安徽安庆,任新军第三十一混成协(旅)炮兵营队官(连长)。当时在安徽新军中,有许多热血军官都富有革命思想,如该协第六十二标第二营管带(营长)薛哲,工轻营辎重队正目(班长)范传甲以及田激扬、张劲夫、常恒芳、袁家声、方振武等,提倡革命,情绪激昂。熊成基也于此时加入了光复会。当时设有"岳王会",为安徽军界策划革命的最早的组织,志士们常在一起商量大计。

光绪三十三年(1907)四月,革命党人徐锡麟枪杀恩铭于安庆,因事起仓促,各路革命同志未及响应。及徐锡麟在安庆就义,熊成基等悲愤不已,认为清政府专制已极,急欲为徐复仇。次年,同盟会员倪映典由宁调皖,任三十一混成协马营管带(营长),倪与熊在练军学堂和炮兵学堂两度同学,又是革命战友,关系密切,共商乘时大举。但不慎为两江总督端方所觉察,立命撤去倪的职务,遂未能有所行动。倪去后,范传甲等共推熊成基主持团体事务,随时准备起义。其时熊才二十二岁。

清廷定于戊申年(1908)十月,在安徽太湖县举行江南各镇新军秋操,以陆军部左侍郎荫昌和两江总督端方为阅兵大臣。熊成基认为时机已到,便邀薛哲、范传甲等于本月二十六日在十祖寺后的杨家试馆密议,决定在当晚十时率马炮营反正,薛哲及时在城内接应。熊发出的十三条密令如下:

一、与我反对之军队,(甲)水师一营在西门外,(乙)巡防一营在北门附近,(丙)城内外火药库有巡防兵两队,(丁)抚院及各衙门之卫队约两队。

二、我军决于今日午后十时齐发,先取城内外火药库,后全队进城,各尽任务,于次日午前五时在五里庙齐合,再俟命令出发。

三、一标同二标第三营先赴北门外火药库,得有子药后,一标第二第三营进城,助城内各营攻击西门外之水师营,得收抚即收抚,否则攻溃其兵,收其军械;二标第三营留守火药库。

四、二标第二营同工程队先赴其营旁之军械局,得有子药后,工程队留守军械局。二标第二营以两队攻破巡防营,以一队先开西门。待马营进城后,再赴北门开城,留守北门。又一队攻击抚院。

五、炮营先徒手出营,至马号举火,以作全军出发之号令。举火后,至北门外陆军小学堂夺取步枪。得枪后,旋至该小学后取子弹进城,以一队守南门,两队巡街。

六、马营由西门进城,直赴军械局,得有子弹,以一队守西门,一队开东门后,留守东门,余两队夺取电报局。

七、辎重队直赴军械局,得有子药后,保护教堂及外国人。

八、讲武堂各生充卫生队之任,随时搜寻城内外死伤兵士,归入该堂调治。

九、各标营队之出力人员,次日午前论功行赏。

十、各标营队之兵士及民人等,如有乘机抢劫情事,由巡卫队临时照军法从事。

十一、巡警兵如有愿降者,炮营收纳之,编入队内巡街。

十二、各文武衙门之官员,不准任意残杀。

十三、无论军民人等,不准出入藩司衙门。

熊成基率先在炮营发难,全营官兵除管带陈昌镛一人外,都听从指挥。同时,马营的军官也几乎全体加入了起事队伍,行动立即开始。

可惜的是,当时官方已接到慈禧与光绪于十月二十一、二十二日先后去世的消息,安徽巡抚朱家宝奉端方之命,于二十六日上午由太湖县赶回安庆,加强了戒备,薛哲和范传甲在城内动弹不得,无法响应,对攻城造成了很大的困难。

熊成基率炮马两营攻城不得便攻向北门外占领了子药库,又占领了炮台,焚烧了测绘学堂的步兵营。然后又回头奋勇攻城,攻到次日(二十七日)下午四时,料定城内已无响应的可能,炮兵营盘被清廷的兵舰轰毁,马营也被清军巡防营与帅营夺去,于是改变计划,放弃安庆,转向合肥进军。

在到合肥的路上,虽然打败了清廷从河南调来的三四百骑兵的追击,但抵不住总兵田中玉的大部队,跟从的人数也渐渐减少,加上弹尽粮绝,只好将队伍解散。

熊成基在同志常恒芳的保护下来到寿州,在常家住了些时又到芜湖的姑母家,姑母借了袈裟把他打扮成和尚,使他能够穿过安徽、河南、山东,最后由烟台转大连去了日本。

事后朱家宝与端方向朝廷电奏:"经家宝督同司道详加查讯,实系六十二标第二营管带薛哲与炮营队带管熊成基、工程队正目范传甲等造意为首,同谋叛乱。薛哲、范传甲先后获案,讯明正法,业经电奏在案。""讯明正法",薛哲与范传甲为清廷所杀。另外捕杀的还有田激扬、张劲夫、张星五等近三百人。

熊成基到日本后,改称姓龙,名潜,字望云,只与少数几个人交往,一心埋头治学,研究军事和制造炸药。

当时孙中山不在日本,由"庶务"黄兴主持同盟会的日常工作。熊成基经友人萧翼锟的介绍,在小石川区水道口町五十二番"勤学社"与黄兴见面,此后一段时间常有往还，商谈今后的举动。很可能在这时，熊成基参加了同盟会（现在还未发现熊成基此前已入盟的档案）。

他在东京住了不到一个月，曾回沈阳、长春活动，后又去日本住到六月间回国，主要是为革命事业筹款。

熊成基不便住旅舍，住在长春的一个朋友臧克明的父亲臧冠三家。臧冠三知道他的身份后，一再向他勒索，待熊去哈尔滨与俄人洽谈生意时，臧向

熊成基故居

清吏董某告密，说熊住在哈尔滨某旅馆，企图刺杀贝勒载洵。时载洵正好由欧洲回国，将于十二月十八日经过哈尔滨。清廷得到这一消息，立即将熊捕获，时为宣统元年十二月二十日，即公历 1910 年 1 月 30 日，立即解到吉林，由西路道颜世清亲自提讯。熊成基索笔写供词，洋洋数千言，义正辞严，其中有云：

> 我之宗旨，事成则已，否则牺牲其身，社会上亦不无小受影响也。况各国之历史，皆流血多次而后成功。……譬如草木不得雨露，必不能发达，我们之自由之树，不得多血灌溉之，又焉能期其茂盛？我今早死一日，我们之自由树早得一日鲜血；早得血一日，则早茂盛一日，花方早放一日；故我现望速死也。

为革命甘洒热血的精神,跃然纸上。

关于熊成基就义时英勇壮烈的情况,冯自由在《革命逸史》中有较详细的记述:

> 二十三日,清吏复押解成基至吉林,出巡警局时,观者如堵,成基笑语曰:"诸君为国珍重,我死犹生。"长春学界及商工人等多有为之叹息者。其时同盟会员在吉抚陈昭常幕府供职者,有廖仲恺、张我华等数人,均束手无策。及庚戌正月十八日,陈抚得清廷旨,令就地加害,遂在监狱优待室内设馈飨熊,款以洋酒,有江苏同乡官某等相陪,熊谈笑自若,饮尽一盏。已而由狱吏带往法庭,上座者有清提法司副佥事高等检察厅厅长李廷路,而安徽派来之安庆府豫咸管带官杨遇春亦列坐其侧。成基是时直立庭中,清法官仍用斩决旧法,加斩条于背。成基欲照相,照毕,索笔自题曰:"熊成基被捕后之照像。"旋大声发言,宣布其革命之宗旨,语极沉痛悲愤,听者无不动容。临刑时,刽子手使之跪,成基不屈,刀起而头落矣。后有人缝其首,置之棺中,棺值钱八十吊。亡年二十有四。

辛亥先烈,扬州人永志不忘。熊成基墓在扬州蜀冈上。扬州曾有纪念熊成基的"熊园"。

潘月樵(1869—1928),艺名小连生,江苏甘泉(今扬州市)人。自幼由长嫂延师教戏,初习梆子文武老生,后改习京剧老生,因嗓音沙哑,乃专在做工上下工夫,后成为南派京剧的代表演员,对周信芳(麒麟童)有很大影响。

潘月樵少时聪慧异常,九岁即登台演出。光绪十年(1884),年十六,入上海天仙茶园,已经名扬上海,一度与名角汪桂芬齐名,每年包银达1600两。他在天仙茶园连演百余出的《铁公鸡》,是连台本戏的创始者。

潘月樵为传承京剧艺术,特创办金台小科班招北京等处学员60余人,请天仙茶园演出班底中的老先生任教,尽得其传,培养出的演员如马春甫、孟鸿茂等,后来都名噪菊坛。

潘月樵又热心公益事业,曾自费在上海创办榛苓小学,在苏州创立菁莪学校。他在《自传》中说:"(两校)专收贫家子弟,不取学费,两处开支,皆月樵一人唱戏所得之钱。因好善事,又广交结,以致家中困苦不堪,虽托妻寄子,亦所心甘。""同时月樵痛种族沦亡,生革命思想,交结皆海内外有名贤豪志士。"说明他对革命已有所认识,并与革命人士有所往来。

作为他进步思想的表现之一,还创作演出了不少以当时现实生活为题材的"现代京剧",如《潘烈士投海》《黑籍冤魂》以及外国题材的《拿破仑》等。有人这样说:"(月樵)乃摭拾新名词,编为新剧,变歌唱为演说,以粗鄙为激烈,妇孺喜观其剧,身价日高。"此语未必为揄扬,但可以看出这些针砭时弊的剧目,受到欢迎的情况,在戏剧改革上亦不失为一种新尝试。

辛亥革命爆发后,潘月樵带领伶界团体和伶界救火会成员,积极投入光复上海的攻打制造局的战斗。对此,梅兰芳在《戏曲界参加辛亥革命的几件事》中有生动的描写:

> 潘月樵是伶界商团负责人之一,他积极奔走于陈其美、李平书、沈缦云之间,出力甚多。商团攻破制造局,潘月樵的功劳是不小的。

> 黎明前,胡恨生调防到南市毛家弄商团司令部,看见潘月樵正在向司令朱少沂,参谋高一涵等报告前方战况。他的装束很特别,黑布包头,身穿黑缎裤衣,耳边挂两条白彩绸,外罩黑斗篷,腰佩指挥刀,就像戏台上的太平军的装束一样。他口讲指画地述说攻打制造局的情况,口齿清楚,精神饱满,很能吸引大家。他说完了,向司令等立正行军礼,就走出大门,纵身跳上一匹白马,又到前方督战去了。后面许多人追着看他,他回过头来扬鞭对大家说:"你们等着听好消息吧!"少时,小南门钟楼上钟声大作,大家拍手欢呼,上海宣告光复。

上海光复后,潘月樵因攻克制造局有功,上海军政府授予他少将军衔,任沪军调查部长,并参加了攻打南京的战役。

辛亥革命后,上海军政府财政困难。潘月樵联合艺人、票友义演,为军政府筹款,还为许多公益事业筹集资金。袁世凯篡权后,潘月樵投入反袁斗争,失败后遭通缉,化装成僧人才得逃脱,但家产全被抄没。1928 年病逝于常州。梅兰芳曾说:"潘先生不避艰险,不顾身家地为革命而奋斗的精神,替戏剧界树立了好的榜样,更是值得我们敬佩的。"

1911 年(宣统三年辛亥)10 月 10 日,革命党人武昌起义胜利,不到一个月时间,各省纷纷次第光复。陈其美任上海沪军都督,成立军政府,江苏巡抚程德全宣布反正。继苏州、常州光复之后,镇江亦于 10 月 28 日(农历九月十七日)宣布光复,革命党人林述庆为都督。消息传来,扬州人士群情激动,亟谋响应。

当时,清政府在扬州的统治机构,已处于崩溃的边缘。两淮盐运使增厚和扬州知府嵩峋都是旗人,他们慑于革命的浪潮,打点好一切,随时准备出走,一府两县(扬州府和附郭的江都县、甘泉县),也都在安排后路。这时,有少数受到革命影响的扬州旅外学生,陆续返回家乡,组成旅外学队,奔走呼号,以谋策应,终因没有基础而未成。为了维护社会秩序和稳定人心,有一定社会影响的士绅方尔咸和商会会长周树年等,成立了扬州自卫团,以周任团长,把扬州分成二十四区,户出一人,各执灯笼一盏,夜间巡哨,以防变乱。方、周等又向旗人游说,希望他们交出政权,实现和平光复。知府嵩峋见大势所趋,无可奈何,表示同意,而盐运使增厚不肯交权,反而在运使衙门内架起铁炮,以示抗拒,弄得居民惊恐不安。经方等一再劝说,以安民为要,方才将炮撤去。方、周等还与镇江方面取得联系,请求革命党人前来主持光复事宜。

就在这时,忽然出现了一个自称革命党叫孙天生的人物。孙天生是什么人,有什么背景,直到现在还不清楚。一种说法,他原是扬州手工业工匠,因为失业,又因反抗清政府,亡命上海,与革命党人有所接触;还有一种说法,他是革命党派遣的"坐探";这两种说法都没有确证。但他与秘密社会组织有关,大概是可信的。孙天生来到扬州后,利用秘密社会的线索,与驻军的一个营长取得联系,商量鼓动兵丁起事。11 月 7 日晚,孙天生策马驰入城南静慧寺兵营,发动士兵拥他入城。孙天生从顶自踵,身缠白绉,策马而行,号称都督孙天生,有士兵高举写有"光复大汉,还我河山"之白旗以为前导,后面跟随定字营武装士兵四五十人,自南门蜂拥而入。仓促间闻得革命军入城,盐运使增厚逾墙逃走,知府嵩峋躲进北门外天宁寺,把官印抛入瘦西湖里,后又逃往高邮。甘泉知县周嵩龄当街对孙天生叩头如捣蒜,江都知县桂聚庆则马前马后侍候奔走。几小时间,扬州清政府完全瓦解。

孙天生进城直奔运署,把运署银库打开,分给军士,又把大清银行库房打开,散钱满地,任人搬取。据当时人的说法,孙的号召是"我发大财,尔等发小财"。当晚还把江都、甘泉两县的监狱打开,释放了所有狱因。以上情况有记载说:"变兵劫得库银后纷纷自散,惟以负重难行,遂命独轮车代步,二人合乘,驱往郊外,经行街市,为平时罕见之奇景。""镣声震动全城"。这不免令扬州人惊愕。

第二天,全城奉孙之命,大街小巷都挂起了形式不一的白旗,上写"大汉黄帝纪元元年"的字样。当晚方尔咸、周树年等至运署晤孙,反映舆情,并请发布政纲,而孙只追问"库存盐课,究有若干?"次日孙天生以扬州军政府都督名义发布文告,正式宣布扬州光复,令人民安居乐业,规定三年不完钱粮,免除一切捐税,禁止抬高物价等。文告的纪元是"大汉黄帝纪元四千六百年",印文为"扬州都督孙天生之印"。

扬州人渴望光复,也曾对孙有一定的好感和敬意。但对孙的一系列无政府的举措(打开金库和释放罪犯等),不懂政体和施政,使用纪元与公章印文不合规范、不伦不类及一身缠白等都难以理解。特别是没有见到革命党上级机关的支持首肯,更产生疑问。这在扬州上层人物中反应尤为强烈。

在孙天生方面,一是没有支持力量,他所动员的士兵,全无革命意识,分取库银之后,便各自走散;二是他的来历不明,没有群众基础,特别是得不到上层的认可,便处于孤立的地位。美国历史学家石约翰在《中国革命的历史透视》中说:"士大夫与民众反抗继续靠拢,结为一体,最重要的是,造反与革命此前主要得到的只是劳动人民的支持,现在又得到社会上层前所未有的支持。10年政治酝酿的高潮是1911年的辛亥革命。"这个分析是有见地的。孙天生这两方面的支持都不存在。

于是,扬州方面,一面对孙天生作敷衍应付,一面电促镇江方面赶快派人来主事。镇江都督林述庆即派徐宝山来扬再次光复。

徐宝山(1862—1913),字怀礼,江苏丹徒(镇江)人。自小闯荡江湖,广交朋友,好打不平,曾因杀死作恶的驻防旗兵,被判刑发遣甘肃,中途逃归,依盐枭孙七以贩私盐为生。他臂力过人,勇于格斗,尤精枪法,在社会上声威远播,投靠他的人很多。1899年徐自立门户,开"春宝堂"广收门徒,成为长江下游著名的会党首领和盐枭。后两江总督刘坤一诱以功名利禄,徐遂被招抚,任缉私营管带,复升任巡防营帮统。辛亥革命爆发,徐受其亲戚革命党人李竟成的策动,率部响应革命,参与了光复镇江之役。扬州人对他早有所知,但也不是很放心,有人问周树年,"孙是假革命分子,知徐为真革命乎?"周等保证说:"徐苟害民,吾愿以身家性命偿之。"群人方才释疑。

徐宝山星夜北渡赶赴扬州,扬州方面在南门、缺口两处柴棚引火以作信号。1911年11月9日,徐宝山率军在南门钞关登岸,进入扬州城,方尔咸、周树年等绅商在教场口设宴接风,适值一小队人拥着孙天生在教场口出现,发生冲突,徐下令开枪,在寡不敌众的情况下,孙在人丛中逃走。徐下令关闭城门,

瘦西湖内的徐园门额

大肆搜索。由于同伙告密,孙于第二日在多宝巷花烟灯(妓院)被捕。孙被捕后曾大呼说:"做人要做大丈夫,我也在扬州做了三天皇帝,谁敢说个不字!"孙为徐所杀。孙不是坏人,应该说是贫民起义的领袖。11 月 10 日上午徐宝山于洪水汪徐之私邸发布镇江都督林述庆的布告,宣布扬州军政府属镇江都督管辖。中午,革命党上海机关部派张水天送到印信一方。下午,召集各界在淮南总局开会,作出决定:设军政分府于淮南总局,徐宝山为军政长;成立江北民政署,推举李石泉为民政长;成立淮盐科,由方尔咸主其事;成立扬州第二军军部,徐兼任军长。决定还规定了整理关卡,提高湾头、邵伯厘金,流通货币为龙洋、鹰洋等银币及铜钱等。

扬州光复之初,徐宝山率军参与了讨伐张勋的浦口战斗,为攻克南京出过力。返扬后继续扩编部队,高邮、瓜洲都有他的驻军,先后光复了仪征、泰州、东台、兴化、盐城、阜宁等地,一时声望大增。

在这段时间,相对而言,扬州地方秩序较稳定,社会治安较好。徐宝山进入扬州后说过这样的话:镇江扬州是一家,兔儿不吃窝边草,不在扬州做扰民的事。大体上他是做到的。所以著名清史专家萧一山在《清代通史》中说:"徐宝山虽然枭悍成性,颇富民族思想……防守扬州各属,镇军辖区,兼及维扬焉。"就是这个意思。

袁世凯上台后,为了将其势力扩展到南方,派人携重金南下,收买革命党人与地方实力派,徐宝山是重点收买对象之一。袁任徐为军长,赠金二十五万元,徐遂一心为袁世凯效力。为了让袁放心,徐还将次子徐浩然送到北京作人质,任袁总统府的侍卫武官。

1913 年 3 月 30 日,袁世凯刺杀宋教仁的血案发生,革命党人与袁世凯矛盾尖锐,曾策动徐宝山参与讨袁斗争。徐含糊其辞,暗中却致电袁世凯,表示袁若南征,他将响应。

徐宝山投靠袁世凯,而且控制扬州、镇江一带,扼守长江和京沪通道,对革命党人讨袁极为不利。革命党人决心除此心腹之患,于是投其所好,于1913 年 5 月以送古董为名,用花瓶炸弹将其炸死。

徐宝山被炸死，袁世凯至为震惊，命令严缉凶手。还在扬州广储门外建徐公祠，置徐宝山的牌位及铜像。徐的职务由他弟弟徐宝珍继任，仍然驻在扬州。

辛亥革命的成果，很快为北洋军阀所窃取，为了争权夺利，各军阀之间混战不息，社会停滞不前，人民继续陷于水深火热之中。孙中山先生对此沉痛地说："失去一满洲之专制，转生出无数强盗之专制，其为毒之烈，较前尤甚。于是而民愈不聊生矣！"

这种情况，直到北伐战争的胜利，才基本告一结束。北伐战争的胜利，是国共合作的胜利。自 1926 年 7 月 9 日，国民革命军在广州誓师，北伐战争正式开始，共产党就全力投入这一结束北洋军阀黑暗统治的斗争。外国史家也公正地指出："北伐军于 1926 年从广州出发……共产党人的主要贡献就是动员工人在前线支持国民党军队的前进。"这是胜利军的一项重要的保证。

这一形势，在扬州也有生动的体现。扬州在 1925 年就有了党的活动。这主要表现在党的早期青年运动领袖恽代英，以国民党上海执行部、宣传部秘书的公开身份来扬州演讲，使一批进步青年思想发生急剧变化，倾向于共产主义。恽代英介绍了一批扬州先进青年参加了国共合作的国民党组织，不久即加入中国共产党和中国共产主义青年团，他们事实上是扬州最早的一批共产党员。1926 年 6 月，成立了扬州共青团特别支部。在五卅运动中，参加国民党左派的扬州共产党人如曹起溍、余冠英、吴铁生、李诚等，成为这场斗争的领导骨干。曹起溍等还深入农村开展调查和宣传活动。1927 年初，当北伐军一路南下的时候，扬州国民党左派组织在曹起溍、王寿荃等领导下，积极做好北伐来扬的准备工作。3 月下旬，北伐军抵达镇江，即将渡江进入扬州，扬州国民党左派成员分头负责做好迎接的各项安排，动员各界人士数万人，于 3 月 26 日往江边欢迎北伐军的到来。曹起溍等还将北伐军军官迎入贤良街耶稣堂，作为临时办公地点。接着，耶稣堂门口挂起了国民党江都县党部的牌子。

1927 年 4 月，蒋介石在上海发动了"四一二"政变，大肆捕杀共产党员，扬州的国民党左派组织随之瓦解。但共产党人如曹起溍等，坚定不移地继续走向革命斗争的道路。

自北伐战争胜利,1928 年国民政府迁都南京,至 1938 年抗日战争前的十年间,称为"南京十年",国内局势相对稳定,经济建设和公共建设事业提上了议事日程,并立即有所行动。南京大学张宪文教授等所著的《中华民国史》中指出:"总的说来,抗战前的 10 年中国城市化的发展,成就是非常突出的,至少与以前的各个阶段相比,进步极其明显。"国外史家如美国石约翰在《中国革命的历史透视》中也说:"民国看到了工业的进步和中国经济结构发展的进步,并加以推动,为支持中国后来的发展发挥了巨大的作用。"当然,这种发展有很大的局限性,前书即又指出:"但这时期,中国城市的发展仍不平衡。从地域空间上讲,沿海城市,特别是东南沿海城市获得了一定的发展,而广大的内陆地区,城市化的进程十分缓慢,就是沿海地区,南北之间的差距也很大。"后者也说:"尽管有这些进步,但蒋也有较大的倒退,最终削弱了民国,甚至使已经取得的一些进步变得微不足道。"就事实而论,这一时期还是取得了一些成就的。

在这之前,扬州已有了些举措。如民国十二年(1923)开瓜扬汽车路,由新辟的福运门(在挹江、徐凝两门之间,因筑路而新开,由省政府定名,门额为省长韩国钧所书),为镇扬汽车公司在原有道路基础上,收买民地兴筑。

此后,民国十九年(1930)筑扬霍路,由缺口达霍家桥,设大达公司轮船码头,也是在原有道路基础上,收买民地兴筑。

在城内,于民国十八年(1929)于小东门、多子街、大儒坊、埂子街交叉之间,筑十字形模范马路,乃是就旧有街道并拆让两旁民房而造,纵横仅十余丈,系仿造上海马路所筑,以为将来筑路的范本,故名模范马路。然并不成功,施工之后,屡修屡坏,一遇阴雨,泥泞不堪,四端与旧路的衔接之处,并不吻合,雪后冰冻,不便行人。后改用碎石铺路,凹凸不平,反不如原有路之便利,行人无不感叹,仅有模范之名,而无模范之实。

以上是规模较小的。较大的有新马路、通扬桥和邵伯船闸。

新马路筑于民国二十六年(1937)三月至八月间,目的是使南门外公路的汽车可以直达北门外瘦西湖。由江都县建设局主持,私营王殿记营造厂承包,同时建造新北门。南北门之间路长 1.95 公里,路幅宽 12 米,车行道 8 米,为泥结碎砖路面。连跨湖的新北门桥在内,计工程造价 5.84 万元。这是当时扬州城内最长最宽的马路,称"新马路"(今淮海路)。

通扬桥跨古运河,民国二十四年(1935)筑通扬公路时所造,为木结构公路桥。为便于船只航行,两中孔采用平旋开启式活动孔,桥下有旋转机器装置合拢时行车,定时纵向旋开时行船,这在当时是比较先进的。桥今尚存,已扩建改为 T 形梁 4 孔钢筋混凝土桥。

邵伯船闸为国民政府导淮工程设施之一,始建于民国二十五年(1936),由当时的导淮工程处设计,经费来自英国减免的庚子赔款,时为方便建闸施工,不影响通航,闸址选在邵伯古运河西岸,由上海陶馥记营造厂中标施工。基础工程完成后,即着手建筑物浇筑,上下闸门两侧之间的墙身与底部连成一体,用钢筋混凝土灌筑,成坞式整体结构。上下游闸门为钢质人字门,每扇重 6 吨,以 4 人之力即可操纵启闭。由于闸门、启闭机等设备均向英国定制,因交货延迟,而使船闸竣工延期。八月放水验收,十二月正式通航。船闸造价预算为 60 万元,实际耗资(包括建筑古运河拦河坝等杂项工程)87.8 万多元。作为当时比较先进的船闸,在施工过程和建成后,国民政府要员多人曾到邵伯船闸视察,蒋介石还为邵伯船闸题写闸名,可见国民政府对这一工程的重视。

这样的情况没能维持多久,邵伯闸建成后就碰上日军大举侵华。抗日战争开始,历史又翻到了另外一页。

3. 沦陷与抗战

1937 年 7 月 7 日,日本军国主义制造了卢沟桥事变,开始了全面的侵华战争。同年 12 月 14 日,扬州沦陷。当时的防守情况、沦陷经过、日军暴行、社会动态、抗战斗争等，虽有史料留存，但不够全面，经历过的人渐渐远去，今天的人已很难有感性的认知。这里摘录两篇当时亲历者就所见所闻写的较详尽的实录，以代替泛泛的叙述，也有保存史料的意思。一篇名为《扬州的浩劫》，署名江平，收载于1938年汉口新汉出版社出版的《民族大仇记》中：

扬州为苏北门户，其东仙女庙尤为军事上重要据点。敌军自占领江南各县，突破江阴封锁线后，为巩固京镇间地位，与便利向津浦线进攻，遂于上年十二月十四日清晨一举而陷此两要隘，盖由此东向泰州、南通，北沿运河趋清江，西经仪征、六合，占领浦口，均有公路可达也。扬州南岸瓜州、六圩一带，我方防御工事仓猝筑就，驻守者仅有江苏省保安第三、四两团，实力单薄，南岸唯一屏障三江营炮台既为敌之炮火所毁，无险可守，敌舰乃横行江面，由施家桥、两江口先后登陆，循镇扬汽车公路猛扑而上。我方保安队警竭力抵抗，然以少数之旧式枪弹，不足遏止敌之机械化部队之锋芒，全军牺牲后，敌兵已临城下。驻防仙女庙镇之东北军……二万余人，先后两次迎战，敌之先头部队以排炮轰进福运门，城警均殉，李官人巷、仓巷口某酱园首先燃烧，敌军每过一街头巷口，即用机关枪、盒子炮扫射，居民屋上之响声，如降冰雹然，屋瓦与子弹齐飞，因此城内秩序大乱，饮弹丧命之尸身，遍地皆是。

扬州居民，率多本籍，以为南京陷落，战事可告一段落。兼为顾念产业，有不愿迁避者，或因城沦陷过速，有无力与不及逃走者，不下数万人，所受种种残酷行为，实为有史以来所仅见。敌军既陷城，其司令亦到达，径赴商会，无人招待，遂以绿扬旅馆为司令部。次日黎明，开始搜索烧杀，奸淫掳掠，无所不用其极，十室十空，竟无一家可以幸免。富户如汪鲁门、贾颂平、谢箴斋、钟味腴等家损失最重，闻各家被搜均在十次以上。闹市中之各书局与文化机关均遭焚毁，古刹天宁寺内有重伤士兵五六十人，未及运走，悉被枪杀，寺僧七人，亦受池鱼之殃。福缘寺僧，因乘汽油船逃难，被目为官军辎重，全寺僧众数十人，无孑遗者。最可惨者，敌军进城第二晚,经一深巷,恐遇埋伏,先向巷口开枪,弹由坚固墙上碰回,流弹死一敌兵,敌以为城内尚有便衣队,遂不论男女,一遇人影,即开枪乱击,或用刀刺杀。至奸淫妇女一层,更为敌寇之急务,到处搜索女人,不论老幼,不论何时何地,即行宣淫、调戏、割乳种种恶作剧,更非言语笔墨所可形容。拒奸而死者到处皆有,亦有奸后仍不幸一死者。城内妇孺收容所共有七八处,除法国天主堂所办一所,因神甫努力支持,未受过量骚扰外,余皆不免(惟某次神甫受执缚,日司令且声言当杀汝法国人,堂有无线电收音机即执为与汉口中央军通信之据,当诘以能收不能发,何从通信,幸而得免)。三日后,其司令部由绿扬迁往中委王柏龄家,迄至第四日烧杀稍遏,然无辜遭难者,已不下五百人矣。

当敌进攻扬城之际,分一部兵力,由凹子街,经万福桥而达仙女庙镇。沿途经过桥梁,我军未及炸毁,用火焚烧,仅焦其表面,故敌之坦克车,仍得安然通过。二道桥乡民为避免骚扰起见,预备鸡鸭猪羊,执旗集队迎于桥口,敌见人旗一簇,不问皂白,即用机枪扫射,因此数百徒手血肉之躯,大半应声而倒,道旁河畔,尸骸枕藉,河水变赤。敌入镇后,居民多从睡梦中惊醒,一见士兵,背为黄呢服装,方知河山变色,咸成瓮中之鳖,欲逃而不可得矣。斯时我军在岸与敌隔芒稻河对峙,枪炮声未已,敌一面躲入民房,一面强迫人民下河淘米、洗菜及在岸旁筑壕,因此我无辜民众死于炮火者又不知凡几。战事稍停,敌即开始纵火焚毁民房,声称对岸有敌非毁去障碍物不可,复借搜索溃兵为名,大肆抢掠。每一巷口,皆竖有"禁止通行出入者杀"之木牌。每牌之下,仰伏尸身,少者三五具,多者十余具。妇女不及逃避,因遭轮奸而死者极多。有青年女子三十余,掳囚于某巨宅上,供其兽欲。全镇食物,不但抢掠一空,燃料亦无处购买,四乡农民,不敢入市,道路上尿屎与暴露之尸身,臭不可当。五日后杀人较少,而搜索妇女如故(据报一周间民众遭难者已逾六百人)。嗣该镇商会主席关立庭为民众所迫,回庙维持,先商准敌方,允许掩埋尸身,一面找觅娼妓十余人,一面请发通行证,准许乡民负薪挑米,到镇买卖。至此敌已渡河,而疮痍满目,无一人有家可归,无一家不骨肉残缺,其惨痛概可知矣。

敌军占仙女庙后,北犯邵伯。我军以立足未稳,后向高邮县境撤退,惟我于邵伯高邮间之昭关坝,埋置地雷,防敌前进。敌不知我有埋伏,大队坦克车队率领步兵意图再犯高邮,行经昭关坝,坦克车触及地雷,轰然爆发,届时我援军某部复赶到,奋力反攻,斯役敌军坦克车全毁,有触地雷而死者,有为我大刀手榴弹砍杀者,因我军势不可挡,逃入河塘被淹毙者,总计不下三四百人。当时堤岸之敌,为我以小艇渡兵绕截,致寇数百人不得归队,横逸至宜陵口东二三里之乡间。乡民咸避入车篷内,二女子摘莱菔于田中,不及走避,遂被掳去。其军人或钢盔,或无钢盔,或钢盔残缺如锯齿,马亦有数十匹,人马枪械皆泥涂如鬼,行路亦疲倦不堪,一石姓商人,从墙隙窥之甚悉。惜我军未克穷迫,敌经此挫折,不敢轻进;而我方亦因久战之后,诸待整理补充,遂各据险以守,成对峙状态,迄已有一月,双方均无进退,然邵伯自沦陷敌手,地方所受损害,不稍减于扬州。闻敌方现竭全力于津浦路方面,仅有少数部队驻守扬州仙庙、邵伯一带,以牵制我在运河方面之兵力,我方如分途包抄,不难一鼓歼灭之也。

一篇名为《敌人在扬州》,署名鲍雨,收载于1938年4月广州《救亡日报》社出版的《兽军兽行》中:

扬州,这古老的城市,她和苏州俩是"姊妹城",也可以说她就是"江北的苏州"。昔年,是一个繁华地方,可是近百五十年来,她是被时代遗落了,她衰老了,凄凉了,充满着她周围的,只有封建,颓废,堕落而已!

现在她已被敌人占领着,在铁蹄下给尽量地侮辱和蹂躏,她虽然在从前给我的印象不十分好,但现在使我不得不对她生起怀念来。下面的几个惨痛的事件,是根据一般逃出的难民及参加抗战的士兵的报告所写下来的。

敌人到扬州,起初只有数百便衣兵。但在他们未到以前,一般汉奸即放谣言,说是日兵有两师团将开到,接着在附近一带遍插太阳旗,我方军队因不明对方的虚实,便给便衣兵混进城,做着种种捣乱和破坏的工作,所以还不等到他们的正式队伍开到,扬城已沦陷了。

我军并不是抗战不力,在仙女庙(镇市)一带,曾给敌人一个重大的打击;尤其在邵伯方面,抗战格外剧烈,——终于使敌人不能再进一步。

敌军每占一地方:必尽量地暴露他们兽类似的野蛮行为——屠杀壮丁,强奸妇女,掠夺货财,扬州当然也不能例外。城里面,一连搜索四五天。乡村方面也时常去搜索。抓到壮丁,必先施以种种苦刑,后来才给你一死,妇女自十一二岁起至四五十岁止都要被奸,有的奸过后还要被割去乳部或阴户,儿童被送到敌国去施奴化教育。中年以上的老实乡人被拉去做苦工,大都被拉了去后,即不回来了。他们迫着老百姓拿出铜、铁、首饰和牛、羊、鸡、鸭等,现在城市和乡村连一声鸡啼都很难听到,每家大门上的铁环或铜钮都被挖去,别的更不用说啦!

有一守岗的敌兵,在街心闲着无事,对着一条野狗开了一枪,并没有击中,射出的子弹在石板上一碰,仍旧碰回去,穿进那敌兵的胸膛,他倒下了。后给敌司令部知道,认为他的死,是我们老百姓击死的。因此将附近一带的人,不问老幼,都枪毙了。

在一乡农家搜出一副老妇人用的缠脚的蓝布条,俗称:"脚带",敌军以为是受训壮丁用的绑腿布,因此怀疑到这屋内的唯一男人——一个已有五十岁的老农,不问情由,就把他杀死。

一家肉店的老板娘,年有三十多,因刚生产,所以敌人来,没有能逃走。有一天,有九个敌兵破门冲进去,妇人抱着婴孩不及躲避,给一敌兵将她手里的婴孩夺去,两手各执一条腿,将这刚出世的婴孩一撕两开,妇人当时昏倒地上,他们就把她抱放到肉砧板上,他们就……这个妇人终于被轮奸而死,敌兵临走时,还以为她是假死,把她的左乳割下了。

在这样的惨酷的环境下,扬州并没有"亡",相反地她是"新生"了。

因为大多数人——甚至是妇孺都已明白：要生存，就得抵抗敌人；不特明白而已，并且行动起来。于是游击组织渐渐地多起来，活跃起来。一个年老的难民告诉我：

有一个商人的儿子，年不过八岁：脸貌生得很清秀，读书聪明，当他给敌司令见到，特地抚摸他的头，显着很高兴的样子。后来敌司令要他写"大日本"三字，他马上举起笔来写了，可是在他笔下写出的是四个很有力的字："打倒日本！"敌司令一见。脸色顿时改变，向卫兵挥一挥手，叫他把孩子拉出枪决。在临刑时，他父亲请出维持会的委员去给他求赦，要他在敌司令前自认过错，重新写一幅字，但这位可敬的孩子竟不愿意，反把这维持会的委员骂退了。

这事情是发生于扬州仙女庙镇上：一个夜晚，六个备带短枪的敌兵喝得烂醉冲进一人家，里面的男子已加入游击队，只剩下一个妇人，以及他的长女。六个兵进去后，叫她们马上生起火盆来，生了火盆后，叫她们母女俩把衣服脱光，她们当然不肯。但哪能允许她们不脱呢，结果，六个人强把她俩的衣服剥光……疲乏后，都倒在床上，不一息鼾声大作，那妇人偷偷地将衣服穿了，并把日兵的短枪藏了，开门跑出去。没有多时，就引来了许多结实的游击队员，妇人将藏着的短枪交给了他们，冲进房去。六个日兵醒来，一见况情，慌忙下跪求饶。但结果都死在我英勇的游击队员的枪下了。……

新的壮健的扬州在敌人的屠刀下顽强地茁长；封建的、颓废的堕落的扬州已完全死亡。现在邵伯方面我××大队正准备反攻，同时扬州附近一带的游击队又是这样的活跃。克复扬州，是指顾间事！

以上两篇文章，是个人的亲见亲闻，不一定全面，也或有不够准确之处，但基本事实是可信的，使人看了触目惊心。这里面有敌人的残忍兽行，也有英勇的抗争，反映了当时历史的一个侧面。

扬州地区的抗日救亡运动，一直风起云涌。沦陷前夕，扬州文化界即组成以陈素、江上青等为骨干的"江都县文化界救亡协会流动宣传团"（简称"江文团"），率 18 名成员，进入安徽和县、合肥、舒城，河南固始、商城，湖北麻城、浠水等地，所到之处，以讲演、演剧、教歌、办墙报等形式宣传抗日，鼓舞斗志，沿途成员发展到 40 人，并与党组织取得联系，在团内建立了党支部。1938 年 4 月，经中共长江局批准，宣传团有条件地集体加入国民党第十一集团军，仍独立开展抗日救亡宣传活动。同年 11 月，江上青、王毓贞、赵敏、周邨等受中共安徽省工委宣传部长张劲夫的派遣，到皖东北做统战和敌后工作，同时成立了皖东北特别支部，江上青任书记。陈素与江上青先后为抗日事业光荣牺牲。

上面两文中都提到邵伯战斗。1938 年 5 月，驻邵伯湖西的抗日义勇团的领导人陈文与国民党军人三四九旅旅长王楷，本着"欲守昭关，先保高邮"的原则，签订共同防守协议，合作抗日。5 月 3 日晨，扬州日军川井部队以坦克 14 辆，卡车 16 辆，骑兵 38 名，由驻邵伯的 500 名日军配合，进犯昭关坝。初以 3 架飞机，又以工兵搭浮桥强渡，均被击退，日军的第一辆坦克也被地雷炸毁。又派勇士携机枪至西岸隔河向日军后方扫射，使日军首尾难顾。计打伤打死日军 150 多人，迫使日军撤退。这就是当时民谣所说的："昭和打昭关，尸骨堆成山。"

上面提到的陈文，是一位爱国志士，建立起一支抗日义勇团，以公道为基地活跃在扬州西部地区，寻机打击日伪军。曾爆炸日军的扬州机场。在扬州各乡镇与日军进行了一百多次战斗。后邀请中共干部到义勇团办培训班，建立起党支部，使这支队伍更有战斗力。

1939 年春，陈毅、粟裕率新四军挺进苏北建立抗日根据地，开展正面战和游击战，从此有了抗战的主力。自此，以新四军为主体，地方武装和民兵相结合，形成了强大的武装力量，使日军处以寸步难行的境地。

1945 年 12 月 25 日，新四军在高邮进攻负隅顽抗的日军，获得大捷，日军司令部挂白旗请降。第八纵队政治部主任韩念龙以新四军代表的身份，命令日军头目岩奇大佐传令各部解除武装，无条件投降。26 日晨，由韩念龙主持在高邮城内日本洪部礼堂举行了受降仪式。这是抗日战争胜利后，新四军对日军的一次较大的受降活动,在国内外产生很大的影响。

抗战胜利后,人们的欢欣未尽,国民党即挑起了反共反人民的内战,伴之而来的是通货膨胀,物价飞涨,民不聊生。扬州人民和全国人民一样,期待一个新的历史时间的到来。

4. 近代扬州文化一瞥

鸦片战争以来,在腐朽的清王朝和反动政权的统治下,扬州的文化事业受到很大的摧残。但在窒息的空气下,仍有不少人在继承传统文化的基础上,放开眼界,接受新的思潮,做出了不同以往的新的贡献,为扬州的文化史增添了新的内容。

在学术、文学方面。魏源(1794—1857),字默深,湖南邵阳人。早年攻读儒家经典,二十八岁中举,充任地方督府幕府,受江苏布政使贺长龄之请,协助编选《皇朝经世文编》。在这段时间里,先后结识了龚自珍、林则徐、陶澍、包世臣等有"经世"之志的人士。五十岁中进士,历官内阁中书,江苏东台、兴化县知县,两淮盐运司海州分司运判,高邮州知州等职。他认为"江淮擅财赋,良由利泄储",任兴化知县时,他抓了农田水利设施,保证了丰收,兴化人民把丰收的稻子叫"魏公稻"。他主张实行盐票,认为"票盐即刘晏收税之法。是其要在于以民贩之易简,变纲商之繁重"。改革盐政后,消除了许多弊端,使商人获利,盐课增加,改变了过去盐积课绌的状况。他本人也曾因经营盐业获利。

魏源是鸦片战争时期爱国士大夫集团的一个重要成员,也是当时主张向西方学习的先进思想家。早在鸦片战争前,他便主张严禁鸦片输入。鸦片战争期间,他在两江总督裕谦幕府中,亲自参加了抵抗英国侵略者的斗争。《南京条约》订立后,他在复仇雪耻的爱国主义精神推动下,根据他所搜集的资料,编写了《海国图志》一书,对强国御侮的道路作了比较深入的探索。这本书是他因母亲病故,离东台县职回扬州"絜园"守孝期间修订完成的。"絜园"是魏源利用经营盐票所获利润,于道光十五年(1835)在扬州购置的住宅。他在这部书的原叙中,明白揭示他编写这部书的目的是"为师夷长技以制夷而作"。他在这方面所做的研究工作,确实是前人未曾做过的。他在这之前所著的《圣武记》,也在扬州再订。这是一部历史书,也是一部军事理论著作,是他推求盛衰之理,筹划海防之策的著作。

魏源的《圣武记》和《海国图志》都比较集中地反映了魏源的先进思想,即主张改革腐朽的封建政治,主张抵抗外国资本主义侵略,学习资本主义国家发展工业,使自己的国家富强。他的《海国图志》甚至对日本明治维新也起过推波助澜的作用。

龚自珍(1792—1841),字璱人,号定盦,浙江仁和(今杭州)人。是近代史上一位先进的思想家,也是一位富有创造精神的文学家。他曾多次来往扬州。道光十九年(1839)己亥,四十八岁的龚自珍,由于主张变法革新,抨击时弊,受到顽固派的打击,辞去礼部主事的官职,离京返乡。这年四月二十三日,从北京出发,沿路留连,五六月间到达扬州。他和魏源是好朋友,就住在魏源的絜园中。在扬期间,龚自珍重见了退休在家的大学士阮元,龚有诗云:"四海流传百轴刊,皤皤国老尚神完。谈经忘却三公贵,只作先秦伏胜看。"注云:"重见予告大学士阮公于扬州。"说明他们谈得很投契,忘记了年龄和地位的差别。魏季子《羽琌山民轶事》有这样一段记述:"山民(即龚自珍)故简傲,于俗人多侧目,故忌嫉者多。阮文达(即阮元)家居,人有以鄙事相浼,则伪耳聋以避之。山民至扬,一谈必罄日夕。扬人士女相嘲曰:'阮公耳聋,见龚则聪;阮公俭啬,交龚必阔。'两公闻此大笑,勿恤也。"证明龚的诗句并不夸张。他还重晤了扬州校勘名家秦恩复。秦的青壮年时期是在所谓"乾嘉盛世"度过的,现在秦已是年近八旬的老人,清王朝也是日薄西山,气息奄奄,龚自珍很有感触地在诗中说道:"蜀冈一老抱哀弦,阅尽词场意惘然。绝似琵琶天宝后,江南重遇李龟年。"他与魏源等交谊甚厚,又都是在文章学术上颇有成就的人物,相聚一起,更是跌宕诗酒,论古谈今。他有诗说:"七里虹桥腐草腥,歌钟词赋两飘零。不随天市为消长,文字光芒聚德星。"并注明:"时上元兰君、太仓邵君为扬州广文,魏默深舍人、陈静庵博士侨扬州,又暗秦玉笙、谢梦渔、刘楚桢、刘孟瞻四孝廉,杨季子都尉。"可见他们的情绪之高。有这样一个传说,龚自珍住在絜园中,客中无靴,与魏源借靴子穿。魏的脚大,龚的脚小,不怎么合适。一天几个朋友聚在一起,剧谈大笑,龚跳踞案头,手舞足蹈,及至送客的时候,竟不知脚上的靴子到哪里去了。后来还是在帐顶上觅得的。名士风流,至今传为佳话。

龚自珍还写过一篇《己亥六月重过扬州记》。文中反映了扬州虽当国势衰微之际,但士流仍沉醉于庸俗的生活之中,一味追求享乐。他把当时的情势和自己的心情都比做"初秋",表现了作者对现实的清醒的认识。

从龚自珍《己亥杂诗》中,还知道他这次在扬州曾结识一个名叫小云的妓女。诗中说:"能令公愠公复喜,扬州女儿名小云。初弦相见上弦别,不曾题满杏黄裙。"这个妓女大概还有点骨气,龚赞她"非将此骨媚公卿"。同年九月龚北上接家眷南归,路过扬州,又去看了小云。临行前怕听到小云惜别的话,趁她不在家的时候留下一句话便走了。这次他为小云写了四首诗。

龚自珍卒于道光二十一年(1841),享年五十。次年,他的儿子龚橙抱遗书到扬州请魏源编订,经魏源论定并校正章句,编成《定盦文集》,这是龚自珍作品的第一个集子。

刘师培(1884—1919),字申叔,又名光汉,号左庵。仪征人,世居扬州。他是以精研《春秋左氏传》著称的"青溪书屋"仪征刘氏几世学者中的最后一人。从他的曾祖父刘文淇到他的父辈,以经学世家闻名于道光、咸丰、同治、光绪间。刘师培生当清代末年。十九岁中举人,后参加会试失利,遂放弃科举,游学四方。受革命思潮影响,著《攘书》,又在上海编《警钟报》,倡导革命。1907年东渡日本,加入了孙中山领导的同盟会,结识了革命学者章太炎,相互切磋琢磨,学业大进,当时人称为"二叔"(刘字申叔,章初字枚叔)。后来思想倒退,曾做过端方的幕僚,辛亥革命后又附和袁世凯称帝,成为筹安会"六君子"之一。最后任北京大学教授,卒年三十六岁。

刘师培出生于经学世家,自己又涉猎广博,在学术上的成就是多方面的。他上继汪中、焦循、王念孙王引之父子、黄承吉、阮元等人的学术成就,而又博综贯通,成为一家之学。他对小学、经学、中古文学和校释群书都有很精当的见解。享年虽短,但著述颇多,有关经学、小学的论著二十二种,讨论学术和文辞的十三种,计有七十四种之多,被称为"著述之盛,并世所罕见",而且条理分明,秩然不混。刘师培写有《中国中古文学史讲义》,是学术名篇,鲁迅在《魏晋风度及文章与药及酒之关系》中说:"辑录关于这时代的文学评论有刘师培编的《中国中古文学史》。……倘若刘先生的书里已详的,我就略一点;刘先生所略的,我就较详一点。"说明对他的学术成就很推重。

朱自清(1898—1948),字佩弦,原籍浙江绍兴,生于江苏东海县,成长于扬州,故自称"我是扬州人"。现代著名的诗人和散文家。他的主要的文学创作和文学研究活动虽在"五四"运动以后,但他的少年和青年时期与扬州有密切的关系,成为他的作品内容的组成部分。他6岁随全家由东海县迁来扬州,在私塾读书。14岁与扬州名中医武威三的女儿武钟谦订婚。后来他在《择偶记》中说:"光复那年,父亲生伤寒病,请了许多医生来看。最后请着一位武先生,那便是我后来的岳父。有一天,常去请医生的听差回来说,医生家有位小姐,父亲既然病着,母亲自然更该担心我的事。……母亲便和父亲商量,托舅舅问医生的意思。那天我正在父亲病榻旁,听见他们的对话。舅舅问明了小姐还没有人家,便说,象 × 翁这样的人家怎么样? 医生说,很好呀……"生动而又幽默地回忆了这件事。15岁进入安徽旅扬公学高等小学,毕业后考入扬州两淮中学(后改为江苏第八中学,又改为江苏省立扬州中学,即今扬州中学)。19岁考入北京大学预科,寒假期间,奉父母之命回扬州和武钟谦结婚。武钟谦和他生有三男三女,于1929年病逝于扬州家中。他在那篇被誉为"至情表现"的名篇《给亡妇》里,细微地描绘了一个温柔敦厚、吃苦耐劳、贤惠善良的普通妇女的形象,写了她在种种苦难折磨下,终于积劳成疾,一病不起的情况,在平静的细诉中蕴含了沉痛的悲思。在《冬天》里他又说："现在她死了快四年了,我却还老记着她那微笑的影子。"表现了对她无尽的怀念。20 岁考入北京大学本科,进哲学系。这年冬天,祖母去世。他由北京至徐州随父回扬州奔丧。办完丧事北返,和父亲在浦口车站分手。后来他的那篇脍炙人口的代表作《背影》,就是写的这次父子分别的情景。大学毕业后的第二年,即 1921 年,24 岁的朱自清曾被聘担任扬州江苏省立第八中学教务主任,但不久就辞去职务。武钟谦逝世后,他还回到扬州几次,后来便难得有机会了。不过扬州一直是在他的心

上的。除了上面提到过的作品,此外如新诗《小舱中的现代》,散文《儿女》《看花》《扬州的夏日》等,都与扬州相关。这些优美的文章使人更了解扬州,更热爱扬州。

朱自清先生始终踏踏实实地和时代一同前进。他在文学创作、文学研究和文学教育方面的贡献是不可磨灭的。特别是在他的晚年,不顾重病在身,坚决签名拒领美国的救济粮。毛泽东赞扬说:"朱自清一身重病,宁可饿死,不领美国的'救济粮'。""我们应当写闻一多颂,写朱自清颂,他们表现了我们民族的英雄气概。"

扬州文学人物,还应提到李涵秋。李涵秋(1874—1923),名应璋,江苏江都(今扬州)人。

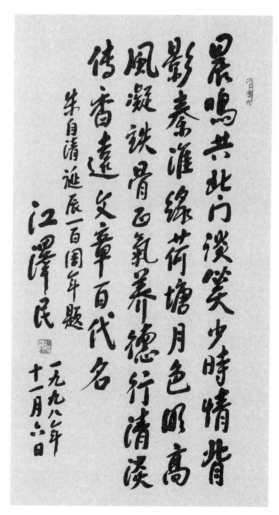

江泽民为朱自清诞辰一百周年题词

震亚图书局《广陵潮》封面

光绪十五年（1889）在汉口主持《公论报》。辛亥革命时期，任扬州民政署秘书长。后任教于江苏省立第五师范学校（今扬州中学），同时还担任过多种报纸副刊的主编。著有长篇小说三十种，最著名的为《广陵潮》十卷一百回，叙中法战争后至"五四"运动前，扬州秀才云麟与表妹伍淑仪的爱情婚姻纠葛，塑造了中下层各派别、各行业的典型人物，有革命志士，也有绅士、妓女、浪子等，再现晚清社会的历史和风情，同时也揭露了清末政治腐败、民不聊生的种种社会现象。此作一面世即引起轰动，一版再版，为近代通俗小说的代表作。另有毕倚虹（1892—1926），名振达，仪征人，曾参与多种报刊编辑，著有长篇小说多种，以《人间地狱》最为知名，在近代小说史上占有一席之地。

绘画、书印方面。自"扬州八怪"以来，扬州画坛，代有佳手。声名较著者有王素（1794—1877），字小梅，号逊之。工画仕女，与人物画家改七芗、顾西梅、费晓楼等齐名。虚谷（1824—1896），俗姓朱，名怀仁，出家后名虚白，字虚谷。工于山水、花卉、翎毛，笔墨苍秀，敷色清新，具有冷峭的风格，在当时有很高的声望。他做过清朝的将官，据说因不愿镇压太平军而出家，还曾暗地里帮助过太平军。与太平军有关系的画家还有陈崇光、李济匄、虞步青、郑长春等。陈崇光（1838—1896），字若木，二十岁前曾参加过太平天国运动。擅长人物、山水、花鸟、草虫，取各家之长而别具风貌。吴昌硕说他"笔古法严，妙意从草篆中流出"。李济匄画鸡最出色。太平军进入扬州后，他母亲在林凤翔部下洗衣服,他本人参加了太平军。当时驻扬州太平军的指挥机关设在原盐运使衙门,经过修缮,绘制了很多壁画,就是出于李济匡之手。李济匡和虞步青、郑长春等人还参加了天京(南京)王府的壁画创作活动,天王府和众王府的许多壁画是他们参与绘制的。后来都在天京管理宋元书画,有机会观摩古代优秀的绘画艺术,从而提高了自己的绘画水平。真然和尚(?—1884),字莲溪,又号黄山樵子,山水、人物,花鸟、兰竹,无不兼优。尤善画大幅人物,落笔而成,一时惊为绝艺。

此后有画家李石壶、鲍娄先、何其愚、顾伯逵、戈湘岚等,他们各以所长,名传大江南北。他们中的有些人直到新中国成立后还从事创作活动。

值得一提的是卓越的山水画家黄宾虹先生,他壮年时代侨居扬州,住在何园从学于画师郑雪瑚。在这期间,他勤学深研,孜孜不倦,经常通宵达旦手不释卷,遇到好书好画,必定认真笔录或临摹。黄先生后来有那么高的造诣,和这段时间的刻苦勤奋颇有关系。

这期间在书印上成就最大的当推吴熙载。吴熙载(1799—1870),字让之,亦作攘之,号晚学居士,为安吴包世臣的学生。其书法真、草、隶、篆,无所不工。尤善篆刻,师法邓石如并参以汉印,用刀如笔,于遒劲凝练中见流畅,发展了"邓派"篆刻艺术。当时浙江赵之谦,治印名重一时,而对吴的评价则是:"近人能此者,扬州吴熙载一人而已。"真是推崇备至了。

这一时期的曲艺方面,出现几位杰出的评话艺术家。

龚午亭,东台人,生当清代咸、同之时,在扬州说书达三十年。他并不是照搬浦琳的《清风闸》原书,而是"用是书为名,别出己意演之。微文讽词,隐显幽隽,若身为其人,而出其心术神态以表于众者。即闻者亦不复知为数十年前事,而喜怒哀乐随之转移于不觉"。他的表演非常高明,"于人情物态,心领神会,遇事触发,无不酷肖,往往不事辞说,而自得其意于言语之外"。他在扬州三十年,每年说《清风闸》数周,每一次都有变化,有创造,不再蹈袭以前的,令人一听再听,百听不厌。扬州的上上下下,没有不知道龚午亭的,每逢他说书,去迟了就没有容身之处,致有"要听龚午亭,吃饭莫打停"的俗谚。甚至出现了这样的情况:来过扬州的人回到家乡,人们一定要问他:"听过龚午亭的《清风闸》没有?"如果回答说没有,就会受到嘲笑,认为是怪事。所以经过扬州的人,都以能听到龚午亭说书为幸运,并以此夸耀于人。当时吴让之、陈若木以书画声闻远近,再加上龚午亭,人们誉为"扬州三绝"。龚午亭死后,好长时间没有人敢说《清风闸》,直到二十年后,有个叫张捷三的,自称是龚午亭弟子,出来演说《清风闸》。张捷三风度翩翩,声音笑貌颇似龚午亭,人们也争着来听。只是他的书没有龚午亭的变化,终逊一筹。张捷三喜欢在讲正书前说三个笑话,算是"入话",这个风气,后来为许多艺人所师承,特别是说《清风闸》的,必然如此,已成为定例。

有说"三国""水浒"的李国辉、蓝玉春和王少堂、康又华、马凤章等。他们在书目内容和表演艺术上都有重大的发展,其中尤以王少堂最为出色。王少堂(1889—1968),扬州东乡宜陵(今江都区宜陵)人。父亲王玉堂受业于张慧堂,张的艺术则学自一百多年前扬州杰出的评话家邓光斗。王少堂七岁从父亲学艺,也就是间接得到邓光斗的衣钵真传。后来他又向说《三国》的名

评话大师王少堂

家康国华学习过。他把父亲的善于"表"和康的善于"演"的两方面长处兼收并蓄，同时在口、手、身、步、神等方面悉心揣摩，力求形神兼备。经过不断努力，在表演艺术上达到很高的境地。他擅长说《水浒》中的"武松""宋江""石秀""卢俊义"四个十回，对书词内容也作了较大的丰富扩展。如"武松"十回，前辈艺人只能讲二十天，他初学艺时也只能讲四十天，经过不断创造，能连讲七十五天。由于他在表演艺术和书词内容上的创造性的发展，并且具有了自己的独特风格，人们习惯称他说的书为"王家水浒"。

清末民初，扬州艺人张丽夫经常演出别具风格的"扬州弦词"，节目有《珍珠塔》《双珠凤》《落金扇》等，唱腔曲折有致，婉转动人，是近代扬州弦词艺人中的杰出者。由他的开创，形成了扬州"张氏弦词"。

扬州清曲又名广陵清曲或维扬清曲，最初产生于明代中叶，是继承元代散曲的一些形式特征，吸收当时江淮一带民间风行的各种俗曲，加以融合改造而形成的地方曲种。扬州清曲在清康、乾间达到全盛阶段，无论在音乐曲牌、乐器伴奏方面，还是在曲目唱本方面，都十分丰富多彩，并以其腔调的细腻、缠绵著称。当时产生了许多清曲演唱家，一些曲调和唱本也传到了边远地区。从晚清到民国时代，由于战争频仍，经济萧条，清曲艺术处于相当困难的境地。由于清曲艺人的艰苦努力，清曲艺术还是被保存了下来。这期间清曲词作者有施元铭、魏绍章，演唱者有黎子云、钟培贤、裴福康、王万青、尤庆乐等。

扬剧是在扬州民间花鼓戏和苏北香火戏的基础上发展起来的。早在清康熙年间，扬州民间每逢香期、灯节，都有热爱文艺生活的瓦匠、木匠、铁匠、店员以及乡间农民表演花鼓戏。起初只是以简单的民间歌舞形式演于街头、庭院或临时搭起的戏台上，演唱一些男女爱情之类的内容。大约在1916 年，花鼓戏开始在舞台上演出，并出现了半职业性的班子。当时虽没有写好的本子，表演上也比较简单朴素，但从生活出发，有浓郁的生活气息。由于花鼓戏的伴奏中没有大锣大鼓，故而被称之为"小开口"。1919 年，扬州花鼓戏被邀请到杭州"大世界"戏院演出，获得成功，后来花鼓戏出现在上海,也受到群众的喜爱,于是开始有了职业性的演出班子,花鼓戏成为"维扬文戏"。

香火戏又称"大开口",因为它的伴奏只有大锣大鼓而没有丝弦乐器。香火戏兴起于清末,一般演出于农村谢神祈福的"香火会"上,最初是坐唱,后来才带有表演性质。由于是"娱神"的,一些演唱内容不免带有宗教色彩,但由于是自我娱乐,演唱的民间故事、历史故事也不少。香火戏进入上海比花鼓戏要早,1911年左右就有去上海谋生的苏北人(很多是扬州人)开始了职业性的演出,并组成了"维扬大班"。香火戏在上海虽受到欢迎,由于曲词单调,又没有吹弹拉的乐器,是很大的缺陷。而且花鼓戏跨进上海后,在班子的组织和艺人的数量上都比香火戏强,这就推动香火戏不能不取长补短。于是,唱"大开口"的人改唱"小开口"的很多,同时,"维扬文戏"在音乐中又增添了"武场"。相互交流吸取的结果,就形成了后来的"维扬戏",简称为"扬剧"。

还应提一下棋艺。这期间,扬州一带围棋活动很盛,出现过不少著名的围棋手和围棋研究著作。施绍闇(字襄夏,号定庵)称全国围棋第一,曾在扬州著有《弈理指归》二卷。和他齐名的范世勋(字西屏),也著有《桃花泉棋谱》二卷。他们的棋艺精湛,变化无穷,施和范的对弈,尚有十局留传至今,称为《范施十局》。施、范之后,咸丰、同治间,扬州周小松亦以棋艺驰名当时,和陈子仙、徐耀文并称国手。周小松和同时名家对弈的棋谱,一直传至今天,仍为围棋爱好者所经常揣摩、研究。

第九章　交相辉映

　　扬州的解放与新生。社会主义建设的开端。改革开放大潮中的扬州。前所未有的经济繁荣和文化昌盛。人居城市与森林城市。建设创新、精致、幸福的扬州。沿着"古代文化与现代文明交相辉映"的目标阔步前进。

1949 年 1 月 25 日,扬州解放; 10 月 1 日,中华人民共和国成立,扬州进入了前所未有的新的发展时期。

建国伊始,百废待兴,扬州即开始了城市建设。1951 年,拆除环绕扬州城区的所有城墙。筑成环城马路,打破了城郊界限,同时又拓宽了城区的主要街道,变狭窄的中心路面为较阔的马路。1959—1968 年,填掉废市河,开辟了汶河路。1978 年,打通石塔路、三元路、琼花路(今统称文昌路)东西向的主干道。这是改革开放前扬州道路建设的几个高潮时期,使扬州陈旧的面貌,初步有了新的现代的气象。其规模与速度,为新中国成立前不可比拟。

扬州发生根本性的变化,是在改革开放以后。自 1982 年 2 月被国务院命名为第一批历史文化名城,到现在已完全是旧貌换新颜。

为了加快名城建设和拓展经济发展空间,根据扬州的城市性质和具体特点,经过周密规划,实施了"西进南下,组团开发"的城市发展战略,即城市新

润扬大桥

区向西拓展,开发建设邗江新区和新城西区,向东依托古运河和京杭大运河,开发广陵新城,以仪征市、江都区为两翼,沿江重点中心集镇为组团,呈"一体两翼"扬州大城市带的发展格局。

2000 年以来,扬州市政府为了策应润扬大桥、宁启铁路、西北绕城公路、沿江开发等一些重大工程的实施和实现,决定建设新城西区。决定指出:"从现在起,扬州动员全市力量,全面启动新城西区建设,全面打造一个现代气息浓郁、配套设施齐全、生态环境优良、人文特色鲜明、宜于安居兴业、充满生机活力的现代新城区。"根据这一要求,新区除商贸中心外,沿路不建商铺,不搞封闭院落,不搞欧式风格建筑,不搞农民庄台;实行统一建行政商务中心,统一公建配置,统一物业管理,统一规划建设公寓或住宅小区。整体上注重空间景观的协调,绿化面积达 40% 以上,每项工程都打造成一个景点。

现在,国际展览中心、"双博"馆(中国扬州雕版印刷博物馆、扬州博物馆)、图书馆、扬州艺术中心、体育馆、火车站、大剧院、会议中心等,错落有致地散落在西区各点;行政服务中心、军事国防园相继建成,市民广场、邮政中心、医疗中心、文化中心等发挥了很好效益,集学习、休闲、购物、娱乐、治疗为一体,增强了西区的吸引力。各项招商引资项目也一一实现。

"双博"馆

2006 年,扬州决定启动京杭大运河以东广陵新城的开发。同年即建成文昌大桥,破除了向东发展的瓶颈,使广陵新区与城区顺畅相连。在逐一兴建的广陵新城中,着力构建产业集聚区、中央商务区、生态旅游区三大园区,汇集大型购物中心,商业步行街,高标准交易市场,高星级酒店、会馆、展馆,文化

京杭运河之心——广陵新城的"门户"

体育设施等要素项目。突出教育消费、文化消费、健康休息消费和现代服务多种消费功能,培植科研开发、中介服务、物流配供等新型业态,成为起点高、现代化程度高的新型商业中心。新建成的"京杭之心",将成为世界运河博览会和世界运河论坛的永久会址。

为加快沿江开发,扬州建立了"一区四园",即扬州经济开发区,江阳工业园、邗江工业园、杭集工业园和广陵产业园。

扬州经济开发区内设有:1.汽车机械工业专区,现有整车产品生产企业15家。此专业区的功能定位是致力开发汽车整车、底盘、发动机及关键零部件,成为扬州汽车工业的科研、开发、生产的集中地。2.沿江化工工业专区,紧靠沿江一类开放港口——扬州港,水陆交通发达,运输条件优越,适宜于大耗水基础原材料项目。现已进驻大连化工、江苏扬农化工、江苏群发化工、江苏琼花集团、扬州石油化工总厂等。沿江化工走廊正在形成。3.纺织工业加工区,为海关管理的加工区,接纳海内外客商建立合资、合作或独资企业,享受国家优惠政策,已有华芮纺织、晨星纺织服饰等项目进驻。

"四园"中,邗江工业园内规划了韩国工业园、台湾工业园、民营工业园、科技园、创业园、外商综合服务区等,重点发展电子、服装、机电工程、精细化工等高新技术产业。杭集工业园，主要依托三笑、琼花两大集团，建立日用精细化工产品生产基地与新型复合材料生产基地，发展以牙刷、日化旅游品为主的工业。广陵产业园主要打造成工业、商贸、科研、生态住宅等的板块，为"广陵新城"的重要组成部分。江阳工业园区现正在规划发展中。扬州还设立了出口加工区，实施"境内关外"的管理模式，实行一次申报、一次审单、一次查验，24小时通关。海关、国检、银行、运输、仓储等机构一应俱全，落实企业不出园区即可办妥一切进出口手续。

扬州特别注重改善和创新人居环境，主要在打造亲水绿杨城郭、保护城市周边湿地、推进传统产业生态转型下工夫。扬州先后新建10多个市民休闲广场，200多个小游园，整治城市道路74条，改造城区黄泥路、黑巷道250条，出新城市20多条主干道两侧，500多栋楼宇，使群众充分享受到充裕的城市资源。扬州的良好空气质量天数317天，居全省之首，国家卫生城市和中国人居环境奖调研考核专家组民意调查显示，群众对城市环境改善的满意率达96%以上。经过严格的评审，2006年10月，扬州荣获联合国人居奖。2011年又被评为国家森林城市。

扬州是历史文化名城，尤为致力于古城的保护与复兴。按照"护其貌，美其颜，扬其韵，铸其

东圈门

魂"的思路,先后整修了一批古建筑、园林及历史街区,全面规划整治从扬州闸至瓜洲闸 27 公里古运河的全绕环境,重点打造了黄金坝至大水湾的古运河精品段,建成了宽 50 米,长 6 公里的古运河风光带和水上游览线,把瘦西湖作为扬州的城市名片。增强规划的调控作用,对城市总体风貌、整体天际轮廓线、建筑风格及城市色彩实行严格控制,坚持"两古一湖"(古城区、古运河和瘦西湖)的建设思路,使扬州古城个性日益凸显。2007 年,又将保留了众多人文古迹的东圈门、东关街区打造成历史文化街区,保持了街区庭院的幽深曲折和清秀雅致的个性特色,成为全国著名的"十大历史街区"之一。2008 年 12 月 15 日,国家文物局公布了《中国世界文化遗产预备名单》重设目录,在最终确定入选的 35 个项目中,"瘦西湖及扬州历史城区"名列第七,这说明扬州古城列为世界文化遗产已为期不远。

江泽民同志为家乡题词:"把扬州建设成为古代文化与现代文明交相辉映的历史文化名城。"对这一殷切的希望,扬州人民谨记在心,正在努力加以实现。在中华民族走向伟大复兴的进程中,扬州的交相辉映,是不可或缺的一个组成部分。

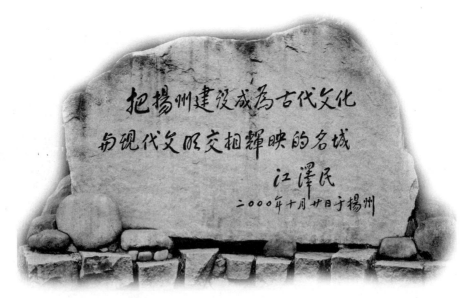

江泽民为家乡扬州题词

附录一　扬州历代沿革表

东周敬王姬匄三十四年（前486），是为吴王夫差十年，于长江下游北岸"城邗，沟通江、淮"，扬州称"邗"自此始。在此前后，扬州先属吴国，越灭吴后扬州属越，后越为楚所灭，扬州属楚。

慎靓王姬定二年（前319），楚怀王熊槐十年，于邗城旧址筑广陵城。扬州称"广陵"始此。

秦始皇嬴政时（前246—前210），分全国为三十六郡，广陵属九江郡。九江郡治在寿春（今安徽寿县）。

秦、楚之际（前207—前206），项羽自立为西楚霸王，本有在广陵建都的打算，称"江都"，即临江都会的意思，后未实行，改都彭城（今江苏徐州）。扬州称"江都"自此始。

西汉高祖刘邦六年（前201），封从兄刘贾为荆王，广陵属荆国。

高祖十二年（前195），改荆国为吴国。封兄刘仲子刘濞为吴王，都广陵。辖东阳、吴郡、鄣郡，计五十三城。

景帝刘启四年（前153），改吴国为江都国，迁皇子原汝南王刘非为江都王。

武帝刘彻元狩二年（前121），江都王刘建反，江都国除，改东阳郡为广陵郡。此为广陵郡建置始。

武帝刘彻元狩六年（前117），置广陵国，封皇子刘胥为广陵王，广陵国下辖四个县：广陵、江都、高邮、平安（宝应县兼天长县之半）。

武帝元封五年（前106），在全国设十三州刺史部，广陵国属徐州刺史部。

元帝刘奭初元二年（前47），封刘胥子刘霸为广陵王。

王莽始建国元年（9），废广陵国为江平郡，改广陵县为安定县。

东汉光武帝刘秀建武十八年（42）废广陵国，立广陵郡，郡治在广陵，仍属徐州刺史部。广陵郡下辖十一个县：广陵、江都、高邮、平安、凌（宿迁县）、东阳（泰州、东台、泰兴、如皋、通州、海门兼兴化一隅）、射阳（淮安、宝应、盐城交界处）、盐渎（盐城、兴化）、舆（仪征）、堂邑（六合）、海西（海州）。

光武帝中元二年（57），复置广陵国，封第九子刘荆为广陵王。

明帝刘庄永平元年（58），改广陵郡为广陵国，迁山阳王刘荆为广陵王。永平十年（67），复废广陵国为广陵郡。永平十四年（71），封刘荆子刘元寿为广陵侯。

三国时（220—265），广陵为魏、吴两国边境，户口逃亡，城郭毁坏，郡县皆废不置。魏迁广陵郡治于淮阴，辖淮阴、凌、海西、淮浦四县。

吴会稽王孙亮五凤二年（255），派冯朝城广陵，拜将军吴穰为广陵太守。

西晋武帝司马炎太康三年（282），置广陵郡，郡治在淮阴，后又迁射阳。广陵郡下辖八个县：淮阴、射阳、舆、海陵、广陵、盐渎、淮浦（涟水）、江都。

东晋元帝司马睿大兴元年（318），在广陵界内侨立北方的青州刺史部。大兴二年（319），广陵郡治仍还广陵。并江都县入舆县。

明帝司马绍时（323—326），侨立北方的兖州刺史部于广陵，又移徐州刺史部于广陵。

安帝司马德宗义熙七年（411），分广陵郡地另设海陵、山阳二郡。原海陵县仍属广陵郡。

南北朝宋文帝刘义隆元嘉八年（431），以江淮间为境，侨置南兖州，治所在广陵。扬州或称"南兖"始此。

文帝元嘉十三年（436），废舆县，复立江都县。元嘉二十八年（451），迁南兖州治所于盱眙。元嘉三十年（453），仍迁南兖州治所于广陵。时广陵郡下辖四个县：广陵、海陵、高邮、江都。

齐高帝萧道成建元四年（482），移广陵郡治于海陵。

梁武帝萧衍时（502—549），广陵郡治仍移广陵。时广陵下辖两个县：广陵、江都。

北齐文宣帝高洋天保三年（552），改南兖州为东广州，下置广陵、江阳二郡。扬州或称"东广"自此始。

陈宣帝陈顼太建五年（573），仍改东广州为南兖州，郡如故。

北周静帝宇文阐大象元年（579），改南兖州为吴州，郡如故。扬州或称"吴州"始此。

隋文帝杨坚开皇九年（589），改吴州为扬州，设总管府。废广陵、江阳二郡及江都县。称"扬州"自此始。开皇十八年（598），改广陵县为邗江县，隶属于总管府。扬州或称"邗江"始此。

炀帝杨广大业初（605—610），废总管府，置江都郡。复立江都县。改邗江县为江阳县，扬州或称"江阳"始此。江都郡下辖十六个县：江阳、江都、海陵、宁海（泰兴东境）、如皋、高邮、安宜、山阳、盱眙、盐城、清流（滁州）、全椒、六合、永福（天长）、句容、延陵（丹阳）。约当今淮河以南，长江以北、安徽滁县以东地区。

唐高祖李渊武德三年（620），称江宁为扬州，改江都郡为兖州。武德七年（624），改兖州为邗州。武德九年（626），改邗州为扬州，设大都督府，督扬、和、滁、楚、舒、庐、寿七州。扬州下辖江都、六合、海陵、高邮、如东、扬子、天长诸县，约当今安徽天长，江苏六合以东至东台、如东，长江以北至兴化等地。

太宗李世民贞观元年（627），分全国为十道，扬州属淮南道。贞观十年（636），改大都督府为都督府，督扬、滁、常、润、和、宣、歙七州。贞观十八年（644），分江都县地另置江阳县。

高宗李治龙朔二年（662），升都督府为大都督府。永淳元年（682），又分江都县地另置扬子县。

玄宗李隆基开元二十一年（733），分天下为十五道，设淮南道治所于扬州，辖扬、楚、滁、和、濠、庐、寿、光、蕲、申、黄、安、舒等州，相当于今淮河以南，长江以北，东至海，西至湖北应山、汉阳一带。天宝元年（742），改扬州为广陵郡。分江都、六合、高邮三县地另置千秋县，后改天长县。

肃宗李亨至德元年（756），置淮南节度使，辖广陵等十三郡。治所在扬州，辖区屡有改变，长期领有扬、楚、和、寿、庐、舒等州。相当于今江苏、安徽两省江北,淮南地区大部。广陵郡下辖七个县:江都、江阳、六合、海陵、高邮、扬子、天长。至德二年(757),复改广陵郡为扬州。

昭宗李晔天复二年(902),封淮南节度使杨行密为吴王,都扬州。

杨吴时期,立江都府。

南唐烈祖李昇元年(937),以扬州为东都,高邮直属东都。改江阳为广陵县,改扬子为永贞县,并江都县仍属江都府。海陵县划入泰州。是时升天长县为军,六合县为雄州。

后周世宗柴荣显德时(954—960),扬州设大都督府。天长军、雄州仍改为天长县、六合县,并属江都府。

宋太祖赵匡胤开宝四年(971),废江都府,立广陵郡。升高邮、天长县为军。广陵郡下辖三个县:江都、广陵、六合。

太宗赵光义淳化四年(993),分全国为十道,扬州属淮南道。至道二年(996),将六合县划属建安军。改天长军为天长县。广陵郡下辖三个县:江都、广陵、天长。至道三年(997),分全国为十五路,扬州为淮南路。

仁宗赵祯皇祐三年(1051),分淮南路为东西两路,扬州为淮南东路。

神宗赵顼熙宁五年(1072),广陵县并入江都县,改高邮军为高邮县。广陵郡下辖三个县:江都、高邮、天长。

哲宗赵煦元祐元年(1086),复置高邮军,隶属淮南东路。广陵郡下辖两个县:江都、天长。

徽宗赵佶大观元年(1107),改扬州大都督府为元帅府。

高宗赵构建炎间(1127—1130),复置广陵县。升天长县为天长军。广陵郡下辖两个县:江都、广陵。绍兴五年(1135),将原属泰州的泰兴县划入广陵郡。高邮县仍属广陵郡。广陵郡下辖四个县:江都、广陵、高邮、泰兴。绍兴十年(1140),泰兴县仍划归泰州。绍兴十二年(1142),泰兴县又划入广陵郡。绍兴三十一年(1161),高邮又升为军。广陵郡下辖三个县:江都、广陵、泰兴。

元世祖忽必烈至元十三年(1276),置大都督府及江淮等处行省于扬州。至元十四年(1277),改大都督府为扬州路总管府,下设录事司,辖江都、泰兴二县。至元十五年（1278），设淮东道宣慰司,扬州路隶属于该司。至元十九年（1282），废宣慰司。以扬州路总管府隶属于江淮行省。至元二十一年（1284），迁江淮行省于杭州。复立宣慰司统辖扬州路。扬州路下辖高邮府及真、滁、通、泰、崇明五个州。至元二十三年（1286），废宣慰司。江淮行省仍迁治于扬州。后行省又迁治于汴梁路,复立淮东道宣慰司。

顺帝妥懽帖睦尔至正十二年（1352），设淮南行省于扬州路。至正十七年（1357），朱元璋取扬州,设淮南翼元帅府,后改江南分枢密院。置淮海府,又改维扬府。

明太祖朱元璋洪武二年（1369），改维扬府为扬州府,下辖高邮、通、泰三州,江都、泰兴、仪征、如皋、海门、兴化、宝应、六合、崇明九县。洪武二十三年（1390），分六合属应天府,崇明县属苏州府。扬州府下辖三个州,七个县。

清世祖福临顺治时（1644—1661），以扬州府隶属于江南布政使司。下辖州县如故。

圣祖玄烨康熙六年（1667），改江南省为江苏省。扬州府属之。康熙十一年（1672），海门县陷于海,县废。并入通州后置海门厅。扬州府下辖高邮、通、太三州及江都、泰兴、仪征、如皋、兴化、宝应六县。

世宗胤禛雍正三年（1725），另分通州,直属江南省,以泰兴、如皋属之。扬州府下辖泰州、高邮二州及江都、仪征、兴化、宝应四县。雍正十年（1732），分江都县地另置甘泉县。

高宗弘历乾隆三十三年（1768），分泰州地另置东台县。扬州府下辖泰州、高邮两州及江都、甘泉、仪征、兴化、宝应、东台六县。

溥仪宣统三年（1911），甘泉县并入江都县。

中华民国时期（1912—1948），实施省县二级制,江苏省辖二市六十一县,扬州为江都县。

1949年1月25日扬州解放。1月27日,改江都县为扬州市。析扬州地另置江都县、邗江县。

1950年,泰州、扬州两专区合并,称泰州专区。下辖扬州、泰州二市,泰县、泰兴、靖江、兴化、高邮、宝应、仪征、六合、江都九县。

1953年1月江苏建省后,泰州专区改为扬州专区。下辖扬州、泰州二市和江都、高邮、宝应、兴化、泰县、泰兴、靖江、仪征、江浦、六合十县。

1971年5月12日,扬州专区改称扬州地区,辖扬州、泰州二市,泰县、泰兴、靖江、江都、兴化、高邮、宝应、邗江八县。

1983年3月1日,以扬州市城区设广陵区,以原扬州市郊区和邗江县的汤汪、西湖、湾头三个公社设郊区。二区均为县级建置。

1983年8月28日,实现地区改市体制,扬州市为省辖市,下辖泰州、江都、邗江、泰县、高邮、靖江、宝应、泰兴、兴化、仪征十县(市)。

1987年,扬州市辖有广陵区、郊区、泰州市、仪征市、兴化市、高邮县、宝应县、靖江县、泰兴县、江都县、邗江县、泰县二区三市七县。

1996年8月12日,经国务院批准析出泰州市、靖江市、兴化市、泰兴县、泰县另设省辖市泰州市,扬州市辖仪征市、江都市、高邮市、宝应县、邗江县(后改区)及广陵区、维扬区四县市三区。

2011年11月,国务院批准江苏省政府决定:撤销县级江都市,设立扬州市江都区,以原江都市行政区域为江都区行政区域;将扬州邗江区之李典、头桥、沙头、杭集、泰安五镇并入扬州市广陵区;撤销扬州市维扬区,将原维扬区行政区域与划出五镇之邗江区合并。自此,扬州市下辖仪征市、高邮市、宝应县及广陵、邗江、江都三区。

附录二　扬州历代人口表

汉代

西汉元始二年（2），广陵国辖 4 县，有户 36773，人口 140722，县平均户数 9193.25，户平均人口 3.83。

东汉永和五年（140），广陵郡辖 11 县，有户 83907，人口 410190，县平均户数 7627.91，户平均人口 4.89。

晋代

西晋太康初（280），广陵郡辖 8 县，有户 8800，县平均户数 1100。

南朝

刘宋孝武帝大明八年（464），广陵辖 4 县，有户 7744，人口 45613，县平均户 1936，户平均人口 5.89。

隋代

隋大业五年（609），江都辖 16 县，有户 115521，县平均户 7220.06。

唐代

唐贞观十三年（639），扬州辖 4 县，有户 23199，人口 94347，县平均户 5799.75，户平均人口 4.07。

唐天宝元年（742），广陵郡（扬州）辖 7 县，有户 77105，人口 467857，县平均户 11015，户平均人口 6.07 人。

宋代

北宋太平兴国五年至端拱二年（980—989），扬州有主户 14911，客户 14941，总户数 29852，客户占总户 50%。

北宋元丰初，扬州有主户 409884，客户 202681，总户数 612565，客户占总户 33%。

北宋太宗及神宗朝，扬州辖 2 县（按，县数存疑，史料记载为 3 县），有户

56485，人口 107579，县平均户 28242.50，户平均人口 1.90。

元代

扬州路辖 11 县，有户 249466，人口 1471194，县平均户 22678.73，户平均人口 5.90。

明代

明洪武时，扬州府有户 123097，人口 736165，户平均人口 5.98。

明弘治时，扬州府有户 104104，人口 656547，户平均人口 6.31。

明万历时，扬州府有户 147216，人口 817856，户平均人口 5.56。

明天顺初年至隆庆年间，据《大明一统志》，扬州府里数为 1005，户数约为 110550。

据《读史方舆纪要》，扬州府里数为 958，户数约为 105380。其中江都县里数为 118~180，户数约 12980~19800。

清代

清嘉庆十三年（1808），扬州府人口为 3469133，江都县为 523839，占 8 县人口的 15.1%。据日本史学家在《清朝全史》中说："查乾隆时户口网，直隶一省之数，不足当扬州一府"，当是事实。

民国

民国三十七年（1948），江都县计有户数 272104，人口为 1324514。

当代

2011 年，城市面积 160 平方公里，人口 1350000。

2011 年 11 月，江都市并入扬州市为江都区，扬州市人口为 2200000。

主要参考书目

［1］二十四史［M］. 北京：中华书局，1997.

［2］司马光. 资治通鉴［M］. 北京：中华书局，1956.

［3］毕沅. 续资治通鉴［M］. 北京：中华书局，1957.

［4］中国大百科全书：中国历史［M］. 北京：中国大百科全书出版社，1992.

［5］李心传. 建炎以来系年要录［M］. 上海：上海古籍出版社，1992.

［6］顾祖禹. 读史方舆纪要［M］. 北京：中华书局，2005.

［7］乾隆江都县志，嘉庆江都县志［G］// 中国地方志集成：江苏府县志辑 66. 南京：江苏古籍出版社，1991.

［8］乾隆江南通志［M］. 扬州：广陵书社，2010.

［9］穆彰阿，潘锡恩，等. 大清一统志［M］. 上海：上海古籍出版社，2008.

［10］阿克当阿. 嘉庆重修扬州府志［M］. 扬州：广陵书社，2006.

［11］光绪江都县志，民国江都县续志，民国江都县新志［G］// 中国地方志集成：江苏府县志辑 67. 南京：江苏古籍出版社，1991.

［12］吕思勉. 先秦史，秦汉史，两晋南北朝史，隋唐五代史 // 吕思勉史学论著［G］. 上海：上海古籍出版社，1983.

［13］钱穆. 国史大纲［M］. 北京：商务印书馆，1996.

［14］钱穆. 古史地理论丛［M］. 北京：生活·读书·新知三联书店，2005.

［15］童书业. 春秋史料集，童书业历史地理论集［G］// 童书业著作集第 2 卷. 北京：中华书局，2008.

［16］陈直. 史记新证［M］. 北京：中华书局，2006.

［17］陈直. 汉书新证［M］. 北京：中华书局，2008.

［18］陈直. 两汉经济史料论丛［M］. 北京：中华书局，2008.

［19］唐长孺．魏晋南北朝隋唐史三论［G］//唐长孺文集 8：讲义三种．北京：中华书局，2011．

［20］王仲荦．魏晋南北朝史，隋唐五代史［G］//王仲荦著作集．北京：中华书局，2007．

［21］剑桥中国隋唐史［M］．北京：中国社会科学出版社，1996．

［22］方豪．中西交通史［M］．上海：上海人民出版社，2008．

［23］李昉．太平广记［M］．北京：中华书局，1963．

［24］陈登原．国史旧闻［M］．北京：中华书局，2000．

［25］全汉昇．中国经济史研究［G］//全汉昇经济史著作集．北京：中华书局，2011．

［26］梁方仲．中国经济史讲稿［M］．北京：中华书局，2008．

［27］梁方仲．中国历代户口、田地、田赋统计［M］．上海：上海人民出版社，1993．

［28］张星烺．中西交通史料汇编［M］．北京：中华书局，2003．

［29］陈垣．陈垣学术论文集［M］．北京：中华书局，1980．

［30］严耕望．严耕望史学论文集［M］．上海：上海古籍出版社，2009．

［31］黄永年．文史存稿［M］．西安：三秦出版社，2004．

［32］真人元开．唐大和上东征传［M］．北京：中华书局，2000．

［33］圆仁．入唐求法巡礼行记［M］．上海：上海古籍出版社，1986．

［34］崔致远．桂苑笔耕集校注［M］．党银平，校注．北京：中华书局，2007．

［35］马可波罗行记［M］．冯承钧，译．上海：上海书店出版社，2001．

［36］格鲁塞．草原帝国［M］．北京：商务印书馆，1998．

［37］谢弗．唐代的外来文明［M］．吴玉贵，译．北京：中国社会科学出版社，1995．

［38］稻叶君山．清朝全史［M］．上海：上海社会科学院出版社，2006．

［39］萧一山．清代通史［M］．上海：华东师范大学出版社，2005．

［40］中国人民大学清史研究所 . 清史编年［M］. 北京：中国人民大学出版社,2000.

［41］徐中约 . 中国近代史［M］. 香港：中文大学出版社,2009.

［42］郭廷以 . 中国近代史纲［M］. 香港：中文大学出版社,1980.

［43］张宪文 . 中华民国史［M］. 南京：南京大学出版社,2005.

［44］白寿彝 . 中国通史［M］. 上海：上海人民出版社,1997.

后 记

我是扬州人，了解和研究扬州的历史文化，是我的一种心愿，多年来没有停止过。上世纪 80 年代初以来，我写过三本有关扬州的书：《扬州的历史与文化》《扬州史话》《扬州史述》，后一本还得过中国图书奖。这些各有侧重的书，现在回过头来看看，都有不同程度的缺失和不足，还有不少排印校对上的问题，一直引以为憾。后出转精，这一本《扬州发展史话》，总想在史料上更为丰富真切，叙述上更为清晰详实，吸收新的研究成果上更为全面充分，自己的心得也能得到较多的展现，尽可能为读者提供一份认识扬州古往今来的较为可靠的文本。相对而言，这是我用力较多的，也是突破以前的。至于是否达到了目的，只有听读者的评论了。

在本书的写作和出版过程中，许多友人给予了亲切的关心和鼓励。广陵书社为出版工作尽了很大的心力。责任编辑王志娟女士细心校阅，核实资料，提出了许多切实的修改意见。在这里一并表达深切的感谢。女儿颂橘在电脑输入和校改方面用力不少，也应该在此一提。书中吸收了不少前哲和时贤的研究成果，限于体例，未能一一标明，在这里也表达对他们的敬意和谢意。

朱福烓

2013 年 9 月，时值中秋前一日